中华国学文库

# 近思录集解

〔南宋〕叶　采　集解

程水龙　校注

中华书局

**图书在版编目(CIP)数据**

近思录集解/(南宋)叶采集解;程水龙校注. —北京:中华书局,2019.6(2022.11 重印)
(中华国学文库)
ISBN 978-7-101-13846-7

Ⅰ.近… Ⅱ.①叶…②程… Ⅲ.①理学-中国-南宋②《近思录》-注释 Ⅳ.B244.72

中国版本图书馆 CIP 数据核字(2019)第 063673 号

---

| | |
|---|---|
| 书　　名 | 近思录集解 |
| 集 解 者 | 〔南宋〕叶　采 |
| 校 注 者 | 程水龙 |
| 丛 书 名 | 中华国学文库 |
| 责任编辑 | 何　然 |
| 责任印制 | 管　斌 |
| 出版发行 | 中华书局<br>(北京市丰台区太平桥西里 38 号　100073)<br>http://www.zhbc.com.cn<br>E-mail:zhbc@zhbc.com.cn |
| 印　　刷 | 河北新华第一印刷有限责任公司 |
| 版　　次 | 2019 年 6 月第 1 版<br>2022 年 11 月第 2 次印刷 |
| 规　　格 | 开本/880×1230 毫米　1/32<br>印张 12½　插页 2　字数 272 千字 |
| 印　　数 | 6001-8000 册 |
| 国际书号 | ISBN 978-7-101-13846-7 |
| 定　　价 | 42.00 元 |

# 中华国学文库出版缘起

《中华国学文库》的出版缘起，要从九十年前说起。

1920年，中华书局在创办人陆费伯鸿先生的主持下，开始编纂《四部备要》。这套汇集三百三十六种典籍的大型丛书，精选经史子集的"最要之书"，校订成"通行善本"，以精雅的仿宋体铅字排印。一经推出，即以其选目实用、文字准确、品相精美、价格低廉的鲜明特点，最大限度地满足了国人研治学问、阅读典籍的需要，广受欢迎。丛书中的许多品种，至今仍为常用之书。

新中国成立之后，党和国家倡导系统整理中国传统文献典籍。六十余年来，在新的学术理念和新的整理方法的指导下，数千种古籍得到了系统整理，并涌现出许多精校精注整理本，已成为超越前代的新善本，为学界所必备。

同时，随着中华民族以前所未有的自信快速发展，全社会对中国固有的学术文化——国学，也表现出前所未有的关注和重视。让中华文化的优秀成果得到继承和创新，并在世界范围内进行传播和弘扬，普惠全人类，已经成为中华民族的历史使命。当此之时，符合当代国民阅读需要的权威的国学经典读本的出现，实为当务之急。于是，《中华国学文库》应运而生。

《中华国学文库》是我们追慕前贤、服务当代的产物，因此，它自当具备以下三个基本特点：

一、《文库》所选均为中国学术文化的"最要之书"。举凡哲学、历史、文学、宗教、科学、艺术等各类基本典籍，只要是公认的国学经典，皆在此列。

二、《文库》所选均为代表当代最新学术水平的"最善之本"，即经过精校精注的最有品质的整理本。其中既有传统旧注本的点校整理本，如朱熹《四书章句集注》，也有获得学界定评的新校新注本，如余嘉锡《世说新语笺疏》。总之，不以新旧为别，惟以善本是求。

三、《文库》所选均以新式标点、简体横排刊印。中国古籍向以繁体竖排为标准样式。时至当代，繁体竖排的标准古籍整理方式仍通行于学术界，但绝大多数国人早已习惯于现代通行的简体横排的图书样式。《文库》作为服务当代公众的国学读本，标准简体字横排本自当是恰当的选择。

《中华国学文库》将逐年分辑出版，每辑十种，一次推出；期以十年，以毕其功。在此，我们诚挚希望得到学术界、出版界同仁的襄助和广大读者的支持。

中华书局自1912年成立，至今已近百岁。我们将《中华国学文库》当作向中华书局百年诞辰敬献的一份贺礼，更是向致力于中华民族和平崛起、实现复兴大业的全国人民敬献的一份厚礼。我们自当努力，让《中华国学文库》当得起这份重任，这份荣誉。

中华书局编辑部

2010年12月

# 目　录

# 校点说明



## 一

近思录集解十四卷，南宋叶采撰。叶采，字仲圭，号平岩，生卒年不详。建安人。南宋淳祐元年（一二四一）登进士第，授邵武尉，历景献府教授，迁秘书监、枢密检讨、知邵武军，累官翰林侍讲，乞归。著述除近思录集解外，并有西铭集解和性理集解等。

叶采曾先后从蔡渊、李方子、陈淳问学，为朱熹再传弟子，颇具睿智远见。淳祐元年正月，理宗颁诏将周、张、二程、朱五子从祀孔庙，叶采以为此举并非"徒褒显其人，正欲阐明斯道"，坚信后世一定会把理学作为"明国家之统纪，表范模于多士"的重要政治思想。对于近思录，叶采进近思录表曰，该书"求端用力之方，暨处己治人之道，破异端之扃鐍，辟大学之户庭，体用相涵，本末洞贯，会六艺之突奥，立四子之阶梯"。因而几十年用心为之集解，其近思录集解序云，凡"其诸纲要，悉本朱子旧注，参以升堂记闻及诸儒辨论，择其精纯，刊除繁复，以次编入，有阙略者，乃出臆说"。复依据各卷内容，拟定篇名，并撰解题。其注文多引朱子之语，犹作评析，直至“意稍明备”方休。集解于淳祐八年完成，叶采尝“授家庭训习”，并以为“寒乡晚出，有志古学而旁无师友，苟得是集观之，亦可创通大义，然后以类而推，以观四先生之大全”。后因理宗皇帝“俯询集解之就绪”，乃于淳祐十二年正月上表进呈所撰近思录集解一部十册。

叶采近思录集解在后世影响深远，儒林学者多有嘉誉，认为“平岩叶氏用力于此书最专且久，所著集解原本朱子旧注，参之诸儒辩论，而附以己说，明且备矣”（清陈弘谋重刊近思录集解序）；“四先生之精蕴萃于近思录，近思录之精蕴详于叶注，遵原本则条例该括，存叶注则义理详明”（清朱之弼近思录原本集解序）；以为近思录“原本之美备，实足以该四子之精微，而叶注之详明，又足以阐近思之实理”（清邵仁泓近思录后跋）。因此，后世屡屡重刻再造，成为南宋后期，元、明、清时期士子进升理学的重要入门津梁，其传本之多、种类之繁，几乎替代近思录原书而行传播程朱理学思想之实。

## 二

据现存文献资料，叶采近思录集解历史上曾远播朝鲜半岛、日本等。朝鲜李朝时期刊刻、活字印刷、抄写的中国学者近思录文献有多种，其中以叶采集解为绝对多数，今存二十八种之多；日本现存近思录系列文献约一百三十种，其本土再生的叶采集解系列版本达三十种。可见历史上东亚学界对集解的青睐，认为“叶氏私淑于北溪陈氏，其说宜得朱子之意”，因而“叶注之为世诵习久”。陈荣捷先生曾说：“叶采之注，在日本甚为通行，日本注家几皆全依叶注。”此言不无道理，叶采创制的各卷篇目、解题，使得原书体例显得更加明晰完备、内容更趋明朗，亦多为后世近思录续编、仿编者所宗，因袭沿用。故集解成为近思录众多注本中流布最广者。

从现有文献考察，叶氏注本自淳祐八年成书至淳祐十二年献书期间尚无刊印本面世。表奏之后，集解是否付梓行世，亦无从考知。至于叶采集解初刻于何时，南宋时刊抄本形态如何，因相关文献缺失，目前皆不得其详。不过可以肯定的是，集解在南宋已有刻印本，因为清康熙间邵仁泓重刊近思录集解时，其跋文提到过宋本，云“泓于汲古后人师郑五兄架上得宋刻朱子原本并叶氏原注”。可见当时还有宋本集解传世。检点历代公私藏书目录，但见清铁琴铜剑楼藏书目录和民国张元济涵芬楼烬馀书录各著录一宋刊本。但瞿氏藏所谓宋刊本，曾遭后世藏家否定，傅增湘则以为“海虞瞿氏藏，号为宋刊本，实际元明之际所刊者”。涵芬楼藏宋刊本亦然。尽管如此，根据该“元明之际”刊本“惇”、“恒”缺笔避宋讳特征，仍可以间接证明宋刻集解的曾经存在。

元刻叶采近思录集解在历代公私藏目中共著录有三种版本，前两种均见于清乾隆间天禄琳琅书目卷六“元版”，一是“仿宋刊”本，“一函四册”；二是“一函三册，此本版式较大，纸质亦极坚致，胜于前本”。可惜馆臣没有记录这两种元版的行款、版式，现在也不知其下落。第三种，现藏台北故宫博物院，六册。

台北故宫藏元刻近思录集解是现存最早的刻印本，笔者有幸亲睹。该本十四卷，六百二十二条，每半叶八行十八字，注文小字双行同，四周双栏，有界行，上下粗黑口，顺鱼尾。“玄”、“惇”、“恒”字避讳缺末笔。藏本上钤有“吴兴周越然藏书之印”、“山阴沈仲涛珍藏秘笈”、“无锡周云青珍假观印记”等印记。天头、地脚、行间有佚名朱笔句读、圈点、校改，墨笔批注。从字体、版式、墨色可知是为元代刻本。此本刻印较善，卷帙完好，故选作本次整理校点的底本。

与元刊本集解有渊源关系的元刻明修本，现存约两种：一为中国古籍善本书目著录的元刻明修本，现藏中国国家图书馆。该本每半叶八行十八字，注文小字双行同，左右双栏（间有四周双栏），有界行，黑口，顺鱼尾。这就是铁琴铜剑楼藏书目录著录的所谓宋刊本。其间杂有版框不一、字体略异之书页，疑为明代修补后印。刻本卷十四末叶损脱，缺第二十六条语录。藏本卷端钤有“汪士钟印”、“阆源真赏”、“铁琴铜剑楼”、“绍基秘笈”、“子雝金石”等藏书印，是知即瞿氏原藏之物，而瞿氏又源自汪氏艺芸书舍。

二为国家图书馆另藏一部元刻明修本，经笔者目验比对，发现该本内容、版式、字体，避讳字缺笔特征等，与前一种均相同，似乎同一版。然该本字迹墨色较浓，卷中多处有墨丁，卷前的叶采序、集解目录及卷十三第七页系后人抄配，其他卷页还有补刻痕迹。卷端钤印有“高氏鉴定宋刊版书”、“妙赏楼藏”、“五岳贞形”、“万宜楼藏善本书记”、“参梦庵”、“师鄦乙酉岁莫检书记”、“师鄦耆好”、“建霞”、“涵芬楼”、“海盐张元济经收”等印记，是知明高濂及涵芬楼等旧藏。

现存明代叶采集解传本，有中国科学院图书馆所藏明初刻本；上海图书馆所藏明正德、嘉靖年间的刻本，明末陆云龙、丁允和订正本。此外，周公恕据集解重新类次而成的分类经进近思录集解也曾在明代长期流行，有嘉靖刘仕贤刻本、万历吴勉学校阅本等。

清代叶采集解传本较多，现存最早的是康熙年间邵仁泓重订本，此本每半叶九行十九字，注文小字双行二十四字，左右双栏，白口，单鱼尾。据刊刻者邵仁泓跋文可知，此刻本是据“宋刻朱子原本并叶氏原注”而来，很大程度上是重刻宋本。南京图书馆、上海图书馆有藏。因其校勘精审，随后有翻刻、重刻本，如雍正三年尚义堂、乾嘉时期在兹堂、安定书院翻刻本，乾隆元年培远堂、同治八年江苏书局、光绪十年广仁堂等重刻本。清代叶采集解还有乾隆年间四库全书抄本。另外，清代还有对叶采集解再作编校刊订者，如崇正堂重镌近思录集解；有康熙年间朱之弼诠正本，如雍正九年天心阁刻本近思录原本集解。详情可参见笔者所著近思录版本与传播研究。

叶采近思录集解国内现存版本多达三十来种。经过对字体、编次、版式等的比对，笔者认为藏于国图的两种元刻明修本，与台北故宫藏元刊本有较近的血缘关系，或即源自该元刊本，且有脱页或补钞。因此，本次校点整理选取在后世影响较大的台北故宫现藏叶采近思录集解为底本，以国图所藏第一部元刻明修本（简称“明修本”）、清康熙年间邵仁泓重订本（简称“邵本”）为校本，同时参校南宋刻本杨伯嵒泳斋近思录衍注（简称“杨本”）、明前期刻本叶采集解（简称“明刊本”）、清初朱子遗书本近思录（简称“遗书本”）、清张伯行近思录集解康熙年间刻本（简称“张本”）、茅星来近思录集注乾隆年间抄本（简称“茅本”）、江永近思录集注同治八年刻本（简称“江本”）。

## 三

对叶采集解本中的疑难字句，本书引历代近思录主要注本中的相关文字注释于当页下。各卷脚注中某某之语的出处见下（以首次出现的先后为序）：

刘缄三之语，引自清张绍价近思录解义，民国二十五年青岛同文印书局铅印本。

陈淳之语，引自宋陈淳北溪字义，清文渊阁四库全书本。

张伯行之语，引自清张伯行近思录集解，清乾隆元年维扬安定书院刻本。

茅星来之语，引自清茅星来近思录集注，清文渊阁四库全书本。

刁包之语，引自清刁包潜室杂记，清雍正三年刻本。

汪绂之语，引自清汪绂读近思录，清光绪十年刻本。

管赞程之语，引自清管赞程近思录集说，民国二十五年浙江印刷所铅印本。

黄榦之语，引自清茅星来近思录集注，或宋黄榦勉斋集，清文渊阁四库全书本。

张绍价之语，引自清张绍价近思录解义。

江永之语，引自清江永近思录集注，清同治八年江苏书局刻本。

朱熹之语，引自宋黎靖德编朱子语类，中华书局本或朱子全书晦庵先生朱文公文集，上海古籍出版社、安徽教育出版社本。

陈埴之语，引自宋陈埴近思杂问，元代建宁书坊刻本。

杨伯嵒之语，引自宋杨伯嵒泳斋近思录衍注，南宋淳祐四年衢州学宫刻本。

夏震武之语，引自清张绍价近思录解义。

熊刚大之语，引自宋熊刚大性理群书句解，元刊本。

陈沆之语，引自清陈沆近思录补注，清稿本。

施璜之语，引自清施璜五子近思录发明，清康熙四十四年序刻本。

张习孔之语，引自清张习孔近思录传，清康熙十七年饮醇阁刻本。

李文炤之语，引自清李文炤近思录集解，清雍正十二年四为堂刻本。

吴竹如之语，引自清王炳近思录集注校勘记，清同治八年江苏书局刻本。

胡居仁之语,引自明胡居仁居业录,清文渊阁四库全书本。

薛瑄之语,引自明薛瑄读书录,清文渊阁四库全书本。

高攀龙之语,引自明高攀龙高子遗书,清文渊阁四库全书本。

真德秀之语,引自宋真德秀西山读书记,清文渊阁四库全书本或清茅星来近思录集注。

陆世仪之语,引自清陆世仪思辨录辑要,清文渊阁四库全书本。

冯景琦之语,引自清冯景琦校刻近思录札记,清咸丰七年刻本。

蔡清之语,引自清茅星来近思录集注。

## 四

本书后的附录附有近思录明嘉靖六年(一五二七)贾世祥刻本。此刻本现藏中国科学院图书馆(残存六〇四条)、日本东京大学。贾氏刻本中每页每行字数基本固定,大字九行十九字,但也存在极少数卷页大小字不分的现象,如卷一“诚无为”条末“谓神”两字刻作双行小字,“一阳复于下”条末“识之”两字刻作双行小字。刻本中“恒”字缺笔,“德”作“徳”,“顯”改作“顕”,其源头很可能与宋本紧密相关,或源自宋本。

该刻本卷首刻有南宋淳熙二年朱熹近思录序文、淳熙三年吕祖谦所作跋文,本次校点整理时据叶采集解本分别拟篇名为近思录前引、近思录后引。

贾氏刻本在四子语录分合上与其前后流布于世的近思录及其注本存在差异,通行本是六二二条,而该本所刊印语录总数只有六二一条,卷十四末无第二六条"横渠先生曰:二程从十四五时,便脱然欲学圣人"。

贾氏刻本各卷卷端所题本卷条目数,往往与本卷实际辑录的语录数目不吻合,本次整理时对此进行了调整,如刻本卷二卷首虽署"凡百十四条",而文本内容仍是"百十一"条,刊刻者将原本当单列的语录未单列刻印,而是与他条合为一处,且在不当单列的语录前刻有符号"〇",似拟作一条,因而在整理时除去原本不用单列的语录,加上据他本当单列而未单列的语录,统计后发现计"一百十一条"。其卷四、卷五皆有类似情形,不再一一赘述。

贾氏刻本虽有不尽人意之处,然却是现存近思录白文本中最早的传本,是考察明代及明之前近思录流布的重要文献,具有一定的文献学价值。因而本次校点选取现存日本东京大学东洋文化研究所藏本进行标点,附于集解之后。本书将近思录与其代表性注本进行组合,使存世最早的白文本与叶采注本合为一部书,并附录历代刊抄叶采近思录集解之序跋,希望读者能全面清晰认知近思录及叶氏注本的相关信息。

程水龙　二〇一九年三月于苏州大学

# 近思录集解序

皇宋受命，列圣传德，跨唐越汉，上接三代统纪。至天僖[一]、明道间，仁深泽厚，儒术兴行。天相斯文，是生濂溪周子，抽关发朦，启千载无传之学。既而洛二程子、关中张子，缵承羽翼，阐而大之。圣学湮而复明，道统绝而复续，猗与盛哉！中兴再造，崇儒务学[二]，遹遵祖武，是以钜儒辈出，沿泝大原，考合绪论[三]。时则朱子与吕成公采摭四先生之书，条分类别，凡十四卷，名曰近思录，规模之大而进修有序，纲领之要而节目详明，体用兼该，本末殚举。至于辟邪说，明正宗，罔不精核洞尽，是则我宋之一经，将与四子并列，诏后学而垂无穷者也。尝闻朱子曰："四子，六经之阶梯；近思录，四子之阶梯。"盖时有远近，言有详约不同，学者必自近而详者，推求远且约者，斯可矣。采年在志学，受读是书，字求其训，句探其旨，研思积久，因成集解。其诸纲要，悉本朱子旧注，参以升堂记闻及诸儒辨论，择其精纯，刊除繁复，以次编入，有阙略者，乃出臆说。朝删暮辑，逾三十年，义稍明备，以授家庭训习。或者谓寒乡晚出，有志古学而旁无师友，苟得是集观之，亦可创通大义，然后以类而推，以观四先生之大全，亦“近思”之意云。淳祐戊申长至日，建安叶采谨序。

## 校勘记

【一】至天僖　“至”，邵本作“而”。按，“僖”，或作“禧”。

【二】崇儒务学　“学”，原刻作“斈”，今统改作“学”，正文中遇类似情形不再一一注明。

【三】考合绪论　“绪”，邵本作“诸”。

# 集解目录

紫阳先生朱文公

南轩先生张宣公

东莱先生吕成公

勉斋先生黄文肃公名榦，字直卿。

节斋先生蔡氏名渊，字伯静。

果斋先生李氏名方子，字公晦。

# 近思录



周子太极通书周子，名惇实，字茂叔，避厚陵藩邸名[一]，改惇颐。世为道州营道人，营道县出郭三十里，有村落曰濂溪，周氏家焉。先生晚年卜居庐阜，筑室临流，寓濂溪之名。

明道先生文集先生姓程氏，名颢，字伯淳，太师文潞公题其墓曰"明道先生"。

伊川先生文集先生名颐，字正叔，明道先生之弟也。家居河南伊水之上。

周易程氏传

程氏经说

程氏遗书

程氏外书

横渠先生正蒙先生姓张氏，名载，字子厚，世大梁人。父迪，知涪州事，卒于官。遂侨寓凤翔郿县横渠镇南大振谷口，晚年居于横渠。

横渠先生文集

横渠先生易说

横渠先生礼乐说

横渠先生论语说
横渠先生孟子说
横渠先生语录

## 校勘记

【一】避厚陵藩邸名　“藩”原作“湳”，据邵本改。

# 近思录前引[一]

淳熙乙未之夏，东莱吕伯恭来自东阳，过予寒泉精舍，留止旬日，相与读周子、程子、张子之书，叹其广大闳博，若无津涯，而惧夫初学者不知所入也。因共掇取其关于大体而切于日用者，以为此编，总六百二十二条，分十四卷。盖凡学者所以求端、首卷论道体。用力、二卷总论为学大要，三卷论致知，四卷论存养。处己、五卷论克己，六卷论家道，七卷论出处义利。治人，八卷论治体，九卷论治法，十卷论政事，十一卷论教学，十二卷论警戒[二]。与夫所以辨异端、十三卷。观圣贤十四卷。之大略，皆粗见其梗概。以为穷乡晚进、有志于学而无明师良友以先后之者，诚得此而玩心焉，亦足以得其门而入矣。如此，然后求诸四君子之全书，沈潜反覆，优柔厌饫，以致其博而反诸约焉，则其宗庙之美，百官之富，庶乎其有以尽得之。若惮烦劳，安简便，以为取足于此而可，则非今日所以纂集此书之意也。五月五日，朱熹谨识。

## 校勘记

【一】“近思录前引”五字底本无，据明修本加。下篇“近思录后引”五字亦同。

【二】治人 “人”下，邵本有“之要”二字。“十一卷论教学”之“一”字，原作“三”，据正文改。

# 近思录后引

近思录既成，或疑首卷阴阳变化性命之说，大抵非始学者之事。祖谦窃尝与闻次缉之意，后出晚进于义理之本原，虽未容骤语，苟茫然不识其梗概，则亦何所底止。列之篇端，特使之知其名义，有所向望而已。至于馀卷所载讲学之方、日用躬行之实，具有科级，循是而进，自卑升高，自近及远，庶几不失纂集之指。若乃厌卑近而骛高远，躐等陵节，流于空虚，迄无所依据，则岂所谓“近思”者耶？览者宜详之。淳熙三年四月四日，东莱吕祖谦谨书。

# 进近思录表

臣采言:先儒鸣道,萃为圣代之一经;元后崇文,兼取微臣之集传。用扶世教,昭揭民彝。臣采实惶实恐,顿首顿首。

窃惟邹轲既殁,而理学不明;秦斯所焚,而经籍几息。汉专门之章句,训诂仅存;唐造士以词华,藻绘弥薄。天开皇宋,星聚文奎。列圣相承,治纯任于王道;诸儒辈出,学大明于正宗。逮淳熙之初元,有朱熹之继作,考图书传集之精粹,溯濂洛关陕之渊源,摭其训辞,名近思录,汇分十有四卷,六百二十二条。凡求端用力之方,暨处已治人之道,破异端之扃镐,辟大学之户庭,体用相涵,本末洞贯,会六艺之突奥,立四子之阶梯,人文载开,道统复续。臣昔在志学,首受是书,博参师友之传,稍穷文义之要,大旨本乎朱氏,旁通择于诸家,间有阙文,乃出臆说,删辑已逾于二纪,补缀仅成于一编。只欲备初学之记言,讵敢尘乙夜之睿览。兹盖恭遇皇帝陛下天锡圣智,日就缉熙。遵累朝之尚儒,讲诵不违于寒暑;列五臣于从祀,表章远迈于汉唐。岂徒褒显其人,正欲阐明斯道。俯询集解之就绪,遽命缮写以送官。傥于宫庭朝夕之间，时加省阅，即是周、程、张、朱之列日侍燕闲。固将见天地之纯全，明国家之统纪，表范模于多士，垂轨辙于百王。粤自中古以来，未有若今之懿。臣幸逢上圣[一]，获效愚衷，顾以萤爝之微，仰裨日月之照。五千文十万说，虽莫赞于法言；四三王七六经，愿益恢于圣化。

所有近思录集解壹部拾册，谨随表上进以闻。干冒宸严，臣无任战汗屏营之至。臣采实惶实恐，顿首顿首谨言。淳祐十二年正月日，朝奉郎监登闻鼓院兼景献府教授臣叶采上表。



### 校勘记

【一】臣幸逢上圣 "幸"，邵本作"遭"，明刊本作"达"。

# 近思录集解卷一　凡五十一条

此卷论性之本原、道之体统，盖学问之纲领也。[1]

**濂溪先生[2]曰：无极而太极。[3]**朱子曰："上天之载，无声无臭"，而实造化之枢纽、品汇之根柢也。故曰"无极而太极"，非太极之外复有无极也。○蔡节斋曰：朱子曰："太极者，象数未形，而其理已具之称。"又曰："未有天地之先，毕竟是先有此理。"又曰："无极者，只是说这道理当初元无一物，只是有此理而已，此个道理便

① 刘缄三曰：道体一卷，以天体物而不遗，犹仁体事而无不在，君子循而修之所以吉为主。以天以阴阳五行，化生万物，气成形而理亦赋焉，圣人定之以中正仁义而主静，立人极焉为总旨，以天道、理气、人心、性情为分意。体似立纲，以濂溪太极图说为纲，引程子、张子之言以发明之。

② 濂溪（一〇一七—一〇七三），即周惇颐，字茂叔，道州营道（今湖南道县）人。晚年曾建书堂于庐山，堂前有溪，故以家乡濂溪为名，称濂溪书堂，人称濂溪先生。他是宋代理学开山人物之一，在"阐发心性义理之精微"上有"破暗"之功。主要著述有太极图说、通书。

③ 陈淳曰："柳子天对曰'无极之极'，康节先天图说亦曰'无极之前阴含阳也，有极之后阳分阴也'。是周子以前已有无极之说矣。但其主意各不同，柳子、康节以气言，周子则专以理言之耳。"○张伯行近思录集解（以下简称"张伯行"）曰："此周子因'易有太极'之辞，默契道体之本原，立象尽意，而复著说以明其蕴也。"

会‘动而生阳’，‘静而生阴’。”详此三条，皆是主太极而为言也。又曰：“从阴阳处看，则所谓太极者便只是在阴阳里，而今人说阴阳上面别有一个无形无影底是太极，非也。”又曰：“太极只是天地万物之理，在天地则天地中有太极，在万物则万物中有太极。”又曰：“非有以离乎阴阳，即阴阳而指其本体。”详此三条，皆是主阴阳而为言也。故主太极而言，则太极在阴阳之先；主阴阳而言，则太极在阴阳之内。盖自阴阳未生而言，则所谓太极者必当先有；自阴阳既生而言，则所谓太极者即在乎阴阳之中也。谓阴阳之外别有太极常为阴阳主者，固为陷乎列子“不生”、“不化”之谬；而独执夫太极只在阴阳之中之说者，则又失其枢纽根柢之所为，而大本有所不识矣。○愚按，节斋先生此条所论，最为明备，而或者于阴阳未生之说有疑焉。若以循环言之，则阴前是阳，阳前又是阴，似不可以未生言。若截自一阳初动处、万物未生时言之，则一阳未动之时[一]，谓之阴阳未生亦可也。未生阳而阳之理已具，未生阴而阴之理已具，在人心则为喜怒哀乐未发之中，总名曰“太极”，然具于阴阳之先而流行阴阳之内，一太极而已。**太极动而生阳，动极而静，静而生阴，静极复动。一动一静，互为其根，分阴分阳，两仪立焉。**朱子曰：太极之有动静，是天命之流行也。所谓“一阴一阳之谓道”，“诚者圣人之本”，物之终始，而命之道也。其动也，诚之通也，“继之者善”，万物之所资以始也。其静也，诚之复也，“成之者性”，万物各正其性命也。“动极而静，静极复动，一动一静，互为其根”，命之所以流行而不已也。“动而生阳，静而生阴，分阴分阳，两仪立焉”，分之所以一定而不移也。盖太极者，本然之妙也；动静者，所乘之机也。太极，形而上之道也；阴阳，形而下之器也。是以自其著者而观之，则动静不同时，阴阳不同位，而太极无不在焉。自其微者而观之，则冲漠无朕，而动静阴阳之理，已悉具于其中矣。虽然，推之于前而不见其始之合，引之于后而不见其终之离也。故程子曰："动静无端，阴阳无始，非知道者，孰能识之？"○愚谓："动而生阳，动极而静，静而生阴，静极复动"者，若言太极流行之妙，相推于无穷也。"一动一静，互为其根，分阴分阳，两仪立焉"者，言二气对待之体一定而不易也，邵子曰"用起天地先，体立天地后"是也。然详而分之，则"动而生阳"、"静而生阴"者，是流行之中定分未尝乱也；"一动一静，互为其根"者，是对待之中，妙用实相流通也。**阳变阴合，而生水火木金土。五气顺布，四时行焉。**朱子曰：有太极则一动一静而两仪分，有阴阳则一变一合而五行具。然五行者，质具于地而气行于天者也。以质而语其生之序[二]，则曰水火木金土，而水木阳也，火金阴也；以气而语其行之序，则曰木火土金水，而木火阳也，金水阴也。或问：阳何以言变？阴何以言合？曰：阳动而阴随之，故云变合。○愚谓："水火木金土"者，阴阳生五行之序也。"木火土金水"者，五行自相生之序也。曰："五行之生与五行之相生，其序不同，何也？"曰："五行之生也，盖二气之交，变合而各成，天一生水，地二生火，天三生木，地四生金，天五生土，所谓'阳变阴合，而生水火木金土'是也。五行之相生也，盖一气之推，循环相因，木生火，火生土，土生金，金生水，水复生木，所谓'五气顺布，四时行焉'是也。"曰："其所以有是二端，何也？"曰："二气变合而生者，原于对待之体也；一气循环而生者，本于流行之用也。"**五行，一阴阳也；阴阳，一太极也；太极，本无极也。**朱子曰：五行具，则造化发育之具无不备矣。故又即此而推本之，以明其浑然一体，莫非无极之妙，而无极之妙，亦未尝不各具于一物之中也。盖五行异质，四时异气，而皆不能外乎阴阳，五殊二实无馀欠也。阴阳异位，动静异时，而皆不能离乎太极，精粗本末无彼此也。至于所以为太极者，又无声臭之可言也。

○愚按，此图即系辞“易有太极，是生两仪，两仪生四象”之义，而推明之也。但易以卦爻言，图以造化言，卦爻固所以拟造化也。**五行之生也，各一其性。**张南轩曰：五行生，质虽有不同，然太极之理未尝不存也。五行各一其性，则为仁义礼智信之理，而五行各专其一。**无极之真，二五之精，妙合而凝，乾道成男，坤道成女。二气交感，化生万物，万物生生，而变化无穷焉。**朱子曰：真以理言，“无妄”之谓也；精以气言，“不二”之名也。妙合者，太极、二五本混融而无间也。凝者聚也，气聚而成形也。盖性为之主，而阴阳五行为之经纬错综，又各以类凝聚而成形焉。阳而健者成男，则父之道也；阴而顺者成女，则母之道也。是人物之始，以气化而生者也。气聚成形，则形交气感，遂以形化，而人物生生，变化无穷矣。自男女而观之，则男女各一其性，而男女一太极也；自万物而观之，则万物各一其性，而万物一太极也。盖合而言之，万物统体一太极也；分而言之，一物各具一太极也。○愚按，系辞“天地絪缊，万物化醇”，气化也；“男女构精，万物化生”，形化也。图说盖本诸此。**惟人也，得其秀而最灵。形既生矣，神发知矣，五性感动，而善恶分，万事出矣。**朱子曰：此言众人具动静之理，而常失之于动也。盖人物之生，莫不有太极之道焉，然阴阳五行，气质交运，而人之所禀，独得其秀，故其心为最灵，而有以不失其性之全，所谓“天地之心”而人之极也。然形生于阴，神发于阳，五常之性，感物而动，而阳善阴恶，又以类分，而五性之殊，散为万事。盖二气五行化生万物，其在人者又如此也。**圣人定之以中正仁义，**本注云：圣人之道，仁义中正而已矣。**而主静，**本注云：无欲故静。**立人极焉。故圣人与天地合其德，日月合其明，四时合其序，鬼神合**

**其吉凶。**[①]朱子曰:此言圣人全动静之德,而常本之于静也。盖人禀阴阳五行之秀气以生,而圣人之生,又得其秀之秀者。是以其行之也中,其处之也正,其发之也仁,其裁之也义。盖一动一静,莫不有以全夫太极之道而无所亏焉,则向之所谓欲动情胜、利害相攻者,于此乎定矣。然静者,诚之复而性之真也[三]。苟非此心寂然无欲而静,则亦何以酬酢事物之变,而一天下之动哉!故圣人中正仁义,动静周流,而其动也必主乎静。此其所以成位乎中,而天地、日月、四时、鬼神有所不能违也,盖必体立而后用有以行。若程子论乾坤动静,而曰"不专一则不能直遂,不翕聚则不能发散",亦此意尔。○李果斋曰:"五性感动,而善恶分",是五性皆有动有静也。惟圣人能定其性而主于静,故动罔不善而人心之太极立焉。盖人生而静,性之本体湛然无欲,斯能主静,此立极之要领也。或问:周子不言"礼智"而言"中正",何也?愚谓:此图辞义悉出于易。易本阴阳,而推之人事,其德曰仁义,其用曰中正,要不越阴阳之两端而已。仁义而匪中正,则仁为姑息、义为忍刻之类,故易尤重中正。**君子修之吉,小人悖之凶。**朱子曰:圣人太极之全体,一动一静,无适而非中正仁义之极,盖不假修为而自然也。未至此而修之,君子之所以吉也;不知此而悖之,小人之所以凶也。修之悖之,亦在乎敬肆之间而已矣。敬则欲寡而理

① 茅星来近思录集注(以下简称"茅星来")曰:"朱子曰:图说首言阴阳变化之原,其后即以人所禀受明之。'秀而最灵'者,纯粹至善之性也,所谓太极也。'形生神发',则阳动阴静之为也。'五性感动',则'阳变阴合,而生水火木金土'也。'善恶分',则'成男成女'之象也。'万事出',则万物化生之义也。至'圣人定之以中正仁义,而主静,立人极',则又有以得乎太极之全体,而与天地混合无间矣。故又言天地、日月、四时、鬼神,无不合也。"○张伯行曰:"此承上文,言人为万物之灵,但众人因物有迁,而圣人之教不得不立也。……言圣人全体太极,表里精粗,浑然天理,无往而不合也。"

明，寡之又寡以至于无，则静虚动直，而圣可学矣。**故曰："立天之道，曰阴与阳；立地之道，曰柔与刚；立人之道，曰仁与义。"又曰："原始反终，故知死生之说。"**朱子曰：阴阳成象，天道之所以立也；刚柔成质，地道之所以立也；仁义成德，人道之所以立也。道一而已，随事著见，故有三才之别，而于其中又各有体用之分焉，其实则一太极也。阳也，刚也，仁也，物之始也；阴也，柔也，义也，物之终也。能原其始而知所以生，则反其终而知所以死矣。此天地之间，纲纪造化，流行古今，不言之妙。圣人作易，其大意盖不出此[四]，故引之以证其说。○愚谓："一阴一阳之谓道"，道即太极也。在天以气言，曰阴阳；在地以形言，曰刚柔[五]；在人以德言，曰仁义。此太极之体所以立也。死生者，物之终始也。知死生之说，则尽二气流行之妙矣。此太极之用所以行也。凡此二端，发明太极之全体大用，故引以结证一图之义。**大哉易也，斯其至矣！**蔡节斋曰"易有太极"，易，变易也。夫子所谓"无体之易也，太极至极也"，言变易无体而有至极之理也，故周子太极图说特以"无极而太极"发明"易有太极"之义。其所谓"无极而太极"者，盖亦言其"无体之易"而有"至极"之理也。是其"无极之真"，实有得于夫子"易"之一言，而或以为周子妄加者，谬也。且其图说无非取于易者，而其篇末又以"大哉易也"结之，圣贤之言断可识矣。①





① 茅星来曰："朱子曰：易之为书，广大悉备，然语其至极，则此图尽之，其旨岂不深哉！周子手是图以授程氏兄弟，程子之言性与天道，多出于此。然卒未尝明以此图示人，是必有微意焉，学者不可以不知也。"○刁包潜室杂记曰："读太极图，识性之原焉；读西铭，识性之量焉；读定性书，识性之体焉；读颜子好学论，识性之所以复焉；读敬斋箴，识性之所以养焉。"○汪绂读近思录（以下简称"汪绂"）曰："道体篇五十一条，而以太极图说冠其首，此如子思子作中庸，而首言'天命之谓性'也。"○管赞程近思录集说（以下简称"管赞程"）曰："自首至此为一章，言天地之所以生人，而圣人尽人合天之（转下页注）

**诚，无为；**朱子曰：实理自然，何为之有，即太极也。**几，善恶。**朱子曰："几者，动之微"，善恶之所由分也。盖动于人心之微，则天理固当发见，而人欲亦已萌乎其间矣。此阴阳之象也。**德：爱曰仁，宜曰义，理曰礼，通曰智，守曰信。**朱子曰：道之得于身者谓之德[六]，其别有是五者之用，而因以名其体焉。即五行之性也。**性焉安焉之谓圣，**朱子曰：性者，独得于天；安者，本全于己；圣者，"大而化之"之称。此不待学问强勉，而诚无不立、几无不明、德无不备者也。**复焉执焉之谓贤，**朱子曰：复者，反而至之；执者，保而持之；贤者，才德过人之称。此思诚研几以成其德，而有以守之者也。**发微不可见、充周不可穷之谓神。**通书。○朱子曰：发之微妙而不可见，充之周遍而不可穷，则圣人之妙用而不可知者也。○愚谓：性焉复焉，以诚而言也；安焉执焉，以几而言也。发微充周，则几之动而神也，即通书次章"诚几神"之义。[1]

**伊川先生[2]曰："喜怒哀乐之未发谓之中"，中也者，言"寂然不动"者也，故曰"天下之大本"。"发而皆中节谓之和"，和也者，言"感而遂通"者也，故曰"天下之达道"。**文集[3]，下

(接上页注)道，推原无极太极为万化之根，使人知中正仁义所自来。其在人即天命之性，诚之复，寂然而静，已有动容周旋中礼气象，故能又以全德应变，则天下归德而定于一，以至静而制动，如众星之共北辰，所以必本于静而立人极。此学圣人良法，通生知以下而言，故列首以明道之大原、圣人之知，而为此书之纲领焉。"

① 黄榦曰："此一段只把'体用'二字来读他便见。诚是体，几是用；仁义礼智信是体，爱宜理通守是用。在诚为仁，则在几为爱；在诚为义，则在几为宜。性焉复焉，发微不可见，是体；安焉执焉，充周不可穷，是用。"

② 伊川(一〇三三—一一〇七)，即程颐，字正叔。河南洛阳人，北宋理学家。著有易传、颜子所好何学论等。

③ 关于此条语录的出处，存疑。茅星来云："此条今见遗书，畅潜道本列文集，误。"今见河南程氏遗书卷二十五畅潜道录有与此条文字相同的完整语段，而河南程氏文集答吕大临论中书中仅有与此条语录相近的零散语段。

同。○说见中庸。朱子曰：喜、怒、哀、乐，情也；其未发，则性也。无所偏倚，故谓之中。发皆中节，情之正也，无所乖戾，故谓之和。大本者，天命之性，天下之理皆由此出，道之体也。达道者，循性之谓，天下古今之所共由，道之用也。①

**心一也，有指体而言者，**本注云："寂然不动"是也。**有指用而言者，**本注云："感而遂通天下之故"是也。**惟观其所见如何耳。**②

**乾，天也。天者，乾之形体；乾者，天之性情。乾，健也，健而无息之谓乾。**朱子曰：性情二者常相参。有性便有情，有情便有性。火之性情则是热，水之性情则是寒，天之性情则是健。健之体为性，健之用是情，惟其健，所以不息。**夫天，专言之则道也，"天且弗违"是也。分而言之，则以形体谓之天，以主宰谓之帝，以功用谓之鬼神，以妙用谓之神，以性情谓之乾。**易传，下同。○道者，天理当然之路。专言天者，即道也。分而言之，指其形体高大而无涯，则"谓之天"；指其主宰运用而有定，则"谓之帝"。天所以主宰万化者，理而已。功用，造化之有迹者，如日月之往来、万物之屈伸是也。往者为鬼，来者为神；屈者为鬼，而伸者为神也。妙用，造化之无迹者，如运用而无方、变化而莫测是也。○朱子曰：功用言其气也，妙用言其理也。功用兼精粗而





① 张伯行曰：中者和之体，和者中之用。寂即所谓体，以其静者言也，性也；感即所谓用，以其动者言也，情也。性、情非两事，寂、感非两理。易与中庸相发明，而程子示人之意切矣。

② 茅星来曰："朱子曰：程子所谓'凡言心者皆指已发'之说，盖指心体流行而言，非谓事物思虑之交也。然与中庸本文不合，又恐学者以心为已发，而不知有未发时涵养之功，故自以为未当，而复正之如此。"○张绍价近思录解义（以下简称"张绍价"）曰："自'诚无为'至此凡三节为一段。'诚无为'，发明太极之理；'几善恶'，发明阴阳之理；'德爱曰仁'节，发明五行之理；'喜怒哀乐'二节，发明一动一静之理。"

言，妙用言其精者。黄勉斋曰：合而言之，言鬼神则神在其中矣；析而言之，则鬼神者其粗迹，神者其妙用也。伊川言“鬼神者造化之迹”，此以功用言也。横渠言“鬼神，二气之良能”，此合妙用而言也。①

**四德之元，犹五常之仁。偏言则一事，专言则包四者。**乾卦彖传。在天为四德，元亨利贞也；在人为五常，仁义礼智信也。分而言之，则元者四德之一，仁者五常之一。专言元，则亨利贞在其中；专言仁，则义礼智信在其中。盖元者天地之生理也，亨者生理之达，利者生理之遂，贞者生理之正也；仁者人心之生理也，礼者仁之节文，义者仁之裁制，知者仁之明辨，信者仁之真实也。○朱子曰：仁之一事所以包四者，不可离其一事，而别求兼四者之仁。又曰：仁是生底意思，通贯周流于四者之中，须得辞逊、断制、是非三者，方成得仁之事。

**天所赋为命，物所受为性。**朱子曰：命犹诰敕，性犹职任。天以此理命于人，人禀受此理则谓之性。②

**鬼神者，造化之迹也。**③迹者，以其著见，如日往月来、万物屈伸之类。

**剥之为卦，诸阳消剥已尽，独有上九一爻尚存，**④**如硕大之果不见食，将有复生之理，上九亦变则纯阴矣。然阳**

---

① 张伯行曰：“此程子释‘乾’名义而从而分别之，以见名有不同，为道一也。”○张绍价曰：“此论天道，兼理气而言。形体、功用、妙用，气也。性情、主宰，理也。”

② 张绍价曰：“天以元亨利贞赋于人，谓之命；人禀受于天之理，则为仁义礼智之性。”又曰：“在天曰命，以流行而言，继之者善也；在人曰性，以禀受而言，成之者性也。”

③ 江永近思录集注（以下简称“江永”）曰：“朱子曰：如日月星辰风雷，皆造化之迹。天地之间，只是此一气耳，来者为神，往者为鬼。”

④ 剥之上九曰：“硕果不食，君子得舆，小人剥庐。”○张伯行曰：“此程子因剥上九一爻而发明之，以见阳无终尽之理也。”

**无可尽之理，变于上则生于下，无间可容息也。圣人发明此理，以见阳与君子之道不可亡也。或曰：剥尽则为纯坤，岂复有阳乎？曰：以卦配月，则坤当十月。以气消息言，则阳剥为坤，阳来为复，阳未尝尽也。剥尽于上，则复生于下矣。**一气无顿消，亦无顿息。以卦配月，积三十日而成一月，亦积三十分而成一爻。九月中于卦为剥，阳未剥尽，犹有上九一爻；剥三十分，至十月中，阳气消尽而为纯坤，然阳才尽于上，则已萌于下。积三十分，至十一月中，然后阳气应于地上，而成复之一爻也。盖阴阳二气，语其流行，则一气耳；息则为阳，消则为阴，消之终即息之始，不容有间断。**故十月谓之阳月，恐疑其无阳也。阴亦然，圣人不言耳。**十月于卦为坤，恐人疑其无阳，故特谓之阳月，所以见阳气已萌也。阴于四月纯乾之时亦然，阴之类为小人，故圣人不言耳。

**一阳复于下，乃天地生物之心也。先儒皆以静为见天地之心，盖不知动之端乃天地之心也。非知道者，孰能识之？**复卦彖曰："复，其见天地之心乎？"朱子曰：十月积阴，阳气收敛，天地生物之心固未尝息，但无端倪可见。一阳既复，则生意发动，乃始复见其端绪也。①

**仁者，天下之公，善之本也。**复卦六二传。仁者以天地万物为一体，故曰"天下之公"。四端万善皆统乎仁，故曰"善之



---

① 朱熹曰："伊川言'一阳复于下，乃天地生物之心'一段，盖谓天地以生生为德，自'元亨利贞'乃生物之心也。但其静而复，乃未发之体；动而通焉，则已发之用。一阳来复，其始生甚微，固若静矣，然其实动之机，其势日长，而万物莫不资始焉。此天命流行之初，造化发育之始，天地生生不已之心于是而可见也。若其静而未发，则此心之体虽无所不在，然却有未发见处。此程子所以以'动之端'为天地之心，亦举用以该其体尔。"

本也”。

**有感必有应。凡有动皆为感，感则必有应，所应复为感，所感复有应，所以不已也。感通之理，知道者默而观之可也。**咸卦九四传。屈伸往来，感应无穷。自屈而伸，则屈者感也，伸者应也；自伸而屈，则伸者感也，屈者应也。明乎此，则天地阴阳之消长变化、人心物理之表里盛衰，要不外乎感应之理而已。①

**天下之理，终而复始，所以恒而不穷。恒非一定之谓也，一定则不能恒矣。唯随时变易，乃常道也。天地常久之道，天下常久之理，非知道者，孰能识之？**恒卦彖传。随时变易不穷，乃常道也。日月往来，万化屈伸，无一息之停，然其往来屈伸，则亘万古而常然也。②

**人性本善，有不可革者，何也？曰：语其性，则皆善也；语其才，则有下愚之不移。**革卦上六传。性无不善。才者，性之所能。合理与气而成气质，则有昏明、强弱之异[七]，其昏弱之极者为下愚。**所谓下愚有二焉：自暴也，自弃也。人苟以善自治，则无不可移者，虽昏愚之至，皆可渐磨而进。唯自暴者拒之以不信，自弃者绝之以不为，虽圣人与居，不能化而入也，仲尼之所谓“下愚”也。**人性本善，自暴者咈戾而不信乎





---

① 张伯行曰：“系辞于咸九四爻，明屈伸往来之理，而程子复因而释之。言天地之间，感应而已。”○陈埴近思杂问（以下简称“陈埴”）曰：“太极动而生阳，此感也。动极而静，静而生阴，此应也。静极复动，此所应复为感也。动极复静，此所感复有应也。大率阳为感则阴为应，阴为感则阳为应，一阳一阴，互为感应。此言循环无端之理。”

② 朱熹曰：“能常而后能变，能常而不已，所以能变。及其变也，常亦只在其中。伊川却说变而后能常，非是。”○杨伯嵒泳斋近思录衍注（以下简称“杨伯嵒”）曰：“天地生物之心，天下感之之理，天地常久之道，观而识之，伊川必归之知道者，此岂耳闻目见之知哉？”

善，是自暴害其性也。自弃者虽知其善，然怠废而不为，是自弃绝其性也。此愚之又下者不可移矣。○朱子曰：自暴者，刚恶之所为；自弃者，柔恶之所为。**然天下自弃自暴者，非必皆昏愚也，往往强戾而才力有过人者，商辛是也。圣人以其自绝于善，谓之"下愚"，然考其归，则诚愚也。**史记称纣"资辨捷疾，闻见甚敏，材力过人，手格猛兽，知足以拒谏，言足以饰非"，则其天资固非昏愚者。然其勇于为恶，而自绝于善，要其终则真下愚耳。**既曰"下愚"，其能革面，何也？曰：心虽绝于善道，其畏威而寡罪，则与人同也。唯其有与人同，所以知其非性之罪也。**革卦上六曰："小人革面。"下愚小人自绝于善，然畏威刑而欲免罪，则与人无以异，是以亦能掩其不善而著其善。唯其畏惧有与人同者，是以知其性之本善也。①

**在物为理，处物为义。**理即是义，然事物各有理，裁制事物而合乎理者为义。○朱子曰：义者，心之制，事之宜也。彼事之宜虽若在外，然所以制其宜则在心也。非程子一语，则后人未免有义外之见。

**动静无端，阴阳无始。非知道者，孰能识之？**经说，下同。○动静相推，阴阳密移，无有间断。有间断则有端始，无间断故曰无端无始也。其所以然者道也，道固一而无间断也。异时论剥、复之道，曰"无间可容息也"，又曰"其间元不断续"【八】，皆此意



① 张伯行曰："此因革卦上六爻辞而发明之。"○管赞程曰："自'诚无为'至此为一章，以'诚'为此章之纲领。寂然不动者，诚也，心之体也；感而遂通者，神也，心之用也。有体必有用，此乾道也。而体用之间，剥复循环，流行不已。其阳初动者，几也。非诚神几，不足为圣人。惟天下之公者，则能尽感应循环之理，与天同为常久。此通上智以下而言，可贤可圣而可入于神也。惟中人之资，可善可恶，不同上智下愚者皆不移焉。故程子曰：'圣虽可学兮，所贵者资；便儇皎厉兮，去道远而。'"

也。朱子曰：动静相生，如循环之无端。①

**仁者天下之正理，失正理则无序而不和。**子曰："人而不仁，如礼何？人而不仁，如乐何？""人而不仁"，则私欲交乱，害于正理，固宜舛逆而无序、乖戾而不和也。序者礼之本，和者乐之本。②

**明道先生③曰：天地生物，各无不足之理。常思天下君臣、父子、兄弟、夫妇，有多少不尽分处。**遗书，下同。○分者，天理当然之则。天之生物，理无亏欠，而人之处物，每不尽理。如君臣、父子、兄弟、夫妇，一毫不尽其心、不当乎理，是为不尽分。故君子贵精察而力行之也。

**"忠信所以进德"，"终日乾乾"，君子当终日对越在天也。**说见乾卦九三文言。发乎真心之谓忠，尽乎实理之谓信，忠信乃进德之基。"终日乾乾"者，谓"终日对越在天也"。越，于也。君子一言一动守其忠信，常瞻对乎上帝，不敢有一毫欺慢之意也。以下皆发明所以"对越在天"之义。**盖"上天之载，无声无臭"，其体则谓之易，其理则谓之道，其用则谓之神；其命于人则谓之性，率性则谓之道，修道则谓之教。**"上天之载，无声无臭"，所谓"太极本无极"也。体，犹质也。阴阳变易，乃太极之体也，故其体谓之易。其所以变易之理，则谓之道；其变易之用，则谓

---

① 茅星来曰："程子于咸之感应，恒之变易，复之见天地之心，皆以归之知道者，而于此复云然。盖其所以感应，所以变易，天地之心之所以见者，无非道也，亦无非太极之阴阳动静也。必于此有默契焉，而后于天地生物之心，天下感通之理，天地常久之道，静观默识，而有以自得之矣。"

② 张绍价曰："仁为天下之正理，得正理则作事秩然有序，蔼然以和。失正理，则肆欲妄行，颠倒错乱而无序，情意乖戾而不和，则虽欲用礼乐，而礼乐不为之用也。"

③ 明道（一〇三二—一〇八五），即程颢，字伯淳。河南洛阳人，北宋理学家。著有定性书、识仁篇等。

之神。此以天道言也。天理赋于人谓之性，循性之自然谓之道，因其自然者而修明之谓之教。此以人道言也。惟其天人之理一，所以“终日对越在天”者也。**孟子去其中又发挥出浩然之气，可谓尽矣。**浩然，盛大流行之貌。盖天地正大之气，人得之以生，本浩然也。失养则馁，而无以配夫道义之用；得养则充，而有以复其正大之体。尽矣，谓无馀事也。此言天人之气一，所以“终日对越在天”者也。**故说神“如在其上，如在其左右”，大小大事，而只曰“诚之不可掩如此夫”。彻上彻下，不过如此。**大小，犹多少也。中庸论鬼神如此，其盛而卒曰“诚之不可掩”。诚者实理，即所谓忠信之体。天人之间，通此实理，故君子忠信进德，所以为“对越在天”也。**形而上为道，形而下为器，须著如此说，器亦道，道亦器，**说见系辞。道者指事物之理，故曰“形而上”；器者指事物之体，故曰“形而下”。其实道寓于器，本不相离也。盖言日用之间，无非天理之流行，所谓“终日对越在天”者，亦敬循乎此理而已。**但得道在，不系今与后，己与人。**不系，犹不拘也。言人能体道而不违，则道在我矣，不拘人己古今，无往而不合，盖道本无间然也。①

**医书言手足痿痹为不仁，此言最善名状。仁者以天地万物为一体，莫非己也。认得为己，何所不至？若不“有诸**





① 朱熹曰：“从‘上天之载，无声无臭’说起，虽是‘无声无臭’，其阖辟变化之体，则谓之易。然所以能阖辟变化之理，则谓之道。其功用著见处，则谓之神。此皆就天上说。及说到‘命于人则谓之性，率性则谓之道，修道则谓之教’，是就人身上说。上下说得如此子细，都说了，可谓尽矣。‘故说神“如在其上，如在其左右”’，又皆是此理显著之迹，看甚大事小事，都离了这个事不得。上而天地鬼神离这个不得，下而万事万物都不出此，故曰‘彻上彻下，不过如此’。形而上者，无形无影是此理；形而下者，有情有状是此器。然谓此器则有此理，有此理则有此器，未尝相离，却不是于形器之外别有所谓理。亘古亘今，万事万物皆只是这个，所以说‘但得道在，不系今与后，己与人’。”

**己"，自不与己相干。如手足不仁，气已不贯，皆不属己。**天地万物与我同体，心无私蔽则自然爱而公矣，所谓仁也。苟是理不明而为私意所隔截，则形骸尔汝之分，了无交涉。譬如手足痿痹，气不相贯，疾痛痾痒，皆不相干，此四体之不仁也。**故博施济众，乃圣之功用。仁至难言，故止曰："己欲立而立人，己欲达而达人，能近取譬，可谓仁之方也已。"欲令如是观仁，可以得仁之体。**说见论语。"博施济众"，乃圣人之功用。子贡以是言仁，未识仁之体。夫子告之，使知人之欲无异己之欲，施于人者亦犹施于己，近取诸身而譬之于人，则得求仁之术，即此可见仁之体也。○朱子曰："博施济众"，是就事上说，却不就心上说。夫子所以提起，正是就心上指仁之本体而告之。又曰："博施济众"，固仁之极功，但只乍见孺子将入井时有怵惕恻隐之心，亦便是仁，此处最好看。①

**"生之谓性"。性即气，气即性，生之谓也。**人之有生，气聚成形，理亦具焉，是之谓性[九]。性与气本不相离也，故曰"性即气，气即性"。②**人生气禀，理有善恶，然不是性中元有此两物相对而生也。**气禀杂揉，善恶由分，此亦理之所有。然原是性之本则善而已，非性中元有善恶二者并生也[一〇]。**有自幼而善，有自幼而恶，**本注云：后稷之"克岐克嶷"，子越椒始生，人知其必灭若敖氏之类。**是气禀有然也。善固性也，然恶亦不可不谓**





---

① 朱熹曰："明道'医书手足不仁'止'可以得仁之体'一段，以意推之，盖谓仁者天地生物之心，而人物得以为心，则是天地、人物莫不同有是心，而心德未尝不贯通也。虽其为天地，为人物，各有不同，然其实则有一条脉络相贯。故体认得此心，而有以存养之，则心理无所不到，而自然无不爱矣。……'仁至难言'，亦以全体精微，未易言也。止曰'立人'、'达人'，则有以指夫仁者之心，而便于此观，则仁之体，庶几不外是心而得之尔。"

② 茅星来曰："告子以气为性，犹佛氏'作用是性'之说，程子却引来见人生以后便已离气不得，与告子语意大别。"

**之性也。**程子又曰：善恶皆天理，谓之恶者本非恶，但或过或不及便如此。朱子曰：天下无性外之物，本皆善而流于恶耳。愚谓：原天命赋予之初，固有善而无恶。及气禀拘滞之后，则其恶者，谓非性之本然则可，谓之非性则不可。性一也，所指之地不同耳。**盖"生之谓性"，"人生而静"以上不容说，才说性时便已不是性也。**朱子曰："人生而静"以上，是人物未生时，只可谓之理，未可名为性，所谓"在天曰命"也。"才说性时"，便是人生以后，此理已堕在形气之中，不全是性之本体矣，所谓"在人曰性"也。○此重释"生之谓性"。**凡人说性，只是说"继之者善也"，孟子言性善是也。夫所谓"继之者善也"者，犹水流而就下也。皆水也，有流而至海，终无所污，此何烦人力之为也。有流而未远，固已渐浊；有出而甚远，方有所浊。有浊之多者，有浊之少者。清浊虽不同，然不可以浊者不为水也。**系辞曰："一阴一阳之谓道，继之者善也。"盖天道流行，发育万物，赋受之间，浑然一理，纯粹至善，所谓"性善"者也。"继之"云者，犹水流而就下，其有清浊远近之不同，犹气禀昏明纯驳有浅深也[一一]。水固本清，及流而浊，不可谓之非水。犹性虽本善，及局于气而恶，不可谓之非性。○此重释"善固性也，恶亦不可不谓之性"。**如此，则人不可以不加澄治之功。故用力敏勇则疾清，用力缓怠则迟清。及其清也，则却只是元初水也，不是将清来换却浊，亦不是取出浊来置在一隅也。水之清，则性善之谓也。故不是善与恶在性中为两物相对，各自出来。**[①]朱子曰：人虽为

① 朱熹曰："此段引譬喻亦丛杂，如说'水流而就下'了，又说从清浊处去，与就下不相续。这处只要认得大意可也。"又曰："'然恶亦不可不谓之性'一句，又似有恶性相似，须是子细看。"

气所昏，而性则未尝不在其中，故不可不加澄治之功。惟能学以胜之，则知此理浑然，初未尝损，所谓“元初水”也。虽浊而清者存，故非将清来换浊[一二]；既清则本无浊，故非取浊置一隅也[一三]。如此则其本善而已矣，性中岂有两物对立而并行也哉！愚谓：不知性之本善，则不能自勉以复其初；不知性有时而陷于恶[一四]，则不能力加澄治之功。二说盖互相发明也[一五]。〇此重释“不是性中元有两物相对而生”。但前以其本言，则曰“相对而生”，此以其用言，则曰“相对各自出来”。**此理，天命也。顺而循之，则道也。循此而修之，各得其分，则教也。自天命以至于教，我无加损焉，此舜“有天下而不与焉”者也。**朱子曰：修道虽以人事言，然其所以修之者，莫非天命之本然，非人私智所能为也。然非圣人有不能尽，故以舜事明之。①

**观天地生物气象。**本注云：周茂叔看。〇造化流行，发育万物，溥博周遍，生理条达，观之使人良心油然而生。此即周子窗前草不除去，问之，云“与自家意思一般”是也。

**万物之生意最可观，此“元者，善之长也”，斯所谓仁**

---

① 朱熹曰：“‘人生而静以上’，即是人物未生时。人物未生时，只可谓之理，说性未得，此所谓‘在天曰命’也。‘才说性时，便已不是性’者，言才谓之性，便是人生以后，此理已堕在形气之中，不全是性之本体矣，故曰‘便已不是性也’，此所谓‘在人曰性’也。大抵人有此形气，则是此理始具于形气之中，而谓之性。才说是性，便已涉乎有生而兼乎气质，不得为性之本体也。然性之本体，亦未尝杂。要人就此上面见得其本体元未尝离，亦未尝杂耳。‘凡人说性，只是说“继之者善也”’者，言性不可形容，而善言性者，不过即其发见之端而言之，而性之理固可默识矣，如孟子言‘性善’与‘四端’是也。”〇管赟程曰：“自‘在物为理’至此为一章，此言通中上以下之资，能知物必有理，而人心则有义。以义处物，为学圣之本，至于义立，则动静无端，阴阳无始，为天下之正理也。天下之正理，发之于君臣、父子、兄弟、夫妇，各有当然之职分，尽此职分便是圣人。其进德也，顺吾天命之性，自然各有日用当行之道，终日乾乾，可以至于博施济众，而圣人之功用，不过如此。虽如舜之事业，亦尽其性分而已。”

**也。**朱子曰：物之初生，淳粹未散最好看，及干叶茂盛，便不好看。见孺子入井时，怵惕恻隐之心，只这些子便见得仁。到他发政施仁，其仁固广，然却难看。[①]

**满腔子是恻隐之心。**腔子，犹躯壳也。恻，伤怛也。隐，痛也。人之一身，恻隐之心无所不至，故疾痛痾痒，触之则觉。由是推之，则天地万物本一体也，无往而非恻隐之心矣。○朱子曰：弥满充实无空缺处，如刀割著亦痛，针刺著亦痛。[②]

**天地万物之理，无独必有对，皆自然而然，非有安排也。每中夜以思，不知手之舞之，足之蹈之也。**朱子曰：阴与阳对，动与静对，以至屈伸、消长、左右、上下，或以类而对，或以反而对。反覆推之，未有兀然无对而孤立者。程子谓惟道无对，然以形而上下论之，亦未尝不有对也。

**中者，天下之大本，天地之间，亭亭当当、直上直下之正理。出则不是，惟"敬而无失"最尽。**喜、怒、哀、乐未发之时，此性浑然在中，"亭亭当当，直上直下"，无所偏倚，此"天下之大本"而万善之主也。心有散逸，则失其所以为主，唯能敬以存之，则有以全其中之本体矣。[③]

**伊川先生曰：公则一，私则万殊。人心不同如面，**[④]**只**

---

① 朱熹曰："万物之生，天命流行，自始至终，无非此理。但初生之际，淳粹未散，尤易见尔。只如元亨利贞皆是善，而元则为善之长，亨利贞皆是那里来。仁义礼智亦皆善也，而仁则为万善之首，义礼智皆从这里出尔。"

② 张伯行曰："恻隐之心，即天地万物一体之心，充塞于人之身者。故程子就人身上指出，见人身是'小腔子'，天地是'大腔子'。"

③ 张绍价曰："此言未发之中，不偏不倚也。'亭亭当当，直上直下'，借俗语以形容无偏倚之意。中者，'天下之大本'，静而无以存之，则此心放逸于外，而不可以言中。惟戒慎恐惧，敬而无失，则浑然在中，无少偏倚，有以存养天命之性，而大本立矣。"

④ 左传襄公三十一年："子产曰：'人心不同，如其面焉，吾岂敢谓子面如吾面乎？'"○茅星来曰："此因左传子产之言而论之如此。"

是私心。公则万物一体，私则人己万殊。

凡物有本末，不可分本末为两段事。洒扫应对是其然，必有所以然。朱子曰：治心修身是本，洒扫应对是末，皆其然之事也。至于所以然则理也，理无精粗本末。①

杨子拔一毛不为，墨子又摩顶放踵为之，此皆是不得中。至如"子莫执中"，欲执此二者之中，不知怎么执得。识得则事事物物上【一六】皆天然有个中在那上，不待人安排也，安排著则不中矣。杨朱为我，故以一毫利天下而不为。墨翟兼爱，故虽摩顶至踵可以利天下而亦为之。杨、墨各守一偏，固皆失其中。子莫，鲁之贤人也，惩二者之偏，欲于二者之间而取中。夫中者随时而在，不能随时以权其宜，而胶于一定之中，则所执者亦偏矣。故君子贵于格物以致其知，物格而知至，则有以识夫时中之理，而于事事物物各有天然之中，不待著意安排也。若事安排，则或杂以意见之私，而非天然之中矣。

问：时中如何？曰："中"字最难识【一七】，须是默识心通。且试言一厅则中央为中，一家则厅中非中而堂为中，言一国则堂非中而国之中为中。推此类可见矣。如三过其门不入，在禹、稷之世为中，若居陋巷，则非中也；居陋巷，在颜子之时为中，若三过其门不入，则非中也。时中者，随时有中，不可执一而求也。意如上章禹之治水九年于外，三过其门而不暇入，盖得时行道，任天下之责，济斯民之患，如是乃合此时之中。颜子之世，明王不兴，以夫子之大圣而不得行其道，则其时可以止矣，故隐居独善而箪瓢自乐，如是乃合此时之中。是二者若

---

① 江永曰："朱子曰：洒扫应对之事，其然也，形而下者也。洒扫应对之理，所以然也，形而上者也。"

违时而易务，则皆失其中矣。

**无妄之谓诚，不欺其次矣。**本注云：李邦直云“不欺之谓诚”，便以不欺为诚。徐仲车云“不息之谓诚”，中庸言“至诚无息”，非以无息解诚也。或以问先生，先生曰云云。○无妄者，实理之自然，而无一毫伪妄也，故谓之诚。不欺者，知实理之当然而不自为欺，乃思诚也。○朱子曰：无妄者，自然之诚。不欺是著力去做底，故曰“其次”。

**冲漠无朕，万象森然已具，未应不是先，已应不是后。**冲漠未形而万理毕具，即所谓“无极而太极”也。未应者“寂然不动”之时也，已应者“感而遂通”之时也。已应之理悉具于未应之时，故未应非先，已应非后。盖即体而用在其中，不可以先后分也。○朱子曰：未有事物之时，此理已具。少间应处，亦只是此理。**如百尺之木，自根本至枝叶皆是一贯，不可道上面一段事无形无兆，却待人旋安排引入来教入途辙。**辙，车迹。途辙，犹路脉也。道有体用，而非两端，犹木有根本，是生枝叶，上下一贯，未尝间断，岂可谓未应之时空虚无有，已应之际旋待安排引入途辙？言此理具于气形事为之先，本一贯也。**既是途辙，却只是一个途辙。**言此理流行于气形事为之中，亦未尝有二致也。○朱子曰：如父之慈、子之孝，只是一条路从源头下来。

**近取诸身，百理皆具。屈伸往来之义，只于鼻息之间见之。屈伸往来只是理，不必将既屈之气复为方伸之气。生生之理，自然不息。**鼻息呼吸，可见屈伸往来之义。以理而言，则屈伸往来自然不息；以气而言，则不是以既屈之气为方伸之气，如释氏所谓“轮回”者也。○朱子曰：此段为横渠“形溃反原”之说而发也。李果斋曰：往而屈者，其气已散；来而伸者，其气方生。

"生生之理，自然不穷。"若以既屈之气复为方伸之气，则是天地间只有许多气来来去去，造化之理不几于穷乎？释氏不明乎此，所以有轮回之说。**如复卦言"七日来复"，其间元不断续。阳已复生，物极必返，其理须如此。有生便有死，有始便有终。**日，即月也。以卦配月，则自五月阳始消而为姤，至十一月阳生而为复，自姤至复凡七月也。消极而生，无有间断，物极必返，理之自然，生死始终皆一理也。①

**明道先生曰：天地之间只有一个感与应而已，更有甚事？**详见前。②

**问仁，伊川先生曰：此在诸公自思之，将圣贤所言仁处类聚观之，体认出来。孟子曰："恻隐之心，仁也。"后人遂以爱为仁。爱自是情，仁自是性，岂可专以爱为仁？孟子言"恻隐之心，仁之端也"，既曰仁之端，则不可便谓之仁。退之言"博爱之谓仁"，非也。仁者固博爱，然便以博爱为仁则不可。**仁者爱之性，爱者仁之情。以爱为仁，是指情为性端之云者，言仁在中而端绪见于外也。或谓："樊迟问仁，子曰'爱人'。"是夫子亦尝以爱言仁也？曰：孔门问答皆是教人于已发处用功。孟子所谓"恻隐之心，仁也"，亦是于已发之端体认。但后之论仁者，无复知性情之别，故程子发此义以示人，欲使沿流而溯其源





---

① 江永曰："程子破张子'形溃反原'之说，固为正论，而人物间有投生者，又别有理。理固有常有变也，但学者不可以此溺其心尔。"

② 朱熹曰："盖阴阳之变化，万物之生成，情伪之相通，事为之终始，一为感，则一为应。循环相代，所以不已也。"〇管赞程曰："自'观天地生物'至此为一章，此言中人之资，当开其温恭慈爱之心，使求与物同体之仁，然后仁心加厚而充满，故能质必有文，无独必有对也。其原出于天下大本，其功则在公而无我，其积之则精义入神，与洒扫应对为一贯，故能顺达时中，以执其中。其能执中者，本于无妄之诚，万象森然已具。无极之真、二五之精妙合无间，所以屈伸往来之不息，一感一应之不已也。"

也，学者其深体之。

**问：仁与心何异？曰：心譬如谷种，生之性便是仁，阳气发处乃情也。**以谷种喻心，生之性便是爱之理；阳气发处，便是恻隐之情。

**义训宜，礼训别，智训知，仁当何训？说者谓训觉、训人，皆非也。当合孔孟言仁处大概研穷之，二三岁得之，未晚也。**训者，以其字义难明，故又假一字以训解之。义者，天理之当然，所以裁制乎事物之宜，故训宜。礼者，天理之节文，所以别亲疏上下之分，故训别。智者，天理之明睿，所以知事物之是非，故训知。仁道至大[一八]，包乎三者，故为难训。"说者谓训觉"者，言"不为物欲所蔽，痒痾疾痛，触之即觉"。夫仁者固无所不觉，然觉不足以尽仁之蕴也。"训人"者，言天地生人均气同理，以人体之，则恻怛慈爱之意自然无所间断。夫仁者固以人为体，然不可以训仁也。○朱子曰：仁是爱之体，觉自是智之用。仁统四德，故仁则无不觉，然便以觉为仁则不可。或谓：仁只是人心之生理，以"生"字训之，何如？朱子曰：不必须用一字训，但要识得大意通透耳。[一九]

**性即理也。天下之理，原其所自，未有不善。喜怒哀乐未发，何尝不善？发而中节，则无往而不善；发不中节，然后为不善。故凡言善恶[二〇]，皆先善而后恶；言吉凶，皆先吉而后凶；言是非，皆先是而后非。**朱子曰："性即理也"一语，自孔子后惟伊川说得尽，撷扑不破。性即是天理，那得有恶？又曰：未发之前气不用事，所以有善而无恶。①

---

① 夏震武曰："善恶、吉凶、是非，先善后恶，先吉后凶，先是后非。程子举语言之先后自然以明其理，邪正、曲直、灾祥，颠倒其辞，取便语言，则非天地自然之理，不足以难程子也。"

**问：心有善恶否？曰：在天为命，在义为理，在人为性，主于身为心，其实一也。心本善，发于思虑，则有善有不善。若既发，则可谓之情，不可谓之心。**天道流行，赋与万物，谓之命。事物万殊，各有天然之则，统而名之，谓之理。人得是理以生，谓之性。是性所存，虚灵知觉，为一身之主宰，谓之心。实则非二也。推本而言，心岂有不善？自七情之发，而后有善恶之分。○朱子曰：既发不可谓之非心，但有不善，则非心之本体。**譬如水，只可谓之水，至如流而为派，或行于东，或行于西，却谓之流也。**①

**性出于天，才出于气。气清则才清，气浊则才浊。才则有善有不善，性则无不善。**性本乎理，理无不善。才本乎气，气则不齐，故或以之为善，或以之为恶。○孟子曰："若夫为不善，非才之罪也。"朱子曰：孟子专以其发于性者言之，故以为才无不善。程子兼指其禀于气者言之，则人之材质固有昏明强弱之不同。张子所谓"气质之性"是也。二说虽殊，各有所当，然程子为密。②

**性者自然完具，信只是有此者也。故"四端"不言信。**仁义礼智分而言之，则四者各立，自然完具。实有是四者〔二一〕，则谓之信。故信无定位，非于四者之外别有信也。孟子论四端而不及信〔二二〕，盖信在其中矣。○李果斋曰：五常言信，配五行而言；四端不言信，配四时而言也。盖土分旺于四时之季，信已立于四端之

① 熊刚大性理群书句解（以下简称"熊刚大"）曰："名之曰流矣，亦犹心之未发则为性，心之已发则为情也。"○张绍价曰："心统性情，性固心之所具，情亦心之所发，不可谓之非心。譬如水，水之源固谓之水，水之流亦不可谓之非水也。以前章'心一也，有指体而言者，有指用而言者'之说格之，则情正心之用也，焉得以情有不善，遂谓非心所为哉！"

② 茅星来曰："陈北溪曰：'才是才质、才能。才质以体言，才能以用言也。'孟子以其从性善大本处发来，故以为无不善。要说得全备，须如程子之说方尽。"

中也。

**心，生道也。有是心，斯具是形以生。恻隐之心，人之生道也。**心者，人之生理也。“有是心，斯具是形”，此言生人之道。“恻隐之心，人之生道”，此言人得是心。故酬酢运用，生生而不穷。苟无是心，则同于砂石而生理绝矣。○朱子曰：“心，生道也”，谓天地以生物为心，而人得之以为心者。又曰：心是个活底物。①

**横渠先生②曰：气坱然太虚，升降飞扬，未尝止息。此虚实动静之机，阴阳刚柔之始。浮而上者阳之清，降而下者阴之浊，其感遇聚结【二三】，为风雨，为霜雪，万品之流形，山川之融结，糟粕煨烬，无非教也。**正蒙，下同。○坱然，盛大氤氲之义。坱然太虚，周流上下，亘古穷今。未尝止息者，元气也。虚实动静，妙用由是而形，故曰机。阴阳刚柔，定体由是而立，故曰始。判而为上下清浊，合而为风雨霜雪；凝而为人物山川之形质，散而为糟粕煨烬之查滓【二四】。消长万变，生生不穷，皆道体之流行，故曰无非至教。③

**游气纷扰合而成质者，生人物之万殊；其阴阳两端循**

---

① 管赞程曰：“自‘问仁’至此为一章，此求仁资质之下者，言其求之之法，须先类聚圣贤言仁处，体认出来，始有根本可守。但不可认心为仁，以知觉训仁。须精细研穷，期以三年而得仁之大概，则其学有本，然后可求同体之仁，以得天下之正理。则知以上四章之义皆通，而无不到之理。盖仁是生之性，性即理也，未有不善。欲知善之真者，莫如未发之时，此乃心之本体，其与天命、义理、人性一也。性出于天，故性无不善，仁义礼智自然完具。而仁之发，便是恻隐。恻隐本于天之生道，其在人心，则谓人之生道，可为万善之本。故为学莫有切要于求仁者。程门所教，本于孔门。故道体一卷，采程子语，以此结之，其意深矣。”

② 横渠（一〇二〇—一〇七七），即张载，字子厚。凤翔郿县（今陕西眉县）横渠镇人，世称横渠先生。北宋理学家。著有正蒙、经学理窟等。

③ 张伯行曰：“此张子极言气之用，以见即气即理，与‘虚空即气’之说合也。……统而观之，无非上天之以理示人，所谓教也。然则气在而理具，理具而教彰，形上即在形下之中，有无混一，所言‘虚空即气’者，于此尤可想见矣。”

**环不已者,立天地之大义。**[①]游气杂揉凝而成形者,人物万殊所以生也。阴阳推移循环无穷者,天地大经所以立也。游气纷扰,纬也;阴阳循环,经也。○朱子曰:阴阳循环如磨,游气纷扰,如磨中出者。

**天体物不遗,犹仁体事而无不在也。**朱子曰:体物,言为物之体也,盖物物有个天理。体事,谓事事是仁做出来。**"礼仪三百,威仪三千",无一物而非仁也。**礼仪者,经礼也。威仪者,曲礼也。礼文之大小,无非爱敬恳恻之心所发见者,故曰"无一物而非仁也"。不然,则礼特虚文矣。**"昊天曰明,及尔出王。昊天曰旦,及尔游衍",无一物之不体也。**"王"、"往"通。○诗大雅板篇。出王,谓出而有所往也。旦,亦明也。衍,宽纵之意【二五】。言天道昭明,凡人之往来游息之所,此理无往而不在,因是以证体物不遗之义。【二六】

**鬼神者,二气之良能也。**良能者,自然而然,莫之为而为也。朱子谓"横渠此语尤精"。[②]

**物之初生,气日至而滋息;物生既盈,气日反而游散。至之谓神,以其伸也;反之谓鬼,以其归也。**物自少以至壮,气日至而滋息,滋息者,生而就满也。自壮以至老,气日反而游散,游散者,消而就尽也。以其日至而伸,故曰神;以其日反而归,故曰鬼。[③]





① 陈埴曰:"上两句说五行,下两句说阴阳。五行交错,故生万有之不同;二气循环,故两仪终古不息。"

② 朱熹曰:"'鬼神者,二气之良能',是说往来屈伸乃理之自然,非有安排布置,故曰'良能'也。"

③ 张绍价曰:"此承上章而言,良能功用,见于气之屈伸。气至而滋息,则物以始。气反而游散,则物以终。物之终始,莫非阴阳合散之所为。此鬼神所以体物而不可遗也。鬼神,天地之功用,鬼神体物不遗,即天之体物不遗也。"

**性者，万物之一源，非有我之得私也。惟大人为能尽其道，是故立必俱立，知必周知，爱必兼爱，成不独成。彼自蔽塞而不知顺吾理者，则亦末如之何矣。**性原于天，而人之所同得也。惟大人者能尽己之性，则能尽人之性。盖性本无二也，故己有所立，必与夫人以俱立；己有所知，必使夫人以周知；爱必兼爱，使人皆得所爱也；成不独成，使人皆有所成也。四者，大人之所存心也。立者礼之干也，知者智之用也，爱者仁之施也，成者义之遂也。自立于礼，以至成于义，学之始终也。张子之教以礼为先，故首曰"立"。如是而彼或蔽塞而不通，不知所以顺乎理，则亦无如之何，然其心固欲其同尽乎一源之性也。此即大学"明明德"于天下，中庸"成己成物"之道，盖西铭之根本也。①



**一故神。譬之人身，四体皆一物，故触之而无不觉，不待心使至此而后觉也。此所谓"感而遂通"，"不行而至，不疾而速"也。**横渠易说。○一，谓纯一也；神，谓神妙而无不通也。犹人之四体本一也，故触之即觉，不待思虑拟议。使一有间断，则痛痒有所不觉矣。天地之为物不贰，故妙用而无方；圣人之心不贰，故感通而莫测。②

**心，统性情者也。**横渠语录，下同。○朱子曰：统是主宰。性者，心之理；情者，心之用；心者，性情之主。孟子曰"仁，人心也"，又曰"恻隐之心"，"性"、"情"上都下个"心"字，可见"心统性情"之义。③



---

① 张伯行曰："此言性为人所同得，而大人尽性之，非以自私也。万物本乎天，天所命之理是为性，如水有万派，其源则一，非我所得私。但人皆有性而莫之能尽，惟大人能尽己之性，则能尽人之性。"

② 张伯行曰："此言圣人之心，纯一不贰，故随感而皆通也。"

③ 陈埴曰："心居性情之间，向里即是性，向外即是情。心居二者之间而统之，所以圣贤工夫只在心里著到，一举而兼得之。横渠此语大有功于后学。"

**凡物莫不有是性。由通蔽开塞，所以有人物之别；由蔽有厚薄，故有智愚之别。塞者牢不可开，厚者可以开，而开之也难，薄者开之也易，开则达于天道，与圣人一。**有是气必有是理，此人与物之所共也。由气有通蔽开塞，故有人物之异；由蔽有厚薄，故人又有智愚之异。塞者气拘而填实之也，故不可开，此言物也；蔽者但昏暗而有所不通，皆可开也，顾有难易之分耳。及其既开，则通乎天道与圣人一，此言人也。①

**校勘记**

【一】则一阳未动之时　“一”，明刊本、邵本作“阴”。

【二】以质而语其生之序　“生”，原作“住”，据明修本、明刊本改。按，邵本作“性”。

【三】诚之复而性之真也　“真”，明修本、邵本作“贞”。

【四】圣人作易其大意盖不出此　“其”，邵本作“之”。

【五】曰刚柔　“刚柔”，邵本作“柔刚”。

【六】道之得于身者谓之德　“身”，邵本作“心”。

【七】则有昏明强弱之异　“昏”原作“分”，据明修本、邵本改。

【八】又曰其间元不断续　“元”，邵本作“原”。

【九】是之谓性　“之谓”，邵本作“谓之”。

---

① 陈沆近思录补注（以下简称“陈沆”）曰：“横渠先生之意，专为气质不齐者而言，以见不可无矫揉变化之功。故云‘开则达于天道，与圣人一’。若圣人之无待于开而自无所蔽，不待言也。朱子谓通蔽开塞似欠了生知之圣，恐非张子立言之意。”〇刘緎三曰：“天道、圣人，结应卷首太极图说之意。自开其蔽，则自明而诚，结应‘君子修之’之事，以起下卷‘为学’之意。”〇管赞程曰：“自‘气坱然’至此为一章，言元气为生物之本，其阴阳刚柔之始，两端循环不已，故生物无穷。但与无极之真浑融无间，故在天体物不遗，在人体事而无不在。则凡始终万物者，皆阴阳二气之良能也。以理言，则性为万物之一源；以气言，则触无不觉，感无不通；以气质言，则人有通蔽贤愚之不同，物与人又有开塞之异也。然虽蔽之厚，亦可开以达圣人，则人不可以不变化气质，复其性之一源，以求至乎圣人。”

【十〇】非性中元有善恶二者并生也　“元”，邵本作“原”。

【一一】犹气禀昏明纯驳有浅深也　“深”字原无，据明修本、邵本补。

【一二】故非将清来换浊　“故”，邵本作“固”。

【一三】故非取浊置一隅也　“故”，邵本作“固”。

【一四】不知性有时而陷于恶　“知”原作“矢”，据明修本、邵本改。

【一五】二说盖互相发明也　“二”原作“耳”，据明修本、邵本改。

【一六】识得则事事物物上　“事事物物”，邵本作“凡事物”。

【一七】曰中字最难识　“曰”上，邵本有“伊川先生”四字。

【一八】仁道至大　“大”原作“天”，据明修本、邵本改。

【一九】此条，元刊本紧接于上条末刻印，据邵本当单列为一条。

【二〇】发不中节然后为不善故凡言善恶　“发不中节然后为不善故”十字原无，据邵本补。

【二一】自然完具实有是四者　“完”，邵本作“全”。按，“自然完具实”，明刊本作“自然究其实”。

【二二】孟子论四端而不及信　“子”原作“孟”，据明修本、邵本改。

【二三】其感遇聚结　“结”，邵本作“散”。

【二四】散而为糟粕煨烬之查滓　“而”原作“曰”，据明修本、邵本改。

【二五】衍宽纵之意　“衍”上，邵本有“游”字。

【二六】此条，元刊本紧接于上条末刻印，据邵本当单列为一条。

# 近思录集解卷二　凡一百一十一条

此卷总论为学之要。盖"尊德性"矣，必"道问学"，明乎道体，知所指归，斯可究为学之大方矣【一】。①

**濂溪先生曰：圣希天，贤希圣，士希贤。**朱子曰：希，望也。字本作"晞"。**伊尹、颜渊，大贤也。伊尹耻其君不为尧舜，一夫不得其所，若挞于市。颜渊"不迁怒，不贰过"，"三月不违仁"。**朱子曰：说见书及论语，皆贤人之事也。**志伊尹之所志，学颜子之所学，**朱子曰：此言"士希贤"也。**过则圣，及则贤，不及则亦不失于令名。**通书，下同。○朱子曰：三者随其用力之浅深，以为所至之近远，不失令名，以其有为善之实也。○胡氏曰：周子患人以发策决科、荣身肥家、希世取宠为事也，





---

① 施璜五子近思录发明（以下简称"施璜"）曰："朱子编辑之意，首论道体，使人粗知梗概，有所向往，然后教人下手用力之所在。盖教不躐等，而学必要自卑升高、自近及远，有科级、有次第，不能欲速助长也。学者先看此卷，定其趋向，有必为圣贤之志，然后可循序渐进，著实用力焉。"○茅星来曰："首篇言本然之理，自此至十二卷皆言当然工夫，而此篇及第八卷则所谓统论纲领指趣也。此则'明明德'之事，于学者尤为切要。盖必于此知所趋向，而后可语以学问之全功焉。"

故曰"志伊尹之所志"。患人以广闻见、工文词、矜智能、慕空寂为事也，故曰"学颜子之所学"。人能志此志而学此学，则知斯道之大而其用无穷矣。①

**圣人之道，入乎耳，存乎心，蕴之为德行，行之为事业。彼以文辞而已者，陋矣。**朱子曰：欲人真知道德之重，而不溺于文辞之陋也。②

**或问：圣人之门，其徒三千，独称颜子为好学。夫诗书六艺，三千子非不习而通也，然则颜子所独好者何学也？**哀公问："弟子孰为好学？"孔子对曰："有颜回者好学，不幸短命，死矣，今也则亡。"六艺：礼、乐、射、御、书、数。史记曰："弟子盖三千焉，身通六艺者七十二人。"**伊川先生曰：学以至圣人之道也。圣人可学而至欤？曰：然。**圣人生知，学者"学而知之"，"及其知之"，则一也。圣人安行，学者"勉而行之"，"及其成功"，则一也。**学之道如何？曰：天地储精，得五行之秀者为人。**人物万殊，莫非二气五行之所为也。然人则得其精且秀者，是以能通于道而为圣为贤。**其本也真而静，其未发也五性具焉，曰仁、义、礼、智、信。**真者，无极之真也。静者，人生而静，天之性也。曰"真而静"者[二]，谓其天理浑全，"寂

---

① 杨伯嵒曰："伊尹之志，视人犹视己。颜子之学，为己不为人。"○张伯行曰："周子论志学而递降以求之如此，其所望于士者切矣。世之为士者，若能知此志此学，乃本天之道，而为圣贤相传之业，自将反其所以希荣射利、好异矜才者，而一归于正大。则志学交进，不患无成，出则为王佐，处则为纯儒，唐虞之风，尚可复睹，而洙、泗之泽，庶几再振也夫！"○张绍价曰："首篇起结皆言天道圣人。此卷以'圣希天'总承上卷，以'贤希圣'二句总领通篇。"又曰："上卷言仁体事而无不在。此卷论为学之道，莫要于志仁，维圣安仁，维贤求仁。伊尹一夫不得其所，若挞于市，则仁之用行。颜子三月不违仁，则仁之体立。"

② 张伯行曰："此周子欲人为有用之实学，勿为无益之虚词也。"

然不动”。而所具之性，其目有是五者。既曰“本”，又曰“未发”，盖“本”者指其禀受之初，“未发”者指其未与物接之前也。**形既生矣，外物触其形而动其中矣，其中动而七情出焉，曰喜、怒、哀、乐、爱、恶、欲。**此言形生之后，应事接物之时也。物感于外，情动于中，其目有是七者。然喜近于乐，怒近于恶，爱近于欲，其所以分者，盖喜在心，乐发散在外，怒则有所激，其气愤，恶则有所憎，其意深，爱则近于公，欲则近于私，爱施于人，而欲本乎己也。**情既炽而益荡，其性凿矣。是故觉者约其情使合于中，正其心，养其性；愚者则不知制之，纵其情而至于邪僻，梏其性而亡之。**性动则为情，然情炎于中，末流益荡，则反戕贼其性矣。惟夫明觉之士，以礼制情，使不失乎中，故能正其心而不流于邪僻，养其性而不至于梏亡。愚者反是。梏，犹桎梏，谓拘挛而暴殄之[三]，言人之所以贵于学也。**然学之道，必先明诸心，知所养，然后力行以求至，所谓“自明而诚”也。**“养”，一作“往”。○朱子曰：“明诸心，知所往”，穷理之事。“力行”、“求至”，践履之事也。或曰：“知所养”应上文“养其性”，涵养之功与知行并进。**诚之之道，在乎信道笃。信道笃则行之果，行之果则守之固。仁义忠信不离乎心，“造次必于是，颠沛必于是”，出处语默必于是，久而弗失，则“居之安”，“动容周旋中礼”，而邪僻之心无自生矣。**此因上文言所以“诚之之道”也。信道笃则不惑，行之果则不止，守之固则不变。朱子曰：“造次，急遽苟且之时。颠沛，倾覆流离之际也。”○以上两章论为学之道详尽，其大纲有三焉：明诸心、知所往者，智之事也；力行以求至者，仁之事也；“信道笃”以下，勇之事也。然勇之中亦备此三者，故信之笃者，知之勇也，行之果者，仁之勇也，守之固者，勇之勇也。"仁义忠信不离乎心"者，信之笃也；造次、颠沛、出处语默必于是者，行之果也；"久而弗失"，守之固也；"动容周旋中礼"，"邪僻之心不生"，则几于化矣。**故颜子所事，则曰："非礼勿视，非礼勿听，非礼勿言，非礼勿动。"**礼者，天理之节文。非礼者，私欲之害乎天理者也。勿者，禁止之辞。凡视听言动克去己私，则日用之间莫非天理之流行矣。此孔子教颜子为仁之目，而颜子之所请事者也。**仲尼称之，则曰："得一善，则拳拳服膺而弗失之矣。"又曰："不迁怒，不贰过。""有不善未尝不知，知之未尝复行也。"此其好之、笃学之之道也。**中庸："子曰：'回之为人也，择乎中庸。得一善，则拳拳服膺而弗失之矣。'"拳拳，奉持之貌。服，犹佩也。膺，胸也。凡得一善言善行，则奉持佩服于心胸，不敢忘也。又语曰："不迁怒，不贰过。"怒所当怒，各止其所，不迁也。才过即改，已改不再，不贰也。又易系辞曰："有不善未尝不知，知之未尝复行也。"有不善而必知之，是察己之明也；知之而不复行，是克己之诚也。皆孔子所以称颜子好学之道也。**然圣人则不思而得，不勉而中，颜子则必思而后得，必勉而后中。其与圣人相去一息，所未至者，守之也，非化之也。以其好学之心，假之以年，则不日而化矣。**圣人生知，故不思而得；安行，故不勉而中。颜子犹必择善而固执之，然其博文约礼，工力俱到，其未至于圣人者，特一息之间耳。使非短命而死，则不淹时日，所守者化，而与圣人一矣。**后人不达，以谓圣本生知，非学可至，而为学之道遂失。不求诸己而求诸外，以博闻强记、巧文丽辞为工，荣华其言，鲜有至于道者。则今之学与颜子所好异矣。**文集。○后世圣学无传，不知反身修德，徒以记问、词章为学，去道愈远矣。①

**横渠先生问于明道先生曰：定性未能不动，犹累于外物，何如？明道先生曰：所谓定者，动亦定，静亦定，无将迎，无内外。**此章就"犹累于外物"一句反覆辨明。盖万物不同，而无理外之物；万理不同，而无性外之理。凡天下之物理，酬酢万端，皆吾性之所具也。所谓"定性"者，非一定而不应也；发而中节，动亦定也；敬而无失，静亦定也。将，送也。事之往也无将，事之来也无迎，动静一定，何有乎将迎！"寂然不动"者存于内也，"感而遂通"者应于外也，体用一贯，何间乎内外！**苟以外物为外，牵己而从之，是以己性为有内外也。且以性为随物于外，则当其在外时，何者为在内？是有意于绝外诱，而不知性之无内外也。既以内外为二本，则又乌可遽语定哉？**承上文而言。"苟以外物为外"，凡应物者必"牵己而从之"，是以性为有内外。如是则方其逐物在外之时，在内已无此性矣，其可乎？盖有意于绝外物之诱，而不知性本无内外之分也。既分内外为两端，则人在天地间不能不与物接，是无时而能定也。**夫天地之常，以其心普万物而无心；圣人之常，以其情顺万事而无情。故君子之学，莫若扩然而大公，物来而顺应。**常，常理也。天地之心，运用主宰者是也，然而普遍万物，实未尝有心焉。圣人之情，应酬发动者是也，然而随顺万事，亦未尝容情焉。故君子之学，廓然大公，何嫌于外物？物来顺应，何往而不定哉！此二句又此书之纲领

① 张习孔近思录传（以下简称"张习孔"）曰："先生此篇教人为学入圣之方，详矣尽矣。学者苟能体而行之，斯圣人可学而至矣。其大要则有三焉：一曰情炽而性凿，当约其情使合于中；一曰信道笃，则行之必果，当效颜之拳拳服膺；一曰圣人从容中道，贤人则必借于思勉。能由守而达于化，则亦至于圣人矣。其言虽有先后，其理则实一贯。"〇张伯行曰："程子之学得于周子者，今观所论宗旨次第，与太极通书处处吻合。"

也。易曰："贞吉悔亡。憧憧往来，朋从尔思。"苟规规于外诱之除，将见灭于东而生于西也。非惟日之不足，顾其端无穷，不可得而除也。咸卦九四爻辞。憧憧，往来不绝貌，各以朋类从其所思。盖人之一心应感无穷，苟恶外物之诱而欲除灭之，将见灭于彼而生于此，非惟日见其用力之不足，而亦有不可得而除灭者矣。人之情各有所蔽，故不能适道，大率患在于自私而用智。自私则不能以有为为应迹，用智则不能以明觉为自然。今以恶外物之心，而求照无物之地，是反鉴而索照也。人心各有所蔽，大概在自私与用智之两端。盖不能廓然而大公，故自私；不能物来而顺应，故用智。自私者则乐于无为，而不知以有为为应迹之当然；用智者则作意于有为，而不知以明觉为循理之自然。今恶外物之累，已是自私之心也；而求照无物之地，是亦用智之过也。犹反鉴以索照，宁可得哉？盖自私与用智虽若二病，而实展转相因也。○或问："自私"、"用智"之语，恐即是佛氏之自私？朱子曰：常人之私意与佛氏之自私，皆一私也。但明道说得阔，非专指佛之自私也。愚谓：横渠欲去外物之累，便已近于释氏。故程子推其病源，自然与释氏相似。然其"自私"类于释，而"用智"则又类于老。要之，二氏用意，皆欲不累于外物而已。易曰："艮其背，不获其身；行其庭，不见其人。"孟氏亦曰："所恶于智者，为其凿也。"朱子曰："不获其身"，"不见其人"，此说"廓然而大公"。"所恶于智，为其凿也"，此说"物来而顺应"。与其非外而是内，不若内外之两忘也。两忘则澄然无事矣，无事则定，定则明，明则尚何应物之为累哉！自私、用智之患，其根在于分内外为二，以在外者为非，在内者为是。然在外者终不容以寂灭，故常为外物所挠。惟能知性无内外而两忘之，则动静莫非自然，澄然无事矣。所谓"廓然大公"者也，无事则心无所累，故能明，明则物来顺应，尚何外物之累哉！盖内外两忘，则非自私；能定而明，则非用智也。○朱子曰：内外两忘，非忘也。一循乎理，不是内而非外也。**圣人之喜，以物之当喜；圣人之怒，以物之当怒。是圣人之喜怒，不系于心而系于物也。是则圣人岂不应于物哉？乌得以从外者为非，而更求在内者为是也？今以自私用智之喜怒，而视圣人喜怒之正为如何哉？**圣人未尝无喜怒，是未尝自私也。然其喜怒皆系彼而不系此，是未尝用智也。以自私、用智之喜怒，其视圣人之喜怒，一循乎天理之正者，岂不大相戾哉？**夫人之情，易发而难制者，惟怒为甚。第能于怒时遽忘其怒，而观理之是非，亦可见外诱之不足恶，而于道亦思过半矣。**朱子曰：忘怒则公，观理则顺。[1]

**伊川先生答朱长文书曰：圣贤之言，不得已也。盖有是言则是理明，无是言则天下之理有阙焉。如彼耒耜陶冶之器，一不制则生人之道有不足矣。圣贤之言虽欲已，得乎？然其包涵尽天下之理，亦甚约也。**耒之首为耜，耜之柄为耒。范土曰陶，铸金曰冶。圣人之言，本非得已也，盖将发明天理，以觉斯民，犹民生日用之具不可阙也。然其言寡而理无不该，亦非以多言为贵也。**后之人始执卷，则以文章为先，平生所为，动多于圣人。然有之无所补，无之靡所阙，乃无用之赘**





① 江永曰："朱子曰：此篇大纲，只在'扩然而大公，物来而顺应'两句，其他引易、孟子，皆是如此。末谓'第能于怒时遽忘其怒，而观理之是非'，一篇著力紧要，只在此一句。遽忘其怒，便是廓然大公，观理之是非，便是物来顺应。"○张伯行曰："程子此书之旨，实本濂溪。其言定性也，反覆详明，但见满腔浑然，遇物洒落，正足以药张子力索之病，然而其有功于后学亦岂浅鲜哉！"

言也。不止赘而已，既不得其要，则离真失正，反害于道必矣。后人徒志于为文，而不足以明理，则非徒无益而已。盖不得其本，未免流于邪伪，反害于道矣。来书所谓欲使后人见其不忘乎善，此乃世人之私心也。夫子"疾没世而名不称焉"者，疾没身无善可称云尔，非谓疾无名也。名者可以厉中人，君子所存，非所汲汲。君子学以为己，苟求人知，则是私心而已。[①]

内积忠信，[②]"所以进德也"；择言笃志，"所以居业也"。乾九三文言传。朱子曰："内积忠信"是实心，"择言笃志"是实事。又曰：忠信者，"如恶恶臭，如好好色"，表里无一毫之不实。择言谓修辞，笃志谓立诚，立诚即上文忠信。又曰：内有忠信，方能修辞。德以心言，业者德之事。德要日新又新，故曰进；业要存而不失，故曰居。进如"日知其所亡"，居如"月无忘其所能"。进德、修业只是一事。"知至至之"，"致知"也，求知所至而后至之，知之在先，故"可与几"，所谓"始条理者，知之事也"。至，谓至善之地也。求知至善之地，而后至其所知，所重者在知，故曰"可与几"。盖"几者，动之微"，事之先见者也。致知以正其始，则能得乎事之几微矣。智者，知之至明也。"知终终之"，"力行"也。既知所终，则力进而终之，守之在后，故"可与存





① 张绍价曰："此申言周子以文辞为陋，及程子好学论结段之意。"○刘缄三曰："自卷首至此为首段。先引濂溪先生二节为领起，点志仁学圣，以为一卷大旨。曰不失令名，曰彼以文辞而已者陋矣，便伏为己、为人之根。引好学论，见圣人之道可学而至，明点知行，暗含敬义。引定性书，见知止而后有定。言君子之学，敬以直内，扩然而大公；义以方外，物来而顺应。忘怒观理，指明下手工夫。再引答朱长文书以收束之。离真，反收好学论；失正，反收定性书；害道，反收濂溪二节。复注'疾没世而名不称'，以应令名，收束严密。"

② 熊刚大曰："不欺之谓忠，以实之谓信，内蕴蓄此德。"

**义",所谓"终条理者,圣之事也"。此学之始终也。**易传,下同。○终,即至善之尽处也。既知所终,则力行而终之,所重在行,故曰"可与存义"。盖义者当然之则,存者守而勿失也。力行以成其终,斯能立乎事之则义矣,圣者行之至尽也。始终条理之说,详见孟子。①

**君子主敬以直其内,守义以方其外。敬立而内直,义形而外方。义形于外,非在外也。**坤六二文言传。敬主于中,则动静之间,心存戒谨,自然端直,而无邪曲之念;义见于外,则应酬之际,事当其则,截然方正[四],而无回挠之私。然义之用,达于外耳,义非在外也。**敬义既立,其德盛矣,不期大而大矣,"德不孤"也。**内直外方,敬义交养,其德自然盛大,故曰"不孤"也。**无所用而不周,无所施而不利,孰为疑乎?**德至于大,则其所行无一而不备,无往而不顺,故曰不疑其所行也。②

**动以天为无妄,动以人欲则妄矣。无妄之义大矣哉!**震下乾上为无妄。震,动也。乾,天也。故曰"动以天"。妄,邪伪也。动而纯乎天理,则无邪伪矣。**虽无邪心,苟不合正理,则妄也,乃邪心也。既已无妄,不宜有往,往则妄也。故无妄之彖曰:"其匪正有眚,不利有攸往。"**心虽非出于邪妄,而见理不明,所为或乖于正理,是即妄也,即邪心也,故无妄而有匪正之眚。

---

① 陈沆曰:"乾九三文言,明道先生更说得亲切明白,见后条。坤六二文言,则伊川说无以复加矣。盖二先生之所学亦然,一乾道,一坤道,故各以其造诣所得者言之,说得亲切如此。"○管赞程曰:"自篇首至此为一章,皆言乾道圣人之学,以约情合中为本,然后正心养性,以顺达圣人。即中庸首章以戒惧慎独使合未发,然后致中和而顺达位育,此乾道之首出者;由内外两忘而澄然无事,然后定而明,而应物无累,可与圣人对举并论,以直达圣人者,其次也;内积忠信,所以进德,以至圣人存义者,亦是其次也。"

② 张绍价曰:"此论敬义夹持之功,申定性书篇意。"

又事至于无妄，则得所止矣，不宜有往。往乃过也，过则妄也，故曰“不利有攸往”。

**人之蕴蓄，由学而大，在多闻前古圣贤之言与行。考迹以观其用，察言以求其心，识而得之，以蓄成其德。**大畜卦象传。考圣贤之行，可以观其用；察圣贤之言，可以求其心。有见于此，则蓄德日大，盖非徒多闻之为贵。①

**咸之象曰：“君子以虚受人。”传曰：中无私主，则无感不通。以量而容之，择合而受之，非圣人有感必通之道也。**咸者，感也，故咸卦皆以感为义。惟虚中而无所私主，则物来能应，有感必通也。若夫有量则必有限，有合则必有不合，此非圣人感通之道也。**其九四曰：“贞吉悔亡，憧憧往来，朋从尔思。”传曰：感者人之动也，故咸皆就人身取象。四当心位而不言咸其心，感乃心也。感之道无所不通，有所私系则害于感通，所谓悔也。圣人感天下之心，如寒暑雨旸，无不通无不应者，亦贞而已矣。贞者，虚中无我之谓也。**咸卦取象人身，初为拇，二为腓，三为股，五为脢，上为辅颊舌，四当心位，而不言心者，感者必以心也。有感则有通，然使在此者有所私系，则为感之道狭矣，必有所不通【五】，是悔也。圣人之感天下，如“寒暑雨旸”，周遍公溥，无所私系，故无不通应，所谓“贞吉”而“悔亡”也。或谓：贞者正也，未有解为“虚中无我”者【六】。愚闻之师曰：诸卦之贞，各随卦义以为正，乾以健为贞，坤以顺为贞，故曰“利牝马之贞”。“虚中无我”者，咸之贞也。然此与象“以虚受人”异者，盖象取山泽通气之义，谓虚中以受人之感；爻取四为感之主，谓虚中以感人也。





---

① 茅星来曰：“多闻前古圣贤之言与行，总言君子之学。‘考迹’二句，所以就‘多闻’句而申明之也。识而得之，以畜成其德，所谓‘人之蕴蓄，由学而大’者也。”

惟虚则能应人之感，惟虚则能感人之应，其理亦一也。**若往来憧憧然，用其私心以感物，则思之所及者有能感而动，所不及者不能感也。以有系之私心，既主于一隅一事，岂能廓然无所不通乎？**“憧憧往来”者，私心也。若无私心，则澄然泰然【七】，何至憧憧也！惟其私心有系，故其所思者有及与不及，而其所感者有通与不通。所谓“朋从尔思”者，盖思惟及其朋类，亦惟朋类乃从其思耳。①

**君子之遇艰阻，必自省于身，有失而致之乎？有所未善则改之，无歉于心则加勉，乃自修其德也。**蹇卦象传。此教人以处险难之道【八】。自省其身而有不善，则当速改，不可以怠而废。苟无愧焉，则益当自勉，不可以沮而废。君子反躬之学，虽遇艰阻，亦莫非进德之地。②

**非明则动无所之，非动则明无所用。**丰卦初九传。知行相需，不可偏废。非知之明，则动将安之，如目盲之人，动则不知所之也。非行之力，则明亦无所用，如足痿之人，虽有见焉，亦不能行矣。③

**习，重习也。时复思绎，浃洽于中，则说也。**说见论语。绎，往来细绎也。学者于所学之事，时时思绎，不骤不辍，义理久则浃洽其中，自然悦豫也。**以善及人，而信从者众，故可乐也。**善有诸己，足以及人。信从者众，同归于善，岂不可乐也？盖与人为善之

---

① 李文炤近思录集解（以下简称“李文炤”）曰：朱子曰：易咸感处，伊川说得未备。往来有自然之理，惟正静为主，则吉而悔亡。至于憧憧则私为主，而思虑之所及者朋从，所不及者不朋从矣。是以事未至则迎之，事已过则将之。今人皆病于无公平之心，所以事物之来，少有私意杂焉，则陷于所偏重矣。”

② 管赞程曰：“自‘君子主敬’至此为一章，言坤道贤人之学，由敬义以致无妄，则有天地圣人之感应。前章虚中受道，此章弘毅笃实，皆能顺势直达圣人，在圣门皆为时雨化之者也。”

③ 张绍价曰：“明者，致知之功；动者，力行之事。”

意如此。**虽乐于及人，不见是而无闷，乃所谓君子。**经说，下同[九]。○君子者，成德之名也。虽乐于以善及人，然人或未信，则亦安其在我而已，奚愠焉？盖自信之笃而无待于外，所以为成德也。①

**“古之学者为己”，欲得之于己也；“今之学者为人”，欲见知于人也。**说见论语。为己者，如食之求饱，衣之求温，温饱在己，非为人也。为人者，但求在外之美观，非关在我之实用。故学而为己，则所得者皆实得；学而为人，则虽或为善，亦非诚心，况乎志存务外，自为欺诳，善日消而恶日长矣！朱子曰：为学且须分内外义利，便是生死路头。



**伊川先生谓方道辅曰：圣人之道，坦如大路，学者病不得其门耳。得其门，无远之不可到也。求入其门，不由于经乎？今之治经者亦众矣，然而买椟还珠之蔽[一〇]，人人皆是。经所以载道也，诵其言辞，解其训诂，而不及道，乃无用之糟粕耳。**方元寀，字道辅。经所以载道，犹椟所以藏珠[一一]。治经而遗乎道，犹买椟而还其珠。说见韩子。**觊足下由经以求道，勉之又勉，异日见卓尔有立于前，然后不知手之舞、足之蹈，不加勉而不能自止矣。**手帖。○道非有形状之可见。盖其志道之切，行道之笃，视听言动、造次颠沛不违乎道，用力既久，所见益为亲切。如有卓然而立于前者，则中心喜乐，自然欲罢不能矣。②



① 张习孔曰：“圣门之教，只在性情上做工夫。曰悦、曰乐、曰不愠，使学者自证自验也。时习而悦，即为之不厌；朋来而乐，即诲人不倦；不知不愠，即知我其天。此章盖夫子自叙其心得也，惟自得，故言之亲切有味如此。”

② 张伯行曰：“世间学者有治经之名，无治经之实，虽曰治经，与荒经何异？故望道辅由经以求道，庶几有得于经，至于勉勉不已，沉酣既久，宗旨可悟。异日见圣人之道，卓然如有立于目前而不可移，然后欢欣向慕，有不自知其手舞足蹈者。此时不必加意勉励，亦有不能自止之趣，而圣人之道，亦将沛然行之而有馀地矣。程子之策道辅者如此，亦经学之要道也。”

明道先生曰："修辞立其诚"，不可不子细理会。言能修省言辞，便是要立诚，若只是修饰言辞为心，只是为伪也。修省言辞者，中有其诚，省治之，将以立实德也；修饰言辞者，中无其诚，虚饰之，将以为夸美也。省、饰之间，乃天理人欲之分。〇朱子曰：横渠以立言传后为修辞居业[一二]，明道所谓"修辞"，但是"非礼勿言"。若修其言辞，正为立己之诚意，乃是体当自家"敬以直内、义以方外"之实事。敬义说见前。诚意者，合敬义之实而为言也。体当，俗语，犹所谓体验勘当也。盖修其言辞者，所以拟议其敬义之实事，而非徒事于虚辞也。道之浩浩，何处下手？惟立诚才有可居之处。有可居之处，则可以修业也[一三]。浩浩，流行盛大貌。下手，谓用力处。道之广大，于何用功，惟立己之诚意，始有可据守之地。此诚既立，则其业之所就，日以广大[一四]。"终日乾乾"，大小大事，却只是"忠信所以进德"为实下手处，"修辞立其诚"为实修业处。遗书，下同。〇说并见易文言。"君子终日乾乾"，是体天行健之事，可谓大矣。然其实则惟忠信积于内，而无一念之不实者，为用功之地；修辞立于外，而无一言之不实者，为见功之地。盖表里一于诚，至诚，故乾乾而不息。①

伊川先生曰：志道恳切，固是诚意，若迫切不中理，则反为不诚。盖实理中自有缓急，不容如是之迫，观天地之化乃可知。有志于道，恳恻切至，固诚意也。然迫切之过，而至于欲速助长，则反害乎实理。如春生、夏长、秋成、冬实，固不容一息

① 朱熹曰："伊川解'修辞立诚'作'择言笃志'，说得来宽。不如明道说云：'修其言辞，正为立己之诚意，乃是体当自家"敬以直内，义以方外"之实事。'"〇张伯行曰："此程子因易中'修辞立诚'一语，恐人误认为修饰言辞之意，故切指而言之也。言易中'修辞立其诚'，最是切实工夫，不可轻易放过而不子细理会其立言本意。盖易之所言，乃谓人能修省在外之言辞，便是要立心中之诚意。"

之间断，亦不能一日而遽就也。①

**孟子才高，学之无可依据。学者当学颜子，入圣人为近，有用力处。**孟子天资超迈，故难学。颜子天资纯粹而功夫缜密，进德有序，故学者有用力处。**又曰：学者要学得不错，须是学颜子。**本注云：有准的【一五】。②

**明道先生曰：且省外事，但明乎善，惟进诚心，其文章虽不中不远矣。所守不约，泛滥无功。**朱子曰：知至则意诚。善才明，诚心便进。文章是威仪制度之类。此段恐是吕与叔自关中来初见程子时说话。盖横渠学者多用心于礼文制度之事，而不近里，故以此告之。

**学者识得仁体，实有诸己，只要义理栽培。如求经义，皆栽培之意。**仁者，天地之生理，人心之全德也。其体具于心，固人之所本有，然必内反诸己，察之精，养之厚，有以见夫仁之全体实为己有，则吾心所存无非天理。而后博求义理以封植之，则生理日以充长，而仁不可胜用矣。

**昔受学于周茂叔，每令寻颜子、仲尼乐处，所乐何事。**朱子曰：按程子之言，引而不发，盖欲学者深思而自得之。今亦不敢妄为之说，学者但当从事于博文约礼之诲，以至于欲罢不能而竭其才，则庶乎其可以得之矣。③





---

① 管赞程曰："自'非明则动'至此为一章，言明动相资，知行并进，亦为敬义之实事，学坤道以成其全德者，故附坤道之后，而为其次者也。"

② 朱熹曰："'孟子才高，学之无可依据'，为他元来见识自高。颜子才虽未尝不高，然其学却细腻切实，所以学者有用力处。孟子终是粗。"

③ 张伯行曰："周子善陶铸人，故常使学者认取孔子、颜子所谓乐者，所乐的是何事？思而得之，便能自见道也。程子既有得之后，乃知周子接引之善，故追而述之，欲人共领此意也。"

**所见所期不可不远且大，然行之亦须量力有渐。志大心劳，力小任重，恐终败事。**朱子曰：学者志识固不可不以远大自期[一六]，然苟悦其高而忽于近，慕于大而略于细，则无渐次经由之实，而徒有悬想跂望之劳[一七]，亦终不能以自达矣。张南轩曰：学者当以圣人为准的，然贪高慕远，躐等以进，非徒无益，而又害之也。

**朋友讲习，更莫如"相观而善"工夫多。**朋友相处，非独讲辨之功，薰陶渐染[一八]，得于观感，自然进益。①

**须是大其心使开阔，譬如为九层之台，须大做脚须得[一九]。**心不开阔，则规模狭陋而安于小成，持守固滞而惰于进善。

**明道先生曰：自"舜发于畎亩之中"至"孙叔敖举于海"，若要熟，也须从这里过。**说见孟子。履难处困，则历变多而虑患深，察理密而制事审。○朱子曰：曾亲历过，方认得许多险阻去处。

**参也，竟以鲁得之。**按，程子又曰：曾子之学，诚笃而已。圣门学者，聪明才辩，不为不多，而卒传其道，乃质鲁之人尔。故学以诚实为贵也。尹氏曰：曾子之才鲁，故其学也确，所以能深造乎道也。②

**明道先生以记诵博识为"玩物丧志"。**本注云：时以经语录作一册。郑毂云：尝见显道先生云"某从洛中学时，录古人善行，别作一册。明道先生见之，曰是'玩物丧志'。盖言心中不宜容丝发事。"胡安国云：谢先生初以记问为学，自负该博，对明道举史书





---

① 张伯行曰："此欲交友者知其所以取益之大也。人之有朋友，总以求其有益，故易曰'君子以朋友讲习'，此致知事也；礼曰'相观而善之谓摩'，乃力行事也。"

② 朱熹曰："缘他质钝，不解便理会得，故著工夫去看，遂看得来透彻，非他人所及。有一等伶俐人，见得虽快，然只是从皮肤上略过，所以不如他。"

成篇，不遗一字。明道曰："贤却记得许多，可谓玩物丧志。"谢闻此语，汗流浃背，面发赤。及看明道读史，又却逐行看过，不蹉一字。谢甚不服，后来省悟〔二〇〕，却将此事做话头，接引博学之士。○谢良佐，字显道，上蔡人，程子门人也。人心虚明，所以具万理而应万事，有所系滞，则本志未免昏塞。所贵乎读书，将以存心而明理也。苟徒务记诵为博，则书也者，亦外物而已，故曰"玩物丧志"。○朱子曰：上蔡记诵、明道看史，此正为己、为人之分。①

**礼乐只在进反之间，便得性情之正。**以上并明道语。○乐记曰："礼主其减，乐主其盈。礼减而进，以进为文；乐盈而反，以反为文。"朱子曰：减是退让、撙节、收敛底意思，是礼之体本如此。然非人之所乐，故须进步向前，著力去做，故"以进为文"。盈是舒畅、发越、快满底意思，是乐之体本如此。然易至于流荡，却须收拾向里，故"以反为文"。又曰：礼减而不进则销，乐盈而不反则放，故礼有报而乐有反。

**父子君臣，天下之定理，无所逃于天地之间。安得天分，不有私心，则行一不义，杀一不辜，有所不为。有分毫私，便不是王者事。**父子君臣，人伦之大端，天下之定理，立于天地之间者，必有而不容废者也〔二一〕。惟能全其天理而无私心者，则处之各当其分。而行一不义之事，杀一不辜之人，虽可以得天下，亦不为也。盖尧、舜授禅，无亏父子之恩；汤、武征伐，无愧君臣之义，皆无私心故也。②




① 管赞程曰："自'孟子才高'至此为一章，由明善以进诚心，虽不及内积忠信进德之高，然由明善而能独进诚心，直趋忠信进德之路，然后诚明两进，终日乾乾，以寻孔、颜之乐，亦是乾道圣人之学，能学颜子者也。"

② 朱熹曰："天分，即天理也。父安其父之分，子安其子之分，君安其君之分，臣安其臣之分，则安得私？故虽'行一不义，杀一不辜而得天下'，有所不为。"

**论性不论气不备，论气不论性不明，二之则不是。**此段疑当在首卷。论性之善而不推其气禀之不同，则何以有上智下愚之不移，故曰"不备"。论气禀之异而不原其性之皆善，则是不达其本也，故曰"不明"。然性者气之理，气者性之质，元不相离，判而二之，则亦非矣。○朱子曰：论性不论气，孟子言性善是也。论气不论性，荀子言性恶，扬子言善恶混是也。愚谓：孟子推原性之本善，虽未及乎气质，固不害其为性也[二二]。至于荀、扬但知气质之或异[二三]，而不知性之本同，则是不识性也，岂不害道？要之，必若程子、横渠之言，始为明备。①

**论学便要明理，论治便须识体。**论学而不明理，则徒事乎词章记诵之末，未为知学也。论治而不识其体，则徒讲乎制度文为之末，未为知治也。

**曾点、漆雕开已见大意，故圣人与之。**曾点言志，以为"莫春者，春服既成。冠者五六人，童子六七人，浴乎沂，风乎舞雩，咏而归"。盖有见于是道之大，流行充满，而于日用之间从容自得，有与物各适其所之意。"子使漆雕开仕。对曰：'吾斯之未能信。'"开于是理必有见焉，顾于应酬之际，未能自信其悉中乎是理。此其所见之大而不安于小成，所守之笃而必期于自信。二者虽其行之未成，要皆有见于圣人之大意。○朱子曰：点更规模大，开更缜密。蔡节斋曰：点之意欲止[二四]，开之意方进而未已。②

**根本须是先培壅，然后可立趋向也。趋向既正，所造**

① 陈埴曰："程子之说，正恐后学死执孟子义理之说而遗失血气之性，故并二者而言之，曰'论性不论气不备，论气不论性不明'。程子之论举其全，孟子之论所以矫诸子之偏。人能即程子之言而达孟子之意，则其不同之意，不辨而自明矣。"

② 管赞程曰："自'礼乐'至此为一章，言由礼乐而入，以具乾道功用，能行王者之事。故其志同于圣人，有尧舜气象者也。"

**浅深则由勉与不勉也。**涵养心德，根本深厚。然后立趋向而不差，又勉而不已，乃能深造。〇朱子曰：收其放心，然后自能寻向上去，亦此意也。①

**敬义夹持直上，"达天德"自此。**朱子曰：敬主乎中，义防乎外，二者相夹持，要放下霎时也不得，只得直上去，故便达天德。又曰：表里夹持，更无东走西作。直上者，不为物欲所累，则可上达天德矣。

**懈意一生，便是自弃自暴。**②

**不学便老而衰。**学问则义理为主，故阅理久而益以精明；不学则血气为主【二五】，故阅时久而益以衰谢。③

**人之学不进，只是不勇。**志气之勇。④

**学者为气所胜，习所夺，只可责志。**立志之不大不刚，则义理不足以胜其气质之固蔽，学力不足以移其习俗之缠绕，故曰"只可责志"。

**内重则可以胜外之轻，得深则可以见诱之小。**道义重则外物轻，造理深则嗜欲微【二六】。⑤

---

① 茅星来曰："古人于事亲敬长之道，小学时都已讲明，使之循循从事，所以培壅其根本也。至十五入大学，便可正其趋向。学者皆然，其所造有不同者，则由勉与不勉之别耳。"

② 熊刚大曰："自暴者，刚恶之所为，咈戾而不信乎善，自暴害其性也；自弃者，柔恶之所为，虽知其善，然怠废而不为，是自弃绝其性也。懈者，懈怠而不进于善，与暴弃则一也。"

③ 茅星来曰："血气以老而衰，志气则不以老而衰也。惟不学则志无以持，而气有所不充，则亦不免为血气所移，而志气不能不以老而衰矣。"

④ 李文炤曰："朱子曰：学者立志须教猛勇，自当有进。志不足以有为，此学者之大病。"

⑤ 管赞程曰："自'根本培壅'至此为一章，资质虽下，亦可培壅根本，以为坤道贤人之学。然坤道有柔顺之义，恐失之不及，故戒以懈而不学，勉以勇进励志，然后有以得理之深而德性常用，物欲不行。虽不及由敬义入手之高便能德盛而直达无妄，但能勇猛前进，不为气质习惯所夺，以至得理之深，亦能步趋坤道之次者也。"

**董仲舒谓:"正其义,不谋其利;明其道,不计其功。"**仲舒详见十四卷。义者,当然之理;利者,义之和也。然君子惟欲"正其义"而已,未尝预谋其利。有谋利之心,则是有所为而为之,非"正其义"矣。道者,自然之路。功者,行道之效也。然君子惟欲"明其道"而已,未尝计度其功。有计功之心,则是有私意介乎其间,非"明其道"矣。**孙思邈曰:"胆欲大而心欲小,智欲圆而行欲方。"可以为法矣。**思邈,隋唐间人。胆大则敢于有为,心小则密于察理。智圆则通而不滞,行方则正而不流。○朱子曰:志不大则卑陋[二七],心不小则狂妄。圆而不方则谲诈,方而不圆则执而不通。①

**大抵学不言而自得者,乃自得也。有安排布置者,皆非自得也。**学而有得,则暗者忽而明,疑者忽而信,欣然有契于心,盖有所不能形容者。安排布置,即是著意强为,非真自得者也。

**视听、思虑、动作,皆天也,人但于其中要识得真与妄尔。**视听、思虑、言动,皆天理自然而不容已者,然顺理则为真,从欲则为妄。

**明道先生曰:学只要鞭辟近里著己而已。故"切问而近思",则"仁在其中矣"。**鞭辟近里著己者,切己之谓也。切问近思而不泛远,则心德存矣。**"言忠信,行笃敬,虽蛮貊之邦行矣。言不忠信,行不笃敬,虽州里行乎哉?立则见其参于前也,在舆则见其倚于衡也,夫然后行。"只此是学。**言必忠信,而无一辞之欺诞,行必笃敬,而无一事之慢弛,则以是行于远方,异类犹可以诚实感通。苟不信不敬,则虽近而州里之间,其

---

① 张伯行曰:"此孙子之言,所以可与董子并传而为法者也。愚谓:养气者壮胆之方,读书者细心之要,穷理者益智之诀,而居敬者操行之原,又学者所当知也。"

可得而行乎？然非可以暂焉而强为之也。要必真积力久，随其所寓，常若有见乎忠信笃敬之道，而不可须臾离者。如此一于诚实，自然信顺，无往而不可。○以上皆切己之学。切问近思者，致知之事也；“言忠信、行笃敬”者，力行之事也。说并见论语。**质美者明得尽，查滓便浑化，却与天地同体。其次惟庄敬持养，及其至则一也。**朱子曰：查滓是私意人欲之消未尽者。人与天地本同体，只缘查滓未去，所以有间隔。若无查滓，便与天地同体。“质美者明得尽”，是见得透彻。如颜子“克己复礼”，天理人欲截然两段，更无查滓。其次既未到此，则须“庄敬持养”，以消去其查滓。如仲弓“出门如见大宾，使民如承大祭”。常如此持养，久久亦自明彻矣。

**“忠信所以进德，修辞立其诚，所以居业”者，乾道也。“敬以直内，义以方外”者，坤道也。**乾主健、主动，故“进德修业”，皆进为不息之道。坤主顺、主静，故敬直义方，皆收敛裁节之道。①

**凡人才学便须知著力处，既学便须知得力处。**始学而不知用力之地，则何以为入道之端；既学而不知得力之地，则何以为造道之实？学者随其浅深，必名有所自得，不然是未尝实用力于学也。

**有人治园圃，役知力甚劳。先生曰：蛊之象“君子以振民育德”，君子之事，唯有此二者，馀无他焉。二者，为己、**



① 张绍价曰：“此回应前引易传乾文言言知行，坤文言言敬义之意。”○管赟程曰：“自‘董仲舒’至此为一章，总论乾道坤道之异，因天资有高下，而工夫有异也。‘正义明道’三条，专言乾道以立诚为先，此后则诚明两进。‘渣滓便化’、‘鞭辟近里’二条，兼言坤道，以庄敬为主，又辅以义，使敬义夹持，亦能上达天德，所以成功，则一也。自‘非明’至此五章，在圣门皆成德之学者也。”

**为人之道也。**振民谓兴起而作成之，育德谓涵养己德。成己成人皆吾道之当然，外此则无益之事，非君子所务矣。①

**"博学而笃志，切问而近思"，何以言"仁在其中矣"？学者要思得之，了此便是彻上彻下之道。**朱子曰：四者皆学问思辨之事耳，未及乎力行而为仁也。然从事于此则心不外驰，而所存自熟，故曰"仁在其中矣"。愚谓：学问思辨，学者所以求仁也然[二八]。"博学而笃志，切问而近思"，皆恳切笃厚之意。即此一念，便是恻隐之心流行发见之地，不待更求而仁之全体可识矣，故曰"彻上彻下之道"。②

**弘而不毅，则难立；毅而不弘，则无以居之。**本注云：西铭言弘之道。〇说见论语。弘，宽大。毅，刚强也。"弘而不毅"，则宽大有馀而规矩不足，故不能自立。"毅而不弘"，则刚强有馀而狭陋自足，故无以居之。③

**伊川先生曰：古之学者优柔厌饫，有先后次序。今之学者却只做一场话说，务高而已。**古之为学者有序，随时随事各尽其力，优柔而不迫，厌饫而有馀，故其用功也实，而自得也深。后之学者躐等务高，徒资口耳之末而已。**常爱杜元凯语："若江海之浸，膏泽之润，涣然冰释，怡然理顺，然后为得也。"**杜预，字元凯，作春秋左氏经传集解，序中语也。江海之浸，则渐积而深博；膏泽之润，则优柔而丰腴。此皆言涵养有渐，而周遍融液也。至于所见者明彻而无滓，则涣然而冰释；所存者安裕而莫逆，则怡

① 茅星来曰："役知力于园圃，内不足以成己，外不足以及物，其细甚矣。程子以君子之事告之，亦犹孔子告樊迟之意。"

② 杨伯喦曰："务真实而不务高远，仁者之事也。"

③ 江永曰："弘而不毅者纵弛，毅而不弘者狭陋。西铭之道，能实体之，浑然与物同体，弘之至也。"

然而理顺。学至于是，其深造而自得也可知矣。**今之学者，往往以游夏为小，不足学。然游夏一言一事，却总是实。后之学者好高，如人游心于千里之外，然自身却只在此。**言偃，字子游。卜商，字子夏。二子在孔门，固非颜、曾比，然其所言所事皆明辩而力行之，无非实也。今之学者，徒好高而无实得，则亦何所至哉！

**修养之所以引年，国祚之所以祈天永命，常人之至于圣贤，皆工夫到这里，则有此应。**人生寿夭有命，而修养之士保炼精气，乃可以引年而独寿。国祚之修短有数，而圣贤之君力行仁义，乃可以祈天之永命。常人资质[二九]，其视夫生知安行者亦远矣，然学而不已，卒可与圣贤为一[三〇]。凡是三者，皆非一旦之功。苟简超越，幸而得之者，盖其工夫至到，有此应效耳。所以明学圣人者，当真积力久而得之也。

**忠恕所以公平。造德则自忠恕，其致则公平。**发乎真心之谓忠，推以及人之谓恕。忠恕则视人犹己，故大公而至平。致，极至也。学者进德则自忠恕，其极至则公平。

**仁之道，要之只消道一公字。公只是仁之理，不可将公便唤做仁。公而以人体之，故为仁。**仁者，以天地万物为一，其理公而已。然言其理至公而无私，必体之以人，则其宽平普博之中[三一]，自然有恻怛慈爱之意，斯所谓仁也。体犹干骨也。〇朱子曰：公则无情，仁则有爱。公字属理，爱字属人。"克己复礼"，不容一毫之私，岂非公乎？亲亲仁民，而无一物之不爱，岂非仁乎？**只为公则物我兼照，故仁，所以能恕，所以能爱。恕则仁之施，爱则仁之用也。**恕者推于此，爱者及于彼。仁譬泉之源也，恕则泉之流出，爱则泉之润泽，公则疏通而无壅塞之谓也。惟其疏通而无壅塞，故能流而泽物。[1]

**今之为学者，如登山麓，方其迤逦，莫不阔步，及到峻处便止。须是要刚决果敢以进。**朱子曰：为学须要刚毅果决，悠悠不济事。且如"发愤忘食，乐以忘忧"，是什么精神，什么骨肋！

**人谓要力行，亦只是浅近语。人既能知，见一切事皆所当为，不必待著意，才著意便是有个私心。这一点意气，能得几时子？**真知事之当然，则不待著意，自不容已。著意为之，已是私心。所谓私者，非安乎天理之自然，而出乎人力之使然也。徒以其意气之使然，则亦必不能久，故君子莫急于致知。[2]

**知之必好之，好之必求之，求之必得之。古人此个学是终身事。果能颠沛造次必于是，岂有不得道理？**学是终身事，则不求速成，不容半途而废，勉焉孳孳，死而后已可也。颠沛、造次必于是，则无一事而非学，无一时而不勉。苟能如是，其有得于斯道可必矣。所以诱进学者之不容自已也。【三二】[3]

**古之学者一，[4]今之学者三，异端不与焉。一曰文章之学，二曰训诂之学，三曰儒者之学。欲趋道，舍儒者之学不可。**释教言为训，释古言为诂。尔雅有释训、释诂是也。儒者之学，所以求道。文章、训诂，皆其末流。[5]

---

① 朱熹曰："'公而以人体之为仁。'仁是人心所固有之理，公则仁，私则不仁。未可便以公为仁，须是体之以人方是仁。公、恕、爱，皆所以言仁者也。公在仁之前，恕与爱在仁之后。公则能仁，仁则能爱能恕故也。"

② 施璜曰："此言人能真知，则必力行也。真知事之当为，则自不容已，何待著意？故君子莫急于致知，知至则知之真矣，这一时靠他不得。"

③ 刘緎三曰："此以上言知行并进者，不可以不弘毅也。"

④ 熊刚大曰："学以讲明义理，古之为学则一。"

⑤ 朱熹曰："道者文之根本，文者道之枝叶。惟其根本乎道，所以发之于文皆道也。"

问：作文害道否？曰：害也。凡为文不专意则不工，若专意则志局于此，又安能与天地同其大也？书曰“玩物丧志”，为文亦玩物也。人所以参天地而并立者，惟此心为之主耳。苟志有所局，又安能与天地参哉？故玩习外物，则正志丧失。专意为文，亦玩物也。吕与叔有诗云：“学如元凯方成癖，文似相如始类俳。独立孔门无一事，只输颜氏得心斋。”古之学者惟务养情性，其他则不学。今为文者，专务章句，悦人耳目。既务悦人，非俳优而何？吕大临，字与叔，张、程门人也。杜元凯尝自谓有左氏癖，所著训解凡十馀万言。司马相如作子虚、上林等赋，徒衒文辞，务以悦人，故曰“类俳”。俳优，倡戏也。斋，斋肃纯一之意。心斋，说见庄子。曰：古者学为文否？曰：人见六经，便以谓圣人亦作文，不知圣人亦摅发胸中所蕴，自成文耳。所谓“有德者必有言”也。圣人道全德盛，非有意于为文，而文自不可及耳。曰：游夏称文学，何也？曰：游夏亦何尝秉笔学为词章也？游夏，盖习于诗、书、礼、乐之文者。旧说子游作檀弓，子夏作乐记之类。凡此皆道体之流行，人事之仪则，固未尝秉笔学为如此之文，而亦非若后世无用之空言也。且如“观乎天文以察时变，观乎人文以化成天下”，此岂词章之文也？说见贲卦。天文谓日月星辰之文，人文谓人伦礼乐之文。①

涵养须用敬，进学则在致知。朱子曰：主敬以立其本，穷

① 李文炤曰：“诗以道志，书以道政，礼以道行，乐以道和，易以道阴阳，春秋以道名分，皆因所蕴而形之于文也。‘和顺积中，英华发外’，德之与言，岂有二乎？”〇管赞程曰：“自‘凡人才学’至此为一章，以致知而识仁体，然后勇进以成心之德。初未尝以敬为主，不得称为坤道，在圣门为达财答问之士之学，若又不能切近用功，而为文章训诂所误，终不能成为有用之材者也。”

理以进其知,二者不可偏废。使本立而知益明,知精而本益固,二者亦互相发。[三三]

**莫说道将第一等让与别人,且做第二等。才如此说,便是自弃。虽与"不能居仁由义"者差等不同,其自小一也。言学便以道为志,言人便以圣为志。**性无不善,人所同得。苟安于小成,皆自弃也。①

**问:"必有事焉",当用敬否?曰:敬是涵养一事,"必有事焉",须用集义。只知用敬,不知集义,却是都无事也。**孟子言养气,曰"必有事焉",又曰"是集义所生者"。人之所为皆合于义,自反无愧,此浩然之气所以生也。敬者,存心而已,若不集义,安得谓之"必有事焉"?② **又问:义莫是中理否?曰:中理在事,义在心。**义者,吾心之裁制。中理者,合乎事理之宜也。故有"在事"、"在心"之别。③

**问:敬、义何别?曰:敬只是持己之道,义便知有是有非。顺理而行,是为义也。若只守一个敬,不知集义,却是都无事也。**张南轩曰:居敬、集义工夫并进,相须而相成也。若只要能敬,不知集义,则所谓敬者,亦块然无所为而已,乌得心体之周流哉!又曰:集义只是事事求个是而已。朱子曰:敬义工夫不可偏废。彼专务集义而不知主敬者,固有虚骄急迫之病,而所谓义者,

① 茅星来曰:"程子此条为人之意可谓深切,临事观书常存此意,工夫自然勇猛,不至因循荒废矣。"

② 熊刚大曰:"盖人之一心,虚灵不昧,虚具众理,灵应万事,苟徒知此敬以涵养,不知事事集此义,不过释氏之虚寂也。"

③ 江永曰:"朱子曰:孟子之学,以集义为养气之本。程子之学,以敬为人德之门。此其言之所以异也。然义非敬则不能以自集,故孟子虽言集义,而必先之以持敬。敬非义不能以自行,故程子虽言持敬,而于其门人有事于敬之问,亦未尝不以集义为言也。"

或非其义。然专言主敬，而不知就日用间念虑起处，分别其公私义利之所在，而决取舍之几焉，则亦未免于昏愦杂扰，而所谓敬者，亦非其敬矣。且如欲为孝，不成只守著一个孝字。须是知所以为孝之道，所以侍奉当如何，温清当如何，然后能尽孝道也。言此以明集义之道，"必有事焉"者也。①

学者须是务实，不要近名方是。有意近名，则是伪也。大本已失，更学何事？为名与为利，清浊虽不同，然其利心则一也。志于求名，则非务实。有为而为，即是利心。②

"回也，其心三月不违仁"，只是无纤毫私意，有少私意便是不仁。仁者，天理之公、心德之全也。有一毫私意介乎其间，则害乎仁之全体矣。

"仁者先难后获"，有为而作，皆先获也。古人惟知为仁而已，今人皆先获也。说见论语。后，犹"未有义而后其君"之"后"。先难者，存心之笃而不容一念之或间，克己之力而不容一事之非礼。后获者，顺乎天理而未尝谋其私，发乎诚心而未尝计其效[三四]，此仁者之事也。或曰：智者利仁，是亦先获也。曰：所谓利仁者，以其察之明而后行之决，盖"择善而固执之者也"，未若仁者安行乎天理之自然而已，又岂区区计功谋效者之为哉？萌计谋之私，则已非仁矣，尚何利仁之有？③

有求为圣人之志，然后可与共学；学而善思，然后可与适道；思而有所得，则可与立；立而化之，则可与权。说见论





① 朱熹曰："敬者，守于此而不易之谓。义者，施于彼而合宜之谓。"

② 张习孔曰："为利者，惟恐人知；为名者，惟恐人不知。恐人知者，既得利，又欲得名也；恐人不知者，又欲于名中得利也。故曰'其利心则一也'。"

③ 杨伯喦曰："有心于尽道，无心于计效，非仁者孰能之！"〇张伯行曰："此因论语'仁者先难后获'而叹今昔用功之不同也。"

语。学者所以学为圣人也，有志希圣，然后可与共学。学原于思，善于致思，然后能通乎道。思而有实得，然后可与立，而物欲、异端不能夺之。既立矣，又能通变而不滞，斯可与权。盖权者，随时制宜，惟变所适，又非执一者所能与也。①

**古之学者为己，其终至于成物；今之学者为物，其终至于丧己。**为己者，尽吾性之当然，非有预于人也，其终至于成物者。盖道本无外，人己一致，能尽己之性，则能尽物之性矣，然其成物也，亦无非尽己之事也。苟徒务外，则将陷于邪伪，反害其性矣。

**君子之学必日新。日新者，日进也。不日新者必日退，未有不进而不退者。唯圣人之道无所进退，以其所造者极也。**君子之学，当日进而不已。一或自止，则智日昏而行日亏矣。唯圣人理造乎极，行抵乎成，则无所进退。或曰：圣人"纯亦不已"，固未尝不日新也。曰：论其心，则固无时而自已。一念之或已，则是间断也。何以为圣人？论其进德之地[三五]，则至于神圣而极，不容有所加损也。②

**明道先生曰：性静者可以为学。**外书，下同。○智以静而明，行以静为主[三六]。③

**弘而不毅，则无规矩；毅而不弘，则隘陋。**说见前。④

---

① 朱熹曰："'可与共学'，有志于此。'可与适道'，已看见路脉。'可与立'，能有所立。'可与权'，遭变事而知其宜。"○刘緎三曰："此以上皆言敬义夹持者，不可以不弘毅也。"

② 江永曰："圣人之学，亦日新不已。盖有独觉其进而人不知者，然必无所退也。唯其不已，所以不退。"

③ 张绍价曰："学之所以不日新日进者，多由于浮躁。资性沈静，则知日明，行日笃，故可以为学。"

④ 茅星来曰："程子前言'难立'与'无以居之'，是推言其究竟如此。此则就当下病痛言也，盖惟无规矩所以难立，惟隘陋所以无以居之也。"

**知性善以忠信为本，此先立其大者。**学莫大于知性，真知性之本善，则知之大者。忠信以为质，然后礼义有所措。以忠信为本，则行之大者。①

**伊川先生曰：人安重则学坚固。**躁扰轻浮，则所知者易忘，所守者易隳。②

**"博学之，审问之，慎思之，明辨之，笃行之"，五者废其一，非学也。**说见中庸。学不博，则无以备事物之理。既博矣，则不能无疑，疑则不容不问，问或疏略而不审，则无以决疑而取正。问审矣，又必反之心，思以验其实。思之而不谨，则或泛滥而不切，或穿凿而过深，则亦不足以揆所闻之当否。思之谨矣，至于应酬事物之际，而辨其是非疑似之间者，必极其明而不容有毫釐之差焉。然知之明，行之不力，则其所已知者，犹或夺于物欲之私，而陷于自欺之域矣，故以力行终之。此五者虽有次第，实相须而进，不容阙其一焉。

**张思叔请问，其论或太高，伊川不答，良久曰："累高必自下。"**张绎，字思叔，程子门人也。学必有其序，不容躐等。积累而高，必自下始也。

**明道先生曰：人之为学，忌先立标准。若循循不已，自有所至矣。**标，帜。准，的。盖期望之地也。为学而先立标准，则必有好高躐等之患。故莫若循序而进，孳孳不已，自有所至。〇朱子曰：此如"必有事焉而勿正"之谓。观颜子喟然之叹，不于高坚瞻

---

① 朱熹曰："'知性善以忠信为本'，须是的然识得这个物事，然后从忠信做将去。若不识得这个，不知是做甚么，故曰'先立乎其大者'。"

② 管赞程曰："自'涵养须用敬'至此为一章，言主敬致知交修并进，亦坤道贤人之学，推其极可至圣人，故可作第一等人。但当务实为本，求仁为要，不作为物之学，则有日新之益。能为此者，必其性静而有弘毅，故能先立其大，所学皆安重坚固。"

忽处用功，却就博文约礼上进步，则可见矣。

**尹彦明见伊川后，半年方得大学、西铭看。**尹焞，字彦明，程子门人也。始学之士未知向，方教之以大学，使其知入道之门、进学之序也。然学莫大于求仁，继之以西铭，所以使其知仁之体，而无私己之蔽也。然有待于半年之后者，盖欲其厚积诚意，蠲除气习，以为学问根本也。①

**有人说无心。伊川曰：无心便不是，只当云无私心。**苟欲无心，则必一切绝灭思虑，槁木死灰而后可[三七]，岂理也哉！故圣贤未尝无心，特是心之所存所用者，无非本天理之公而绝乎人欲之私耳。②

**谢显道见伊川，**一本作"伯淳"。**伊川曰：近日事如何？对曰：天下何思何虑？伊川曰：是则是有此理，贤却发得太早在。**至诚之道，不思而得，初何容心。然未能义精仁熟，而遽欲坐忘绝念，此告子之不动心而反为心害者也。③**伊川直是会锻炼得人，说了又道：恰好著工夫也。**锻炼，冶工之治金，言其善于成冶人也。心无纷扰，乃进学之地，故又曰"恰好著工夫"。○朱子曰：人所患者，不能见得大体。谢氏合下便见得，只是下学之功都欠，故道"恰好著工夫"。

**谢显道云：昔伯淳教诲，只管著他言语。伯淳曰："与贤说话，却似扶醉汉，救得一边，倒了一边。"只怕人执著一边。**朱子曰：上蔡因有发于明道"玩物丧志"之一言，故其所论每





---

① 张绍价曰："大学入德，知行并进。西铭论仁，弘毅兼备。以此二书，循循不已，自有所至，勿求之过高也。"

② 张绍价曰："无心，禅学也；无私心，圣学也。"

③ 江永曰："事物各有当然之理，'何思何虑'，顺理而行，因物付物者也。谢氏之学未至此，故谓其发之太早。"

每过高，如“浴沂御风”、“何思何虑”之类，皆是堕于一偏。[①]

**横渠先生曰：“精义入神”，事豫吾内，求利吾外也。“利用安身”，素利吾外，致养吾内也。**说见易系辞[②]。研精义理，妙以入神，知之功也。然事理素定于内，则施于外者无不顺。顺于致用，以安其身，行之功也。然所用既顺于外，则养于内者益以厚。此明内外之交养，而知行之相资也。**“穷神知化”，乃养盛自至，非思勉之能强。故崇德而外，君子未或致知也。**正蒙，下同。○神者，妙万物而无方。化者，著万物而有迹。穷神知化，盖穷理尽性以至于命，是则知行交养，德盛所致，非思之所能得、勉之所能至者。故君子惟尽力于精义以致其用，利用以崇其德，自崇德之外，则有所不能致其力者。故曰“过此以往，未之或知也”。

**形而后有气质之性，善反之则天地之性存焉。故气质之性，君子有弗性者焉。**天命流行，赋予万物，本无非善，所谓“天地之性”也。气聚成形，性为气质所拘，则有纯驳偏正之异，所谓“气质之性”也。然人能以善道自反，则天地之性复全矣【三八】。故气质之性，君子不以为性，盖不狥乎气质之偏，必欲复其本然之善。孟子谓“性无有不善”是也。○朱子曰：“天地之性”专指理而言，“气质之性”则以理杂气而言。又曰：性譬之水，本皆清也，以净器盛之则清，以污器盛之则浊。澄治之，则本然之清未尝不在。



① 张伯行曰：“此上蔡见地明白后，因悟当日受教之难融，并述明道之言，见其善发人之病也。”○管赞程曰：“自‘博学之’至此为一章，言为学当循序以进，不循序者，必有多般之病。盖以学问思辨而求知，笃行而求仁，可与‘惟精惟一’并重。此为乾道圣人之学无疑也。然先言坤道而后言乾道者，可由致知而转入乾道，此能统缴上文而结之，故必终之以此，其说详于后序。”

② 易系辞下传云：“精义入神，以致用也；利用安身，以崇德也。过此以往，未之或知也。穷神知化，德之盛也。”

**德不胜气，性命于气；德胜其气，性命于德。**义理与气质相为消长。德不胜气则气为之主，而性命拘于杂揉之质；德胜其气则德为之主，而性命全乎本然之善。**穷理尽性，则性天德，命天理。气之不可变者，独死生修夭而已。**穷万物之理而尽一己之性，此问学之极功也[三九]。学至于是，则查滓浑化，义理昭融，所性者即天之德，所命者即天之理，尚何气质之为累哉[四〇]！独死生寿夭，则禀气有定数而不可移耳。○黄勉斋曰：穷理尽性，则不但德胜其气而已，且将性命于天矣。德以所得者而言，理以本然者而言，故性曰天德，命曰天理，一而已矣。[四一]

**莫非天也，阳明胜则德性用，阴浊胜则物欲行。"领恶而全好"者，其必由学乎？**"领恶而全好"，见戴记。郑氏曰："领，犹理治也。好，善也。"人之气质不齐，要皆禀于天也。阳明而阴暗，阳清而阴浊。禀阳之多者，明而不暗，故德性用；禀阴之多者，浊而不清，故物欲行。若夫领物欲之恶而不得行，全德性之好而尽其用者，其必由于学乎！所谓"虽愚必明，虽柔必强"者也。①

**大其心则能体天下之物，物有未体，则心为有外。世人之心，止于见闻之狭。圣人尽性，不以见闻梏其心，其视天下无一物非我。**万物一体，性本无外，苟拘于耳目之偏狭，则私意蔽固，藩篱尔汝，安能体物而不遗？惟圣人能尽此性，故心大而无外，其视物与己本无间然也。○朱子曰：体，犹"体认"之"体"，将自身入事物之中，究见其理。又曰：只是有私意，便内外扞格，只见得自身上事。凡物皆不得与己相关，便是有外之心。**孟子谓尽心则知性知天，以此。天大无外，故有外之心，不足以合天**

① 张伯行曰："此明变化气质，非学不为功也。"

心。人能全心德之大，则知性知天矣。无一物而非天，故天大无外。人之心苟犹有外，则与天心不相似。①

**仲尼绝四，自始学至成德，竭两端之教也。意，有思也；必，有待也；固，不化也；我，有方也。四者有一焉，则与天地为不相似矣。**意、必、固、我，盖私意见于应事接物之间，自始至终有此四者。横渠先生解"绝"、"毋"皆为禁止之意，故以此为圣人设教之道。谓自始学以至于成德，其所以克治融释者不外乎此，所谓"竭两端之教也"。意者萌心之始，故曰有思；必者期望于终，故曰有待；固者滞于已往，故曰不化；我者成于己私，故曰有方。〇朱子曰：起于意、遂于必、留于固而成于我，意、必常在事前，固、我常在事后。或问：四者相为终始，而曰"有一焉"，何也？曰：人之为事，亦有其初未必出于私意，而后来固执而不化者。若曰绝私意则三者皆无，则曰"绝一"斯可矣，何用更言"绝四"？以此知四者又各是一病。②

**上达反天理，下达徇人欲者欤！**说见论语。反天理，则所趋日以高远；徇人欲，则所趋日以沉溺。

**知崇，天也，形而上也。通昼夜而知，其知崇矣。知及之，而不以礼性之，非己有也。故知礼成性而道义出，如天地位而易行。**说见系辞。人能通昼夜阴阳之变，智则崇矣，所以效天也。又能守品节事物之礼，性斯成焉，所以法地也。智礼相资而成其性，道义之所从出，犹天地定位而易之理行乎两间也。〇或问："知礼成性"之说。朱子曰：如"习与性成"之意。又曰：性者，我

① 朱熹曰："心理流行，脉络贯通，无有不到。苟一物有未体，则便有不到处。包括不尽，是心为有外。盖私意间隔，而物我对立，则虽至亲，且未必能无外矣。'故有外之心，不足以合天心。'"

② 张习孔曰："仲尼绝四，看得透时，即与上章'尽心''知性'而'知天'之旨合。"

所得于天底；道义，是众人共由底。①

**困之进人也，为德辨，为感速。孟子谓“人有德慧术智者，常存乎疢疾”，以此。**系辞曰：“困，德之辨也。”辨，明也。人处患难之时，则操心危惧而无骄侈之蔽，故其见理也明。置身穷厄而有反本之思，故其从善也敏。德慧谓德之慧，术智谓术之智。疢疾，灾患也。

**言有教，动有法。昼有为，宵有得。息有养，瞬有存。**非先王之法言不敢言，言有教也；非先王之德行不敢行，动有法也。“终日乾乾”，昼有为也【四二】；夜气所养，宵有得也【四三】。气之出入为息，一息而必有所养也。目之开阖为瞬，一瞬而必有所存也。此言君子无往无时而非学也。②

**横渠先生作订顽曰：乾称父，坤称母。予兹藐焉，乃混然中处。**朱子曰：天，阳也，以至健而位乎上，父道也。地，阴也，以至顺而位乎下，母道也。人禀气于天，赋形于地，以藐然之身，混合无间，而位乎中，子道也。然不曰天地而曰乾坤者，天地其形体也，乾坤其性情也。乾者，健而无息之谓，万物之所资以始者也。坤者，顺而有常之谓，万物之所资以生者也。是乃天地之所以为天地而父母乎万物者，故指而言之。○愚按，礼记“仁人之事亲也如事天，事天如事亲”。此谓“孝子成身”，即西铭之原也。③**故天地**

① 朱熹曰：“横渠‘知崇，天也’一段，言知识高明如天。‘形而上’，指此理。‘通乎昼夜而知’，通，犹兼也，兼阴阳昼夜之道而知。知昼而不知夜，知夜而不知昼，则知皆未尽也。合知、礼而成性，则道义出矣。知、礼，行处也。”

② 刘绒三曰：“自‘凡人才学’至此为下截，言人学以为己。志于仁以学圣人之道者，无论著力得力，知行并进，敬义夹持，皆不可以不弘毅，困而学之之事也。”

③ 张伯行曰：“此横渠先生顶天立地，深契本原，已见大意，故推生人所由来与此身所自生，融会而参同之，因事亲以明事天，合并而言，交畅其旨，作铭自订，欲使胸中洞达，不致顽而不化也。”

**之塞，吾其体；天地之帅，吾其性。**朱子曰：乾阳坤阴，此天地之气塞乎两间，而人物之所资以为体者也，故曰“天地之塞，吾其体”。乾健坤顺，此天地之志，为气之帅，而人物之所得以为性者也，故曰“天地之帅，吾其性”。深察乎此，则父乾母坤、“混然中处”之实可见矣。**民吾同胞，物吾与也。**朱子曰：人物并生于天地之间，其所资以为体者，皆天地之塞，其所得以为性者，皆天地之帅。然体有偏正之殊，故其于性也，不无明暗之异。惟人也，得其形气之正，是以其心最灵，而有以通乎性命之全体，于并生之中，又为同类而最贵焉。故曰“同胞”，则其视之也，皆如己之兄弟矣。物则得夫形气之偏，而不能通乎性命之全，故与我不同类，而不若人之贵。然原其体性之所自，是亦本之天地而未尝不同也。故曰“吾与”，则其视之也，亦如己之侪辈矣。惟“同胞”也，故以天下为一家，中国为一人，如下文之云。惟“吾与”也，故凡有形于天地之间者，若动若植，有情无情，莫不有以若其性，遂其宜焉。此儒者之道，所以必至于“参天地，赞化育”，然后为功用之全，而非有所强于外也。**大君者，吾父母宗子；其大臣，宗子之家相也。尊高年，所以长其长；慈孤弱，所以幼吾幼。圣其合德，贤其秀也。凡天下疲癃残疾、茕独鳏寡，皆吾兄弟之颠连而无告者也。**朱子曰：乾父坤母，而人生其中，则凡天下之人，皆天地之子矣。然继承天地，统理人物，则大君而已，故为父母之宗子。辅佐大君，纲纪众事，则大臣而已，故为宗子之家相。天下之老一也，故凡尊天下之高年者，乃所以长吾之长。天下之幼一也，故凡慈天下之孤弱者，乃所以幼吾之幼。圣人与天地合是德〔四四〕，是兄弟之合德乎父母者也。贤者才德过于常人，是兄弟之秀出乎等夷者也。是皆以天地之子言之，则凡天下之疲癃残疾、茕独鳏寡〔四五〕，非吾兄弟之无告者而何哉！**于时保之，子之翼也；乐且不忧，纯乎**

**孝者也。**朱子曰：畏天以自保者，犹其敬亲之至也；乐天而不忧者，犹其爱亲之纯也。又曰：若论天地万物与我同体之意，固极宏大，然所论事天功夫，则自“于时保之”以下方极亲切。[①]**违曰悖德，害仁曰贼，济恶者不才，其践形惟肖者也。**朱子曰：不循天理而循人欲者，不爱其亲而爱他人也，故谓之悖德。戕灭天理，自绝本根者，贼杀其亲，大逆无道也，故谓之贼。长恶不悛，不可教训者，世济其凶，增其恶名也，故谓之不才。若夫尽人之性，而有以充人之形，则与天地相似而不违矣，故谓之肖。**知化则善述其事，穷神则善继其志。**朱子曰：孝子，善继人之志，善述人之事者也。圣人知变化之道，则所行者无非天地之事矣；通神明之德，则所存者无非天地之心矣。此二者皆乐天践形之事也。又曰：化底是气，有迹可见，故为事；神底是理，无形可窥，故为志。**不愧屋漏为“无忝”，存心养性为“匪懈”。**朱子曰：孝经引诗曰“无忝尔所生”，故事天者仰不愧，俯不怍，则不忝乎天地矣。又曰“夙夜匪懈”，故事天者存其心，养其性，则不懈乎事天矣。此二者畏天之事，而君子所以求践夫形者也。**恶旨酒，崇伯子之顾养；育英材，颍封人之锡类。**朱子曰：好饮酒而不顾父母之养者，不孝也。故遏人欲如禹之恶旨酒，则所以“顾天之养”者至矣。性者万物之一源，非有我之得私也。故育英材，如颍考叔之及庄公，则所以“永锡尔类”者广矣。[②]**不弛劳而底豫，舜其功也；无所逃而待烹**[四六]**，申生其恭也。**朱子曰：舜尽事亲之道，而瞽叟底豫，其功大矣。故事天者尽事天之道，而天心豫焉，则亦天之舜也。申生无所

① 张伯行曰：“上言天下一家、万物一体。自此以下，乃言事天之功，不异于事亲也。”

② 张伯行曰：“自此以下三节，乃举古来之善事亲者，以证事天之功也。”

逃而待烹,其恭至矣[四七]。故事天者夭寿不贰,而修身以俟之,则亦天之申生也。**体其受而归全者,参乎?勇于从而顺令者,伯奇也。**朱子曰:父母全而生之,子全而归之。若曾子之启手启足,则体其所受乎亲者,而归其全也。况天之所以与我者,无一善之不备,亦全而生之也。故事天者能体其所受于天者而全归之,则亦天之曾子矣。子于父母,东西南北唯令之从[四八]。若伯奇之履霜中野,则勇于从而顺令也。况天之所以命我者,吉凶祸福,非有人欲之私。故事天者,能勇于从而顺受其正,则亦天之伯奇矣。**富贵福泽,将厚吾之生也;贫贱忧戚,庸玉汝于成也。**朱子曰:富贵福泽,所以大奉于我,而使吾之为善也轻。贫贱忧戚,所以拂乱于我,而使吾之为志也笃。天地之于人,父母之于子,其设心岂有异哉!故君子之事天也,以周公之富而不至于骄,以颜子之贫而不改其乐。其事亲也,爱之则喜而弗忘,恶之则惧而无怨。其心亦一而已矣。**存,吾顺事;没,吾宁也。**朱子曰:孝子之身存,则其事亲也不违其志而已,没则安而无所愧于亲也。仁人之身存,则其事天也,不逆其理而已,没则安而无所愧于天也。盖所谓"朝闻""夕死","吾得正而毙焉"者。故张子之铭,以是终焉。①**明道先生曰:订顽之言,极醇无杂,秦汉以来学者所未到。又曰:订顽一篇,意极完备,乃仁之体也。**仁者本以天地万物为一体。**学者其体此意,令有诸己,其地位已高。到此地位,自别有见处,不可穷高极远,恐于道无补也。**体认此意实为我有,所谓真知而实践之,至此则又有见于大本一原之妙矣。**又曰:订顽立心,便达得天德。**普万物而无私,天德也。**又曰:游酢得西**

① 张伯行曰:"结言事天事亲,皆必至于生顺死安,无复遗恨而后为至也。"

**铭读之，即涣然不逆于心，曰：此中庸之理也，能求于言语之外者也。**游酢，字定夫，程子门人也。中庸推本乎天命之性[四九]，中者性之体，和者性之用，“致中和”至于“天地位、万物育”，实则原于天命之本然。西铭以人物之生，同禀是气以为体，同具是理以为性，虽有差等，实无二本也。今一视同仁者，亦所以尽一己之性而全天命之本然耳，此即中庸之理也。[①]**杨中立问曰：西铭言体而不及用，恐其流遂至于兼爱，何如？伊川先生曰：横渠立言诚有过者，乃在正蒙。西铭之书，推理以存义，扩前圣所未发，与孟子性善、养气之论同功，岂墨氏之比哉！西铭明理一而分殊，墨氏则二本而无分。**本注云：老幼及人，理一也；爱无差等，本二也。〇杨时，字中立，程子门人也。西铭以天地为父母，万物为同体，是理一也。然而贵贱、亲疏、上下各有品节之宜，是分殊也。若墨氏惑于兼爱，则泛然并施而无差等，施之父母者犹施之路人，是亲疏并立而为二本也。〇或问："理一分殊"，如"同胞""吾与"、"大君""家相"、"长幼""残疾"，皆自有等差，是分殊处否？朱子曰：此是一直看，下更须横截看。天气而地质，与父母固是一理，然吾之父母与天地自是有个亲疏，"同胞"里面便有"理一分殊"，"吾与"里面亦便有"理一分殊"。龟山正是疑"同胞""吾与"为近于墨氏，不知"同胞""吾与"各自有"理一分殊"在其中矣。**分殊之蔽，私胜而失仁；无分之罪，兼爱而无义。**徒知分之殊而不知理之一，则其蔽也为己之私胜，而失其公爱之理；徒知理之一而不知分之殊，则其过也兼爱之情胜，而失其施爱之宜。**分立而推理一，以止私胜之流，仁之方也。无别而**

---

① 熊刚大曰："是不特有悟于西铭之中，而能远推于西铭之外也。"

**迷兼爱，以至于无父之极，义之贼也。子比而同之，过矣。**分立而推其理之一，则无私胜之蔽，此为仁之方，西铭是也。施无差等而迷于兼爱，则其极也至于无父，此害义之贼，墨氏是也。**且彼欲使人推而行之，本为用也，反谓不及，不亦异乎？**西铭本言理一，欲人推大公之用。因龟山有兼爱之疑，故程子又明其分之殊。盖莫非自然之理也。或曰：既言理一，又曰分殊，是理与分为二也？曰：以理推之，则并生于天地之间者，同体同性，不容以异观也。然是理也，则有品节之殊、轻重之等。所谓分也者，特是理之差等耳，非二端也。①**又作砭愚曰：戏言出于思也，戏动作于谋也。发于声，见乎四支，谓非己心，不明也。欲人无己疑，不能也。**言虽戏，必以思而出也；动虽戏，必以谋而作也。戏言发于声，戏动见乎四支，谓非本于吾心，是惑也，本于吾心而欲人之不我疑，不可得也。**过言非心也，过动非诚也。失于声，缪迷其四体，谓己当然，自诬也。欲他人己从，诬人也。**言之过者，非其心之本然也；动之过者，非其诚之实然也。失于声而为过言，缪迷其四体而为过动，谓之过者，皆误而非故也。或者吝于改过，遂以为己之当然，是自诬其心也。既惮改而自诬，又欲人之从之，是诬人也。此夫子所谓"小人之过也必文"，孟子所谓"过则顺之"，"又从而为之辞"。**或者谓出于心者，归咎为己戏；失于思者，自诬为己诚。不知戒其出汝者，归咎其不出汝者。长傲且遂非，不智孰甚焉？**戏谑出于心思，乃故为也。不知所



① 朱熹曰："西铭一篇，始末皆是'理一分殊'。以乾为父，坤为母，便是理一而分殊。'予兹藐焉，混然中处'，便是分殊而理一。'天地之塞吾其体，天地之帅吾其性'，分殊而理一。'民吾同胞，物吾与也'，理一而分殊。逐句推之，莫不皆然。"○张伯行曰："此西铭义蕴极为精深，得程子发明，则其指益畅，学者所宜深玩也。"

当戒，徒归咎以为戏，则长傲而慢愈滋矣。过误不出于心思，乃偶失耳，不知归咎于偶失，反自诬以为实，然则遂非而过不改矣。○学者深省乎此，则崇德辨惑、矫轻警惰之功亦大矣。然其于戏且误者，克治尚如此之严，况乎过之非戏误者，岂复留之纤芥以累其身心哉？① **横渠学堂双牖，右书订顽，左书砭愚。伊川曰："是起争端。"改订顽曰西铭，砭愚曰东铭。**顽者，暴忍而不仁；愚者，昏塞而不智。订顽主仁而义在其中，砭愚主智而礼在其中。②

**将修己，必先厚重以自持。厚重知学，德乃进而不固矣**【五〇】**。忠信进德，惟尚友而急贤。欲胜己者亲，无如改过之不吝。**文集，下同【五一】。○说见论语。君子修己之道必以厚重为本，苟轻浮则无受道之基。然徒厚重而不知学，则德亦固滞而不进矣。然进德之道必以忠信为主，而求忠信之辅者【五二】，莫急于交胜己之贤，但或吝于改过，则无所施其责善之道，贤者亦不我亲矣。○"学则不固"之说与本文异，此自是一义，有益学者故取焉。此录经说有与本文异者，放此。③

**横渠先生谓范巽之曰：吾辈不及古人，病源何在？巽之请问。先生曰：此非难悟。设此语者，盖欲学者存意之不忘，庶游心浸熟，有一日脱然如大寐之得醒耳。**范育，字巽之。朱子曰：横渠设此语，正要学者将此题目时时自省，积久贯熟，而自得之耳。又曰：人于义理，须如所谓脱然大寐之得醒，方始

① 张伯行曰："横渠既作订顽，以明万物一体之学，又恐日用间言动偶有过差，亦是进德修业之累，因作铭以砭治其愚，盖亦省察之功也。"

② 张伯行曰："张子揭此二则警示学者，伊川恐人泥'愚''顽'字，或左右互讪，以起争端，故改为东、西铭，不作标题，义指自浑。"

③ 朱熹曰："此盖古注旧说，而张子从之，但文势若有反戾而不安者。盖曰不重则不威，则当曰不学则固；若曰学则不固，则当曰重则有威。且学之为功，又岂止于不固而已哉！"

是信得处。①

**未知立心，恶思多之致疑；既知所立，恶讲治之不精**[五三]。立心未定而多思致惑，则所向或移；立心既定而讲治粗疏，则所业莫进。**讲治之思**[五四]，②**莫非术内，虽勤而何厌？所以急于可欲者，求立吾心于不疑之地，然后若决江河以利吾往。**承上文而言。致思、讲治，乃穷理之事，皆在吾学术之内，初何厌乎勤？此言讲治之贵精。然所以急于明可欲之善者，盖欲先定吾志，无所疑惑，然后能若决江河，进而不可竭。此言立心之必定。**逊此志，务时敏，厥修乃来。故虽仲尼之才之美，然且敏以求之。今持不逮之资，而欲徐徐以听其自适，非所闻也。**逊，顺也。逊此志则立心已定，务时敏则讲学为急。如是则所修乃日见其进也。说见尚书。③

**明善为本，固执之乃立，扩充之则大，易视之则小，在人能弘之而已。**明善者，为学之本。知之既明，由是固守之，则此德有立；推广之，则此德日大。苟以忽心视之，则所见者亦浸微矣。④

**今且只将"尊德性而道问学"为心，日自求于问学者有所背否，于德性有所懈否。此义亦是博文约礼，下学上达。以此警策一年，安得不长？**尊者，崇尚敬持之意。道，由也。由

---

① 茅星来曰："张子此条微近释氏，但释氏悟破机关，一齐放下，瞥入虚空去。横渠须是识破病源，便可从此实用其功，此为不同耳。"

② 参见校勘记【五五】，茅星来曰："'致思'，宋本作'之思'，注一作'致'，吕本作'之'。愚谓从'致'为是。"○吴竹如云："不若仍用'之'字。讲治之思，是穷理之思，有对处事之思，再斯可矣之意而言。盖穷理不精不嫌，近于三思也。"

③ 张习孔曰："先生此篇，前半节言知立，又在好古敏求之先。'逊此志'以下，乃是说虽圣人亦好古敏求，而叹学者之不然也。"

④ 张伯行曰："此张子合中庸、孟子、论语之言以明为学之功也。"

学问而惟恐背违，崇德性而惟恐懈怠，日以此自省，积之岁月则内外兼进矣。“尊德性”则是约礼上达之事，“道问学”则是博文下学之事。**每日须求多少为益。知所亡，改得少不善，此德性上之益；**学者日省其身，所以增益其不知者何如，所以改治其不善者何如，以是存心，则德日新矣。**读书求义理，编书须理会有所归著，勿徒写过，又多识前言往行，此问学上益也。**读书者，必穷其义理，不徒事章句训诂之末。编书者，必求其旨归，不徒务博洽纪录之功。多识前哲之言行，以广所知，则学日进矣。**勿使有俄顷闲度，逐日似此三年，庶几有进。**君子之学一有间断，则此心外驰，德性日隳，问学日废矣。【五五】

**为天地立心，为生民立道，为去圣继绝学，为万世开太平。**天地以生生为心，圣人参赞化育，使万物各正其性命，此“为天地立心”也。建明义理，扶植纲常，此“为生民立道”也。继绝学，谓缵述道统。开太平，如有王者起，必来取法，利泽垂于万世。学者以此立志，则所任至大而不安于小成，所存至公而不苟于近用。

**载所以使学者先学礼者，只为学礼，则便除去了世俗一副当习熟缠绕。譬之延蔓之物，解缠绕即上去。苟能除去了一副当世习，便自然脱洒也。又学礼则可以守得定。**学礼则可以消除习俗之累，又有所据依而自守。

**须放心宽快公平以求之，乃可见道，况德性自广大。易曰“穷神知化，德之盛也”，岂浅心可得？**横渠易说。○人之德性本自广大，故必广大心求之，偏狭固滞，岂足以见道？

**人多以老成则不肯下问，故终身不知。又为人以道义先觉处之，不可复谓有所不知，故亦不肯下问。从不肯问，遂生百端，欺妄人我，宁终身不知。**横渠论语说。○言人虚骄，耻于下问，内则欺己，外则欺人，终于不知而已。①

**多闻不足以尽天下之故。苟以多闻而待天下之变，则道足以酬其所尝知，若劫之不测，则遂穷矣。**横渠孟子说，下同。○故，所以然也。酬，应也。心通乎道，则能尽夫事理之所以然，故应变而不穷；不通乎道而徒事乎记问，则见闻有限而事变无涯，卒然临之以所未尝知，则穷矣。②

**为学大益，在自求变化气质。不尔，皆为人之弊，卒无所发明，不得见圣人之奥。**所贵于学，正欲陶镕气质，矫正偏驳。不然，则非为己之学，亦何以推明圣人之蕴哉！○朱子曰：宽而栗，柔而立，刚而无虐，简而无傲，便是教人变化气质。③

**文要密察④，心要洪放。**语录，下同。○文不密察，则见理粗疏；心不洪放，则所存狭滞。

**不知疑者，只是不便实作。既实作，则须有疑。必有不行处，是疑也。**始学之士，知必有所不明，行必有所不通。不知疑者，是未尝实用功也。⑤

**心大则百物皆通，心小则百物皆病。**心大则宽平弘远，故处己待人无往而不达；心小则偏急固陋，无所处而不为病也。

**人虽有功，不及于学，心亦不宜忘。心苟不忘，则虽接人事，即是实行，莫非道也。心若忘之，则终身由之，只是**





① 茅星来曰："此因论语'不耻下问'之言而论之如此。"

② 陈埴曰："此言记问之学虽博而有限，中窒故也。义理之学至约而无穷。"

③ 张习孔曰："为学在'变化气质'，先贤格言也。先生增'自求'二字，意更深切。不自求，卒难变也。"

④ "文要"之"要"，茅氏注本作"理"。○茅星来云："'文理'之'理'，叶、吕本作'要'，今从宋本正之。"

⑤ 朱熹曰："读书无疑者，须教有疑。有疑者，却要无疑，到这里方是长进。"

**俗事。**人有妨废学问之功者，然心不忘乎学，则日用无非道，故曰"即是实行"。心苟忘乎学，则日用而不知，故曰"只是俗事"。"实行"与"俗事"非二事，特以所存者不同耳。①

**合内外，平物我，此见道之大端。**合内外者，表里一致，就己而为言也。平物我者，物我一体【五六】，合人己而为言也。

**既学而先有以功业为意者，于学便相害。既有意，必穿凿创意，作起事端也。德未成而先以功业为事，是代大匠斫，希不伤手也。**功业，立言、立事皆是也。为学而先志于功业，则穿凿创造，必害于道矣。②

**窃尝病孔孟既没，诸儒嚣然，不知反约穷源，勇于苟作，持不逮之资，而急知后世。明者一览，如见肺肝然，多见其不知量也。③方且创艾其弊，默养吾诚，顾所患日力不足，而未果他为也。**不知反约穷源，故浮浅而无实。默养吾诚，则反约穷源之事也。④

**学未至而好语变者，必知终有患。盖变不可轻议，若骤然语变，则知操术已不正。**变者非常行之道，盖权宜之事也。自非见理明、制义精者，不足以与此。苟学未至而轻于语变，则知其学术之源已不正，终必流于邪谲。

**凡事蔽，盖不见底，只是不求益。**行己无隐，则是非善恶有所取正，庶可以增益其所未知、所未能。苟固为蔽覆，恐人之知，是则非求益者也。**有人不肯言其道义所得所至，不得见底，**





① 江永曰："学不止读书，接人事无非道，即无非学。"

② 胡居仁曰："学只是修身，功业是修身之效。不可以功业为心，以功业为心，非惟失本末先后之序，心亦难收。"

③ 茅星来曰："此一节言汉唐以下儒者不知反约穷源，而急知后世之病。"

④ 茅星来曰："此一节乃先生自道其有志反约穷源，不敢急知后世之意。"

**又非"于吾言无所不说"。**人不肯言其知之所得、行之所至,使人不可得而见者。盖苟安自足,恐人之非己,又非若颜子之如愚,于圣言"无所不说"者之比也。①

**耳目役于外,揽外事者,其实是自堕**【五七】**,不肯自治,只言短长,不能反躬者也。**急于自治,何暇务外;厚于反躬,何暇议人。②

**学者大不宜志小气轻。志小则易足,易足则无由进;气轻则以未知为已知,未学为已学。**志小则易于自足,故怠惰而无新功;气轻则易于自大,故虚诞而无实得。③



### 校勘记

【一】斯可究为学之大方矣　"方",邵本作"凡"。

【二】曰真而静者　"真"原作"其",据明修本、邵本改。

【三】谓拘挛而暴殄之　"拘"原作"枸",据明修本、邵本、茅本改。

【四】截然方正　"截",邵本作"自"。

【五】必有所不通　"必有",邵本作"心"。

【六】贞者正也未有解为虚中无我者　"贞",原作"真","有"原作"材",据明修本、邵本改。

【七】则澄然泰然　"澄",邵本作"湛"。

【八】此教人以处险难之道　"险难",邵本作"艰阻"。

【九】经说下同　"下"原作"不",据邵本改。



---

① 陈沆曰:"学者于师友之前,不肯自言其所得之浅深,惟恐人之知其底里,是岂于言无所不说哉?亦不肯求益而已。"

② 江永曰:"好揽外事则自治轻,徒言短长则躬行缓。"

③ 张绍价曰:"志小则不弘,气轻则不毅。'学'字、'志'字,遥应卷首濂溪先生语。"〇刘緘三曰:"以'志小则易足,易足则无由进'反结通篇。'气轻则以未知为已知、未学为已学'引起下卷。"又曰:"自'横渠先生作订顽'至末为后段,申言乾道坤道,著力得力,志于仁以学圣人之道,知行敬义工夫,为己而勿为人,不可以不弘毅之旨。"

【一〇】然而买椟还珠之蔽　“椟”字原无，据邵本补。

【一一】犹椟所以藏珠　“所”原作“折”，据明修本、邵本改。

【一二】横渠以立言传后为修辞居业　“居业”二字，邵本无。

【一三】则可以修业也　“则”前原有“处”字，据杨本、遗书本、张本、茅本、江本删。

【一四】日以广大　“日”，原作“目”，据邵本改。

【一五】有准的　“有”上，邵本有“为”字。

【一六】学者志识固不可不以远大自期　“志识”，邵本作“之志”。

【一七】而徒有悬想跂望之劳　“跂”原作“跛”，据邵本改。

【一八】薰陶渐染　“薰”原作“董”，据明修本、邵本改。

【一九】须大做脚须得　下一“须”字，邵本作“始”。

【二〇】后来省悟　“省”原作“看”，据明修本、邵本改。

【二一】必有而不容废者也　“而”，邵本作“所”。

【二二】固不害其为性也　“固”原作“因”，据明修本、邵本改。

【二三】至于荀扬但知气质之或异　“异”原作“具”，据明修本、邵本改。

【二四】点之意欲止　“止”，明修本作“正”。

【二五】不学则血气为主　“血”原作“而”，据明修本、邵本改。

【二六】造理深则嗜欲微　“理”，原作“物”，据邵本、张本改。

【二七】志不大则卑陋　“志”，邵本作“胆”。

【二八】学者所以求仁也然　“也”，明修本作“皆”。

【二九】乃可以祈天之永命常人资质　“祈”原作“祚”，据明修本、邵本改。“资”，邵本作“之”。

【三〇】卒可与圣贤为一　“卒”，邵本作“则”。

【三一】则其宽平普博之中　“普”，邵本作“溥”。

【三二】此条，元刊本紧接于上条末刻印，据邵本当单列为一条。

【三三】此条，元刊本紧接于上条末刻印，据邵本当单列为一条。

【三四】发乎诚心而未尝计其效　“效”原作“故”，据明修本、邵本改。

【三五】论其进德之地　“德”，邵本作“退”。

【三六】行以静为主　“主”原作“生”，据明修本、邵本改。

【三七】槁木死灰而后可　“槁”,原作“僑”,据明修本、邵本改。

【三八】则天地之性复全矣　“全”,明修本作“至”。

【三九】此问学之极功也　“问学”,邵本作“学问”。

【四〇】尚何气质之为累哉　“质”,邵本作“禀”。

【四一】此条,元刊本紧接于上条末刻印,据邵本当单列为一条。

【四二】昼有为也　“昼”原作“书”,据明修本、邵本改。

【四三】宵有得也　“宵”原作“育”,据明修本、邵本改。

【四四】圣人与天地合是德　“是”,明修本、邵本作“其”。

【四五】则凡天下之疲癃残疾茕独鳏寡　“凡”原作“力”,据明修本、邵本改。

【四六】无所逃而待烹　“待”原作“侍”,据明修本、邵本改。

【四七】其恭至矣　“矣”原作“笑”,据明修本、邵本改。

【四八】东西南北唯令之从　“北”原作“此”,据明修本、邵本改。

【四九】中庸推本乎天命之性　“推”,邵本作“惟”。

【五〇】德乃进而不固矣　“不”,邵本作“日”。

【五一】文集下同　“文”上,邵本有“横渠”二字。

【五二】而求忠信之辅者　“信”原作“言”,据邵本改。

【五三】恶讲治之不精　“之”字原无,据明修本、邵本补。

【五四】请治之思　“之”,邵本作“致”。

【五五】此条,元刊本紧接于上条末刻印,据邵本当单列为一条。

【五六】物我一体　“一”字原无,据邵本补。

【五七】其实是自堕　“堕”,邵本作“惰”。

# 近思录集解卷三　凡七十八条

此卷论致知。知之至，而后有以行之。自首段至二十二段，总论致知之方。然致知莫大于读书，二十三段至三十三段，总论读书之法。三十四段以后，乃分论读书之法，而以书之先后为序。始于大学，使知为学之规模次序，而后继之以论、孟、诗、书。义理充足于中，则可探大本一原之妙，故继之以中庸。达乎本原，则可以"穷神知化"，故继之以易。理之明，义之精，而达乎造化之蕴，则可以识圣人之大用，故继之以春秋。明乎春秋之用，则可推以观史，而辨其是非得失之致矣。横渠易说以下，则仍语录之序，而周官之义因以具焉。[1]

① 茅星来曰："此篇乃明善之要，四卷、五卷则诚身之本。朱子于大学章句所谓'在初学尤为当务之急，而不可以其近而忽之'者也。"○张绍价曰："此卷以格物致知读书为主，以心通乎道、知言穷理、真知自得为总旨，以致思、会疑、通文、求义、得意为分意。体似两截：自首章至'更不复求'，论致知之方，为上截；自'伊川先生曰凡看文字'至末论读书之法，为下截。"

伊川先生答朱长文书曰：心通乎道，然后能辨是非，如持权衡以较轻重，孟子所谓"知言"是也。道者，事物当然之理。通，晓达也。"知言"者，天下之言无不究明其理而识其是非之所以然。心不通于道[一]，而较古人之是非，犹不持权衡而酌轻重，竭其目力，劳其心智，虽使时中，亦古人所谓"亿则屡中"，君子不贵也。文集，下同。○时中，谓有时而中之。亿，以意揣度也。揣度而中，则非明理之致矣。说见论语。①

伊川先生答门人曰：孔孟之门，岂皆贤哲，固多众人。以众人观圣贤，弗识者多矣。惟其不敢信己而信其师，是故求而后得。今诸君于颐言才不合，则置不复思，所以终异也。不可便放下，更且思之，致知之方也。②

伊川先生答横渠先生曰：所论大概，有苦心极力之象，而无宽裕温厚之气，非明睿所照，而考索至此，故意屡偏而言多窒，小出入时有之。本注云：明所照者，如目所睹，纤微尽识之矣。考索至者，如揣料于物，约见仿佛尔，能无差乎？更愿完养思虑，涵泳义理，他日自当条畅。苦思强索，则易至于凿而不足以达于理；涵泳深厚，则明睿自生。③

欲知得与不得，于心气上验之。思虑有得，中心悦豫，

① 江永曰："此言心未通道，未可轻论古人是非也。"○张绍价曰："此以孟子'知言'，承上卷末节'未知'、'已知'之意，以'心通乎道'二句，领起通篇。"

② 张习孔曰："信其师者，非特信之而已，将必有所考问而弗明弗措也。惟颜子不违，然则退而足发，岂后学所可几乎？"○张绍价曰："此承上'知言'而言，而教人以思也。"

③ 张习孔曰："读书与穷理，固非两途。至用之为文，亦有二致。命意则得于穷理，遣辞则得于读书。"○张绍价曰："此承上言致思之道，不可苦心极力强为考索，当'完养思虑，涵泳义理'，而后有所得也。"

沛然有裕者，实得也。思虑有得，心气劳耗者，实未得也，强揣度耳。学固原于思，然所贵从容厌饫而自得，不可劳心极虑而强通。尝有人言：比因学道，思虑心虚。曰：人之血气固有虚实，疾病之来，圣贤所不免，然未闻自古圣贤因学而致心疾者。遗书，下同。①

今日杂信鬼怪异说者，只是不先烛理。若于事上一一理会，则有甚尽期？须只于学上理会。讲学则理明，而怪妖不足以惑之矣。②

学原于思。学以明理为先，善思则明睿生，而物理可格。

所谓"日月至焉"与久而"不息"者，所见规模虽略相似，其意味气象迥别。学者于仁，或日或月而至焉，方其至之时，其视夫"三月不违"者，所造所见亦无以异，但其意味气象，则浅深厚薄迥然不同。须心潜默识〔二〕，玩索久之，庶几自得。学者不学圣人则已，欲学之，须熟玩味圣人之气象，不可只于名上理会，如此只是讲论文字。潜玩圣贤意象〔三〕，庶养之厚而得之深。若徒考论文义，则末矣。

问：忠信进德之事，固可勉强，然致知甚难。忠信进德，力行也。谓行可以强而进，知不可以强而至。伊川先生曰：学者固当勉强，然须是知了方行得。若不知，只是觑却尧，学他行事，无尧许多聪明睿智，怎生得如他"动容周旋中礼"？





---

① 江永曰："此条本欲人致思虑，但其自得与否，心气上亦可验之。学者致思，当由劳苦而后得悦豫。若虑其致心疾，而曰因学道思虑心虚，则惮劳者之辞耳。惟思虑过苦者，当如上条'完养'之说。"

② 朱熹曰："神怪之说，若犹未能自明，鲜有不惑者。学者惟当以正自守，而穷理之有无，久久当自见得。"

学者当以致知为先，苟明有所不至，徒规规然学尧之行事，其可得乎[四]！**如子所言，是笃信而固守之，非固有之也。**固守者，勉强而坚执；固有者，从容而自得。**未致知，便欲诚意，是躐等也。勉强行者，安能持久？**忠信，即诚意之事。欲诚其意者，先致其知，知有未至，而勉强以为忠信，其能久乎！**除非烛理明，自然乐循理。性本善，循理而行，是顺理事，本亦不难，但为人不知，旋安排著，便道难也。**见理明，则真知而实信之，自然乐于循理。盖人性本善，顺理而行，宜无待于勉强。惟于理有未知，或知有未尽，临事布置，故觉其难。**知有多少般数，煞有深浅。学者须是真知。才知得是，便泰然行将去也。**真知者，知之至也。真知其是，则顺而行之，莫能遏矣。**某年二十时，解释经义与今无异。然思今日，觉得意味与少时自别。**此可见先生致知之功，进德之实。而圣经之旨，要必玩味积久，乃能真知，而亦不徒在于解释文义而已。①

**凡一物上有一理，须是穷致其理。穷理亦多端：或读书讲明义理，或论古今人物别其是非，或应接事物而处其当。皆穷理也。**三者，穷理之目，当随遇而究竟[五]。然读书讲明义理，尤为要切，而观人处事之准则，要亦于书而得之。**或问：格物须物物格之，还只格一物而万理皆知？曰：怎得便会贯通？若只格一物便通众理，虽颜子亦不敢如此道。须是今日格一件，明日又格一件，积习既多，然后脱然自有贯通处。**朱子曰：程子说格物，曰：格，至也。格物而至于物，则物理尽，

---

① 张习孔曰："先生所言，是谓明善然后可以诚身，此圣人不易之理。然下学之士，不能一彻俱彻，须是渐知渐进。当其渐知，即须力行。"

意向俱到,不可移易。"天生烝民,有物有则。"物者,形也;则者,理也。人具是物而不能明其物之理,则无以顺性命之正而处事物之当,故必即是物以求之。知求其理矣,而不至乎物之极,则事之理有未穷,而吾之知亦未尽,故必至其极而后已。[①]**又曰:所务于穷理者,非道尽穷了天下万物之理,又不道是穷得一理便到。只要积累多后,自然见去。**朱子曰:今人务博者却要尽穷天下之理,务约者又谓反身而诚,则天下之物无不在我。此皆不是。唯程子积累贯通之说为妙。[②]

**"思曰睿",思虑久后,睿自然生。**说见尚书。睿,通微也。人心虚灵,本然明德,致思穷理,久自通微。**若于一事上思未得,且别换一事思之,不可专守著这一事。盖人之知识于这里蔽著,虽强思亦不通也。**致知之道弗明弗措,然人心亦有偏暗处,当且置之,庶不滞于一隅。

**问:人有志于学,然知识蔽固,力量不至,则如之何?曰:只是致知。若智识明,则力量自进。**真知事理之当然,则自有不容已者。[③]

**问:观物察己,还因见物反求诸身否?曰:不必如此说。物我一理,才明彼即晓此,此合内外之道也。**天下无二理,物之理即吾心之理也。因见物而反求诸身,则是以物我为二致。





① 张习孔曰:"先生此篇,教人格物致知之功。其曰'今日格一件,明日又格一件','积习既多,自有贯通处',是言积累而得也。朱子取此意以补格物致知之意,其言益明白真切。而后世如姚江之学者,每有未然之论,多胶泥其字句而訾议之。"

② 管赞程曰:"自篇首至此为一章,言格致次第工程,知行并进,以底于大成。"

③ 张习孔曰:"或人所问,似是谓资质鲁钝,徒有志而力不及耳。先生教以致知,即上章所谓读书明义理,论古别是非,应事处其当也。人能于此著实致功,则随其资质之所及,自成一体段,何必虑其至不至乎?"

**又问：致知先求之四端如何？**①**曰：求之情性，固是切于身。然一草一木皆有理，须是察。**四端，说见孟子。理散于万物而实会于吾心，皆所当察也。**又曰：自一身之中，以至万物之理，但理会得多，相次自然豁然有觉处**【六】。按，上段曰"积习既多，然后脱然自有贯通处"，又曰"积累多后，自然见去"，又曰"理会得多，自然豁然有觉处"。再三言之，惟欲学者随事穷格，积习既多，于天下事物，各有以见其当然之则，一旦融会贯通，表里洞彻，则觉斯道之大原，全吾心之本体，物既格而知且至矣。其在孔门，则颜子卓然之后，曾子一唯之时乎！或者厌夫观理之烦，而遽希一贯之妙，或专滞于文义之末，而终昧上达之旨，皆不足有见于是道也。

**"思曰睿"，"睿作圣"。致思如掘井，初有浑水，久后稍引动得清者出来。人思虑始皆混浊，久自明快。**致思则能通乎理，故明睿生。充其睿则可以入圣域，故睿作圣。然致思之始，疑虑方生，所以混浊。致思之久，疑虑既消，自然明快。此由思而生睿也。

**问：如何是"近思"？曰：以类而推。**思虑泛远而不循序渐进，则劳心而无得。即吾所知者以类推之，则心路易通而思有条理，是谓近思。○朱子曰：若是真个劈初头理会得一件分晓透彻，便逐件如此理会去，相次亦不难。又曰：从已理会得处推将去，便不隔越，若远去寻讨，则不切己。【七】②

① 熊刚大曰："四端：恻隐，乃仁发见之端；羞恶，乃义发见之端；辞逊，乃礼发见之端；是非，乃知发见之端。还是自此四端先推将去。"

② 张绍价曰："以类而推，即朱子所谓因其已知之理而益穷之也。由近而推之远，由易而推之难，由浅而推之深，由表而推之里，由粗而推之精，循序渐进，自可推之以至其极，而豁然贯通不难矣。若厌小务大，忽近图远，则徒劳罔功，终无由真知而实得。"

**学者先要会疑。**朱子曰：书始读未知有疑，其次渐有疑，又其次节节有疑。过了此一番后，疑渐渐释，以至融会贯通，都无可疑，方始是学。

**横渠先生答范巽之曰：所访物怪神奸，此非难语**[八]**，顾语未必信耳。**物异为怪，神妖为奸。见理未明，自不能无疑，虽得于人言，亦未必信。**孟子所论知性、知天，学至于知天，则物所从出当源源自见。知所从出，则物之当有当无，莫不心谕，亦不待语而后知。**天者物理之所自出，知天则通乎幽明之故，察乎事物之原，而妖异之所由兴，皆可识矣。**诸公所论，但守之不失，不为异端所劫，进进不已，则物怪不须辩，异端不必攻，不逾期年，吾道胜矣。**学者知有未至，且坚守正论，不为邪妄所夺，又能进于学而不已，则怪异不必攻辩，将自识破。**若欲委之无穷，付之以不可知，则学为疑挠，智为物昏，交来无间，卒无以自存，而溺于怪妄必矣。**文集，下同。○不能坚守正论，内怀疑端，外为邪蔽，久则所惑愈深矣。

**子贡谓"夫子之言性与天道，不可得而闻"，既言"夫子之言"，则是居常语之矣。圣门学者以仁为己任，不以苟知为得，必以了悟为闻，因有是说。**性者，人心禀赋之理。天道者，造化流行之妙。以仁为己任，盖期于实体而自得也。苟知者徒闻其说，了悟者深达其理。然则后之学者，高谈性天而实非领会者[九]，可以自省矣。①

**义理之学，亦须深沉**一作"玩"**方有造，非浅易轻浮之可**

① 张伯行曰："子贡是知至之后，得悟一贯之传，因有是说。而张子恐后之学者高谈性天，实无领会，故引子贡言以发之。"

**得也。**朱子曰:圣人言语,一重又一重,须入深去看方有得[一〇],若只见皮肤,便有差错。

**学不能推究事理,只是心粗。至如颜子未至于圣人处,犹是心粗。**颜子不能不违仁于三月之后者,是其察理犹或有一毫之未精,故所存犹或有一毫之间断。①

**"博学于文"者,只要得习坎"心亨"。盖人经历险阻艰难,然后其心亨通。**下上坎为"习坎",卦当重险,而彖辞曰"维心亨"。人之博学穷理,始多龃龉,积习既久,自然心通。

**义理有疑,则濯去旧见,以来新意。**心有所疑而滞于旧见,则偏执固吝,新意何从而生,旧疑何自而释。**心中有所开,即便札记。不思则还塞之矣。**疑义有所通,随即札记,则已得者可以不忘,未得者可以有进。不记则思不起,犹山径之蹊,间不用则茅塞之矣。**更须得朋友之助,一日间朋友论著,则一日间意思差别[一一]。须日日如此讲论,久则自觉进也。**按,此段及"焞到问为学之方"一段,泉州本皆系卷末,而旧本则此段在第二十一,"尹问"一段在三十三。今考此卷编辑之意,则二段乃总论致知,不当在卷末无疑也。但旧本此段不全载,"心中有所开"以下云云,恐是后来欲添足此数语,传者误成重出耳。又详此段已是专论读书之法,不当在廿一。疑当时欲移在"尹问"之后,故并录之耳。今不敢轻改,姑从旧本,而添入"心中有所开"数语。[一二]

**凡致思到说不得处,始复审思明辨,乃为善学也。若告子则到说不得处遂已,更不复求。**横渠孟子说。○思之其说似穷,然后更加审思明辨之功,则其穷者通而所得者深也。若告

① 朱熹曰:"近思录云颜子心粗,颜子尚有此语,人有一毫不是,便是心粗。"

子“不得于言”,不复求之于心,固执偏见而不求至当,此孟子所深病也。○此以上总论致知之方,以下乃专论求之于书者。详是卷首。①

**伊川先生曰:凡看文字,先须晓其文义,然后可求其意。未有文义不晓而见意者也。**遗书,下同。

**学者要自得。六经浩渺,乍来难尽晓,且见得路径后,各自立得一个门庭,归而求之可矣。**识路径则知趋向,立门庭则有规模,得于师友者如此,然后归而求之可矣。②

**凡解文字,但易其心,自见理。理只是人理,甚分明,如一条平坦底道路。诗曰“周道如砥,其直如矢”,此之谓也。**理本平直,苟以崎岖委曲之意求之[一三],乃失之凿。诗见小雅大东篇。**或曰:圣人之言,恐不可以浅近看他。曰:圣人之言,自有近处,自有深远处。如近处怎生强要凿教深远得?**圣人之道,远近精粗无所不备,故圣人之言道,亦无所不至。如“食毋求饱,居毋求安”,是其近者;如一贯之旨,性天之言,是其远者。固无非道也,又岂容尽求其深远而过为穿凿耶?**扬子曰:“圣人之言远如天,贤人之言近如地。”颐与改之曰:“圣人之言,其远如天,其近如地。”**其远者,虽子贡犹未易得而闻;其近者,虽鄙夫可得而竭也。○或曰:“圣人之言,包蓄无所不尽,语近而不遗乎远,语远而不遗乎近,故曰‘其远如天,其近如地’,非但高远而已。”愚按,此段本欲人平心以观书,不可妄生穿凿。又谓圣人之

① 管赞程曰:“自‘思曰睿,思虑久后’至此为一章,为格致者各救一病之方也。”

② 张绍价曰:“学要自得,方异于记诵辞章之习。六经各有路径,各有门庭。诗理性情,书道政事,礼谨节文,易明吉凶消长之理、进退存亡之道,春秋正三纲、明五伦,内诸夏、外夷狄,诛乱臣贼子。道同而用各不同,故读之之法亦异。”

言,自有远处,自有近处,如此则谓“语近而不遗乎远”者,意自不同也。前说为是。[一四]

学者不泥文义者,又全背却远去;理会文义者,又滞泥不通。如子濯孺子为将之事,孟子只取其不背师之意,人须就上面理会事君之道如何也。又如万章问舜完廪浚井事,孟子只答他大意,人须要理会浚井如何出得来,完廪又怎生下得来。若此之学,徒费心力。①

凡观书不可以相类泥其义,不尔,则字字相梗。当观其文势上下之意,如“充实之谓美”与诗之美不同。充实之美在己,诗之称美在人。如此之类,岂可泥为一义?②

问:莹中尝爱文中子“或问学易,子曰:‘终日乾乾可也。’”此语最尽。文王所以圣,亦只是个不已。陈忠肃公瓘,字莹中。“子曰”者,文中子答或人之问。谓“乾乾不息”,此语最为尽易之道。先生曰:凡说经义,如只管节节推上去,可知是尽。夫“终日乾乾”,未尽得易,据此一句,只做得九三使。若谓“乾乾”是不已,不已又是道,渐渐推去,自然是尽,只是理不如此。学经者要当周遍精密,各穷其旨归,而后能通经。苟但借其一语,谓足以盖一经之旨,岂治经之道?盖好高求约之病。

“子在川上曰:逝者如斯夫!”言道之体如此,这里须是自见得。朱子曰:天地之化,往者过,来者续,无一息之停,乃道体



---

① 李文炤曰:“不泥文义者,如读书观大略及不求甚解之徒是也。理会文义者,则训诂之流弊耳。”○张伯行曰:“此于孟子书中偶举以见例,欲人识读书之法也。”

② 张习孔曰:“先生此篇,教人读书在会其大意,著泥一字不得。圣经中旁意侧出者甚多,不止于子濯孺子与完廪浚井事。只体其文势大义,乃是善读书人。”

之本然也。然其可指而易见者，莫如川流，故于此发以示人，欲学者时时省察，而无毫发之间断也。**张绎曰：此便是无穷。先生曰：固是道无穷，然怎生一个"无穷"便道了得他？**朱子曰：固是无穷，须见所以无穷始得。[1]

**今人不会读书。如"诵诗三百，授之以政不达，使于四方不能专对。虽多，亦奚以为？"须是未读诗时不达于政，不能专对，既读诗后便达于政，能专对四方，始是读诗。**说见论语。朱子曰：专，独也。诗本人情，该物理，可以验风俗之盛衰，见政治之得失，其言温厚和平，长于风谕，故诵之者必达于政而能专对也。**"人而不为周南、召南，其犹正墙面。"须是未读诗时如面墙，到读了后便不面墙，方是有验。**同上。朱子曰：为，犹学也。周南、召南所言，皆修身、齐家之事。"正墙面"，言即其至近之地，而一物无所见，一步不可行也。**大抵读书只此便是法。如读论语，旧时未读是这个人，及读了后来又只是这个人，便是不曾读也。**读书之法，但反诸己，验其实得，致其实用，变化气质，必有日新之功。

**凡看文字，如"七年"、"一世"、"百年"之事，皆当思其如何作为，乃有益。**论语：子曰："善人教民七年，亦可以即戎矣。"又曰："如有王者，必世而后仁。"又曰："善人为邦百年，可以胜残去杀矣。"观圣贤治效迟速浅深之殊，要必究其规模之略、施为之方，乃于己有益。此致知之法也。[2]

**凡解经不同无害，但紧要处不可不同尔。**外书。○紧要，





---

① 张绍价曰："此亦前章之意，道体固是无穷，然但谓之无穷，即了其义，则只是笼侗说过，非真知实得也。"

② 张伯行曰："圣人之言，无一字无下落处，故凡看文字，要逐字研究。"

谓纲领也。①

**焞初到，问为学之方。先生曰：公要知为学，须是读书。书不必多看，要知其约。多看而不知其约，书肆耳。**此言徒贪多而不知其要，则是畜书之肆而已。**颐缘少时读书贪多，如今多忘了。须是将圣人言语玩味，入心记著，然后力去行之，自有所得。**又言徒贪多而无玩习之功，则所学者非我有也。玩味而不忘，而又力行其所知，则所得为实得。○以上总论读书之法，以下乃分论读书之序【一五】。②



**初学入德之门，无如大学，其他莫如语、孟。**遗书，下同。○朱子曰：大学规模虽大，然首尾该备而纲领可寻，节目分明而工夫有序，无非切于学者之日用。又曰：不先乎大学，无以挈提纲领而尽论、孟之精微【一六】，不参之论、孟，无以融会贯通而极中庸之归趣。③

**学者先须读论、孟【一七】。穷得语、孟，自有要约处，以此观他经甚省力。论、孟如丈尺权衡相似，以此去量度事物，自然见得长短轻重。**语、孟之书，尤切于学者身心日用之常，得其要领，则易于推明他经，而可以权度事物矣。④

---

① 张绍价曰："凡解经，小节目处不同固无害，若大本大原紧要处，如心、性、理、气之辨，决不可以不同。"

② 张绍价曰："读书须知其约，将圣人言语玩味入心，身体而力行之，自有所得。不知约则为博杂之学，不力行则为口耳之学，虽精如匡衡，博如马融，只成为记诵之俗儒，君子不贵也。"○管赞程曰："自'凡看文字'至此为一章，言读书之法。若不得其法，则无益而有弊。"



③ 朱熹曰："某要人先读大学，以定其规模。次读论语，以立其根本。次读孟子，以观其发越。次读中庸，以求古人之微妙处。大学一篇有等级次第，总作一处，易晓，宜先看。论语却实，但言语散见，初看亦难。孟子有感激兴发人心处。中庸亦难读，看三书后方宜读之。"

④ 朱熹曰："看孟子与论语不同。论语要冷看，孟子要熟读。论语逐文逐意各是一义，故用子细静观。孟子成大段，首尾通贯，熟读文义自见，不可逐一句一字上理会也。"

读论语者，但将诸弟子问处便作己问，将圣人答处便作今日耳闻，自然有得。若能于论、孟中深求玩味，将来涵养成甚生气质！甚生，犹非常也。

凡看语、孟，且须熟玩味，将圣人之言语切己，不可只作一场话说。人只看得此二书切己，终身尽多也。终身尽多，谓一生受用不尽。①

论语有读了后全无事者，有读了后其中得一两句喜者，有读了后知好之者，有读了后不知手之舞之、足之蹈之者。全无事者，全无所得。朱子曰：有得一二句喜者，这一二句喜处便是入头处。从此著实理会去，将久自解。倏然悟时，圣贤格言自是句句好。②

学者当以论语、孟子为本。论语、孟子既治，则六经可不治而明矣。不治而明，言易明也。读书者当观圣人所以作经之意，与圣人所以用心，与圣人所以至圣人，而吾之所以未至者，所以未得者。未至，以所行言；未得，以所知言。句句而求之，昼诵而味之，中夜而思之，平其心，易其气，阙其疑，则圣人之意见矣。句句而求则察之密，昼味夜思则思之熟。然平心易气而不失于凿，有疑则阙而不强其通，如是则圣人之意可得而见矣。

读论语、孟子而不知道，所谓"虽多，亦奚以为"。语、孟极圣贤之渊源，为斯道之统会，体用兼明，精粗毕备。读之而不





① 张绍价曰："书自书，我自我，终岁读书，毫于身心无益。若能于论、孟二书，句句看得切己，思索体认，反躬实践，则终身用之不尽矣。"

② 李文炤曰："全无事者，无得于心者也。得一两句喜者，有会于心者也。进乎此则知好之矣。至于手之舞之、足之蹈之，则能乐之矣。"

通于道,则章句训诂而已,虽博而何益?

论语、孟子只剩读著,便自意足。学者须是玩味,若以语言解著,意便不足。某始作二书文字,既而思之又似剩,只有些先儒错会处,却待与整理过。外书,下同。

问:且将语、孟紧要处看,如何?伊川曰:固是好,然若有得,终不浃洽。盖吾道非如释氏,一见了便从空寂去。朱子曰:此是程子答吕晋伯问。后来晋伯终身坐此病,说得孤单,入禅学去。学者读书须逐一去理会,便通贯浃洽。①

"兴于诗"者,吟咏情性[一八],涵畅道德之中而歆动之,有"吾与点"之气象。诗大抵出于人情之真,感化之自然者。学者于诗吟哦讽咏,其情性涵养条畅,于道德自然有感动兴起之意。此即曾点浴沂咏归之气象。又云:"兴于诗",是兴起人善意,汪洋浩大,皆是此意。遗书。诗人之词,宽平忠厚,故有兴起人汪洋浩大之意。②

谢显道云:明道先生善古诗。他又浑不曾章解句释,但优游玩味,吟哦上下,便使人有得处。"瞻彼日月,悠悠我思。道之云远,曷云能来?"思之切矣。终曰:"百尔君子,不知德行。不忮不求,何用不臧?"归于正也。朱子曰:读诗之法,只是熟读涵泳[一九],自然和气从胸中流出,其妙处不可得而言。不待安排说,只平读著,意自足。又云:伯淳常谈诗,并不下一字训诂,有时只转却一两字,点掇地念过,便教人

---

① 张绍价曰:"圣贤之言,精粗毕贯。言事而理在其中,须逐一理会,使之浃洽贯通,自有所得。若以言事者为粗,言理者为精,拣择读之,则意思偏枯,易入空寂。"

② 茅星来曰:"朱子曰:善可为法,恶可为戒,则他经皆然。独以为'兴于诗'者,以诗自有感发人处故也。"

省悟。又曰：古人所以贵亲炙之也。外书，下同。○点掇，犹沾缀、拈掇也。意如上章。亲炙，亲近而熏炙之也。[二〇]①

明道先生曰：学者不可以不看诗，看诗便使人长一格价。观诗则使人兴起感发，便自然有进。

"不以文害辞"，文，文字之文，举一字则是文，成句是辞。诗为解一字不行，却迁就他说，如"有周不显"，自是作文当如此。详见孟子。诗大雅文王篇曰"有周不显"，言周家岂不显乎？盖言其显也。苟真谓之不显，则是"以文害辞"。②

看书须要见二帝、三王之道。如二典，即求尧所以治民、舜所以事君。遗书，下同。③

中庸之书，是孔门传授，成于子思、孟子。其书虽是杂记，更不分精粗，一衮说了。今人语道，多说高便遗却卑，说本便遗却末。中庸，子思所述而传之孟子者也。其言天命之性，则推之于修道之教。言中和，则极之于"天地位"、"万物育"。言政而本之于"达德"、"达道"。言治天下国家，则合之于诚。小大并举，费隐兼该。盖是道之大，体用相涵，本末一贯，元不相离。说本而遗其末，则亦陷于空虚，而未达天下之大本矣。

伊川先生易传序曰：易，变易也，随时变易以从道也。阴阳变易而生万化，圣人象之而画卦爻，使人体卦爻之变易，而随时以从道也。○或问：易即道也，何以言变易以从道？朱子曰：易之所以变易，固皆理之当然。圣人作易，因象明理，教人以变易从





① 张伯行曰："此以明道之善言诗，为学者读诗之例也。"又曰："凡读书者，晓用明道点掇之法，便是会读书。凡作文者，晓用明道点掇之法，便是好文字。何独说诗为然乎！"

② 张绍价曰："此言学诗之法，不可以一字之文，害一句之辞。"

③ 张伯行曰："书以载帝王行事，而道即存乎其间，不可徒作文字观也。"

道之方耳。如乾，初则“潜”、二则“见”之类是也。[①]**其为书也，广大悉备，将以顺性命之理，通幽明之故，尽事物之情，而示“开物成务”之道也。圣人之忧患后世，可谓至矣。**故，所以然也。开物者，使其知之明；成务者，使其行之就也。[②]**去古虽远，遗经尚存，然而前儒失意以传言，后学诵言而忘味，自秦而下，盖无传矣。予生千载之后，悼斯文之湮晦，将俾后人沿流而求源，此传所以作也。**沿流而求源，谓因言以求其意也[二一]。**“易有圣人之道四焉：以言者尚其辞，以动者尚其变，以制器者尚其象，以卜筮者尚其占。”吉凶消长之理，进退存亡之道备于辞。推辞考卦，可以知变、象与占在其中矣。**尚，尊用之也[二二]。辞者，圣人所系之辞。变者，阴阳老少之变。象者，天地、山泽、雷风、水火之类是也。占者，吉凶、悔吝、厉无咎之类是也。辞者，言之则也，故以言者尚其辞。变者，动之时也，故以动者尚其变。象事知器，故制器者尚其象。占事知来，故卜筮者尚其占。然辞、变、象、占虽各有尚，而吉凶、消长、进退、存亡，易之大用皆具于辞。故变推辞而可知，象与占皆不外乎辞也。[③]**“君子居则观其象而玩其辞，动则观其变而玩其占。”得于辞不达其意者有矣，未有不得于辞而能通其意者也。**玩，厌习也，不止于观而已。盖卦之象可观，而辞之理则无穷，故必玩习其辞。爻之变可观，而占之义则无穷，故必玩习其占。平居而观象玩辞，则各尽乎卦之理；临事而观变玩占，则各尽乎爻之用。然象与变、占，皆具于辞，故必由辞以通其意。**至微者理也，至著者**

---

① 张伯行曰：“此程子自序易传之所以作，欲人由辞得意而尽乎变易之道也。”

② 茅星来曰：“此一节言圣人作易之大旨也。”

③ 张伯行曰：“约言作传大意，无非与圣人之道相发明。”

**象也，体用一源，显微无间。“观会通以行其典礼”，则辞无所不备。**朱子曰：自理而观，则理为体，象为用，而理中有象，是一源也；自象而观，则象为显，理为微，象中有理，是无间也。又曰：会以理之所聚而言，通以事之所宜而言，其实一也。又曰：众理会处，使有许多难易窒碍[二三]，必于其中得其通处，乃可行耳。典礼者，典常之理[二四]。**故善学者求言必自近，易于近者，非知言者也。予所传者辞也，由辞以得意，则在乎人焉。**文集，下同。○道无远近之间，然观书者必由粗以达于精，即显以推其微，本民彝日用之常，而极于穷神知化之妙，不可忽乎近而徒务乎高远也。①

**伊川先生答张闳中书曰：易传未传，自量精力未衰，尚觊有少进尔。来书云“易之义本起于数”，则非也。有理而后有象，有象而后有数。易因象以明理，由象以知数，得其义则象数在其中矣。**本注云：理无形也，故因象以明理。理既见乎辞矣，则可由辞以观象，故曰“得其义则象数在其中矣”。○张闳中，见程氏门人录。“易有太极”，形而上之理也，“是生两仪”，而后象与数形焉，此作易之本也。易之理寓于象，象必有数，知其理，则象与数皆在其中，此学易之要也。**必欲穷象之隐微，尽数之毫**

① 茅星来曰：“蔡节斋曰：观象玩辞，学易也；观变玩占，用易也。学易则无所不尽其理，用易则惟尽乎一爻之用。”○张习孔曰：“易所有者三焉：曰理，曰画，曰文。理者，圣人之所以洗心而退藏者也，是无极而太极也。画者，刚柔相推而生，圣人之所化裁也。理非画也，乃所以为画也；画非理也，乃所以象理也。而文者，又所以发挥乎理与画者也。是三者实一物也，理不可见也，画可见而画中之理不易见也，文则可见者也。先生此序，欲人玩可见之辞，而进求其无所不备也，故其言曰：‘得于词，不达其意者有矣，未有不得于辞而能通其意者也。’若是乎词之不可以已也。又曰：‘求言必自近，易于近，非知言者也。’先生之言近矣，然自近云者，谓始基于此耳。其进乎此而所谓意者，先生不传也。非不传也，不可传也，不胜传也，不用传也。此先生之志也。”

**忽，乃寻流逐末，术家之所尚，非儒者之所务也。**理者，象数之本也。不务求其本而徒欲穷其末，如京房、郭璞之流是也。①

**知时识势，学易之大方也。**易传，下同。○夬卦九二象传。方，犹术也。时有盛衰，势有强弱。学易者当道其时势[二五]，惟变所适，惟道之从也。

**大畜初、二，乾体刚健而不足以进，四、五阴柔而能止。时之盛衰，势之强弱，学易者所宜深识也。**乾下艮上为大畜。初与二虽刚健而不足以进者，以畜之时不利于进，初、二俱位乎下，势又不能进也。四与五虽"阴柔而能止"乎健者，以畜之时在于止，四、五位据乎上，势又足以为止也。②

**诸卦二、五虽不当位，多以中为美；三、四虽当位，或以不中为过。中常重于正也。盖中则不违于正，正不必中也。天下之理莫善于中，于九二、六五可见。**震卦六五传[二六]。二者内卦之中，五者外卦之中，皆中也。三为内卦之上，四为外卦之下，皆不中也。六爻之位，初、三、五为阳，二、四、上为阴。以阳爻居阳位、阴爻居阴位为当位，反此者为不当位。当位者正也，不当位者非正也。坤六五非正也，而曰"黄裳元吉"；泰九二非正也，而曰"得尚于中行"。盖以中为美也。蛊之三、四皆正也，而三则"有悔"，四则"往吝"；既济之三、四皆正也，而三则有"三年"之惫，四则有"终日"之戒。盖以不中为慊也[二七]。正者天下之定理，中者时措之宜也。正者有时而失其中，中则随时而得其正者也。故中之义重于正。

---

① 张伯行曰："理、象、数三者，原不相离，探其本则末不能外，测其末则本恐有遗。此程子意也。"

② 张绍价曰："此承上知时审势而言。大畜，时也；初、二、四、五，势也。"

问：胡先生解九四作太子[二八]，恐不是卦义。先生云：亦不妨，只看如何用。当储贰则做储贰。使九四近君，便作储贰亦不害。但不要拘一，若执一事，则三百八十四爻，只作得三百八十四件事便休了。遗书，下同。〇胡瑗，字翼之，号安定先生。五为君位，四近君，亦可以为储贰。然易本无拘，惟其所遇，皆可用占。①

看易且要知时。凡六爻人人有用，圣人自有圣人用，贤人自有贤人用，众人自有众人用，学者自有学者用，君有君用，臣有臣用，无所不通。因问：坤卦是臣之事，人君有用处否？先生曰：是何无用？如"厚德载物"，人君安可不用？

易中只是言反复往来上下。反复[二九]，如复、姤之类。往来，如贲、无妄之类。上下，如乾、坤之类[三〇]。皆阴阳变易之道，而易之所以为易也。②

作易，自天地幽明，至于昆虫草木微物，无不合。外书，下同。〇易无不该、无不合者，理之根极，本一贯也。

今时人看易，皆不识得易是何物，只就上穿凿。若念得不熟，与就上添一德亦不觉多，就上减一德亦不觉少。譬如不识此兀子，若减一只脚亦不知是少，若添一只亦不知是多。若识则自添减不得也。学者当体此意，使于卦象辞




---

① 张绍价曰："易之为书，广大悉备，六十四卦为体，三百八十四爻为用，万事万物之理，靡不包括其中。变动不居，其用无穷。若拘于一事，则三百八十四爻，只为三百八十四事，而易之为用狭矣。"

② 朱熹曰："程子言'易中只是言反复往来上下'，这只是一个道理。阴阳之道，一进一退，一长一消，反复往来上下，于此见之。"

义，皆的然见其不可易，而后为得也。①

**游定夫问伊川"阴阳不测之谓神"，伊川曰：贤是疑了问，是拣难底问？** 游氏或未之深思，特以言语艰深而率尔请问[三一]。故伊川不答，而深攻其心[三二]，故使反己而致思也[三三]。

**伊川以易传示门人，曰：只说得七分，后人更须自体究。** 义理无穷，圣贤之心亦无穷[三四]，学者不可以不自勉。②

**伊川先生春秋传序曰：天之生民，必有出类之才起而君长之。治之而争夺息，导之而生养遂，教之而伦理明，然后人道立，天道成，地道平。** 天生烝民，必有司牧为之制节，而后争夺息；导之播植佃渔，而后生养遂；示之五品，教之孝悌忠信，而后伦理明。三者具矣，故建极秉彝而人道立，五气顺布而天道成，山川奠位而地道平。**二帝而上，圣贤世出，随时有作，顺乎风气之宜，不先天以开人，各因时而立政。** 以大圣人之资，岂不能一旦而尽兴天下之利？而必待相继而始备者，盖圣人之所为，惟其时而已。**暨乎三王迭兴，三重既备，子丑寅之建正，忠质文之更尚，人道备矣，天运周矣。** 中庸曰："王天下有三重焉。"郑氏曰："三重，谓三王之礼。"天开于子，地辟于丑，人生于寅。周正建子为天统，商正建丑为地统，夏正建寅为人统，而天运周矣。夏尚忠，商尚质，周尚文，而人道备矣。**圣王既不复作，有天下者虽欲仿古之迹，亦私意妄为而已。事之缪，秦至以建亥**





---

① 张绍价曰："读经者每易失之穿凿，而易学尤甚。易言虚理，故可以任意增减。学易者观象玩辞，须于消息盈虚之时，贵贱上下之位，刚柔中正不中正之德，上下相对之应，各爻相连之比，逐卦逐爻，字字看得著实，确然而不可易，乃可以真知而自得也。"

② 江永曰："此程子不自足之意。然义理无穷，非可以言尽，故朱子又有本义，以补程传之所未备。"

**为正；道之悖，汉专以智力持世。岂复知先王之道也？**三代而下，王者之迹熄，时君虽欲仿而为之，亦皆无所考证，不过用其私意妄为而已。子、丑、寅建正，盖本三才以更始。秦至以亥月为岁首，自谓水德，欲以胜周。忠、质、文更尚，皆本仁义以致用。汉专以智力把持天下，故谓汉家自有制度，盖极言世变之不复近古。**夫子当周之末，以圣人不复作也，顺天应时之治不复有也，于是作春秋，为百王不易之大法。所谓"考诸三王而不谬，建诸天地而不悖，质诸鬼神而无疑，百世以俟圣人而不惑"者也。**夫子因鲁史作春秋，寓经世之大法，所以上承将坠之绪，下开无穷之治也。故考诸前圣而无差缪，参诸天地而无违背[三五]，验诸鬼神之幽而无所疑，待乎百世之远而无所惑[三六]。盖天地鬼神同此理，前圣后圣同此心。**先儒之传曰："游、夏不能赞一辞。"辞不待赞也，言不能与于斯耳。斯道也，惟颜子尝闻之矣："行夏之时，乘殷之辂，服周之冕，乐则韶舞。"此其准的也。**圣人之辞，本无待于赞助。然游、夏擅文学之科，而"不能赞一辞"者，以见其微权奥旨，非圣人不能与于此也。颜子"克己复礼"，以至"三月不违"，其于道也庶几矣，故四代礼乐独得与闻。其说夏时，谓夏以斗柄初昏建寅之月为岁首，得乎人时之正、始事之宜者也。辂，古之木车也[三七]，殷车曰大辂。左传曰"大辂越席，昭其俭也"，盖适于用而辨于等，故不厌其质也。冕，祭冠也。周礼有五冕，其制始备，盖尊首饰而严祀事，故不厌其华也。韶舞，舜乐，盖尽善尽美者也。○或问：颜子尝闻春秋大法，何也？朱子曰：不是孔子将春秋大法向颜子说。盖三代制作大备矣，不可复作，告以四代礼乐，只是集百王不易之大法。其作春秋，善者则取之，恶者则诛之，要亦明圣王之大法而已，故伊川引以为样耳[三八]。**后世**

以史视春秋,谓褒善贬恶而已,至于经世之大法,则不知也。春秋大义数十,其义虽大,炳如日星,乃易见也。惟其微辞隐义,时措从宜者,为难知也。或抑或纵,或与或夺,或进或退,或微或显,而得乎义理之安,文质之中,宽猛之宜,是非之公,乃制事之权衡、揆道之模范也。春秋大义,在尊君而卑臣,贵仁义而贱功利,正中国而外夷狄之类,"其义虽大,炳如日星"也。其难见者[三九],盖在于"微辞隐义",各以其"时措从宜者",非深明乎时中者,未易窥也。或有功而抑[四〇],或有罪而宥,或功未就而予,或罪未著而夺,或尊而退之,或卑而进之,或婉其辞,或章其实,要皆得乎义理之安,而各当其则。文质之中,而不华不俚;宽猛之宜,而无过与不及;是非之全[四一],而无有作好作恶。揆,度也。权衡者,酌一时之轻重。模范者,立万世之轨则。〇朱子曰:春秋大义,如"成宋乱"、"宋灾故"之类,乃是圣人直著诛贬,自是分明。如胡氏谓书"晋侯"为"以常情待晋襄",书"秦人"为"以王事责秦穆"之类,却恐未必如此。所谓"微辞隐义,时措从宜者,为难知",政谓此也。夫观百物然后识化工之神,聚众材然后知作室之用。于一事一义而欲窥圣人之用心,非上智不能也。故学春秋者,必优游涵泳,默识心通,然后能造其微也。圣人精义入神,泛应曲当,未可以一端窥测[四二]。故学春秋者,必优游而不迫,涵泳而有馀,心悟自得,庶能深造微奥[四三]。后王知春秋之义,则虽德非禹汤,尚可以法三代之治。自秦而下,其学不传。予悼夫圣人之志不明于后世也,故作传以明之,俾后之人通其文而求其义,得其意而法其用,则三代可复也。是传也,虽未能极圣人之蕴奥,庶几学者得其门而入矣。文集。〇通其文而后能明其义,得其意而后能法

其用。【四四】①

诗、书载道之文，春秋圣人之用。诗、书如药方，春秋如用药治病。圣人之用，全在此书，所谓“不如载之行事深切著明”者也。道非无用，用无非道。然诗、书即道而推于用，主道而言，故曰“载道之文”。春秋即用以明道，主用而言，故曰“圣人之用”。诗、书如药方，固可以治病。春秋如因病用药，是非得失尤为深切著明者也。有重叠言者，如征伐、盟会之类，盖欲成书，势须如此。不可事事各求异义，但一字有异，或上下文异，则义须别。遗书，下同。②

五经之有春秋，犹法律之有断例也。律令唯言其法，至于断例，则始见其法之用也。律令者，立法以应事【四五】。断例者，因事成用法。③

学春秋亦善，一句是一事，是非便见于此。此亦穷理之要，然他经岂不可以穷理？但他经论其义，春秋因其行事，是非较著【四六】，故穷理为要。较，判别也。春秋一句为一事，故是非易决，又考其事迹，而是非易明，故于穷理为要。尝语学者且先读论语、孟子，更读一经，然后看春秋。先识待个义理【四七】，方可看春秋。更读一经，如下文所论中庸。春秋虽于穷理为要，然又须义理通明，然后能察人事得失之机，识圣人裁制之权。春秋以何为准？无如中庸。欲知中庸，无如权。





---

① 张绍价曰：“此序分三段看，前段言帝王顺天应时，立人道以治天下。中段言夫子本圣人之道，作春秋以垂百王不易之法。后段言程子作传以明圣人之道。”

② 朱熹曰：“春秋只是直载当时之事，要见当时治乱兴衰。非是于一字上定褒贬。”

③ 张伯行曰：“诗以正情，书以制事，易以明变，礼以正行，犹律令。然律令者，制为刑书，禁人勿为恶，春秋则某事用某律，某罪用某法，断例分明，其中之轻重大小，实见之用者也。前以用药譬之，此以用律譬之，俱是一般意思耳。”

须是时而为中，若以手足胼胝、闭户不出二者之间取中，便不是中。若当手足胼胝，则于此为中；当闭户不出，则于此为中。春秋之权衡，即中庸之时中也。若于禹、颜之间取中，则当洪水之时不躬乎胼胝之劳，在陋巷之时不安乎箪瓢之乐，皆失乎时中矣。权之为言，秤锤之义也。何物为权？义也，时也。只是说得到义，义以上更难说，在人自看如何。义者所以处时措之宜，所谓权也。义以上则圣人之妙用，未易以言尽也。

春秋传为按，经为断。本注：程子又云：某年二十时看春秋，黄聱隅问某如何看【四八】。某答曰："以传考经之事迹，以经别传之真伪。"①

凡读史不徒要记事迹，须要识其治乱安危、兴废存亡之理。且如读高帝纪，便须识得汉家四百年终始治乱当如何。是亦学也。观高祖宽大长者，能用三杰，则知汉所以得天下。观其入关除秦苛法，则知汉所以立四百年基业。观伪游云梦，则知诸侯王次第而叛。观系萧相国狱，则知汉之大臣多不保终。如此之类，皆致知之方也。②

先生每读史到一半，便掩卷思量，料其成败，然后却看，有不合处，又更精思，其间多有幸而成，不幸而败。今人只见成者便以为是，败者便以为非，不知成者煞有不是，败者煞有是底。③



① 张习孔曰："经为断，传为按，此设喻之最精者也。然吾心无以断圣经之断，何以知千载以上之是非乎？"

② 朱熹曰："读史当观大伦理、大机会、大治乱得失。"

③ 朱熹曰："读史亦易见作史者意思。后面成败处，他都说得意思在前面了。如陈蕃杀宦官，但读前面，许多疏脱都可见了。"

读史须见圣贤所存治乱之机，贤人君子出处进退，便是格物。机，谓治忽动于几微者。

元祐中，客有见伊川者，几案间无他书，惟印行唐鉴一部。先生曰：近方见此书。三代以后，无此议论。外书。○范祖禹，字淳夫。按，外书又云：范淳夫尝与伊川论唐事，及为唐鉴，尽用先生之说。先生谓门人曰："淳夫乃能相信如此。"①

横渠先生曰：序卦不可谓非圣人之缊。今欲安置一物，犹求审处，况圣人之于易，其间虽无极至精义，大概皆有意思。观圣人之书，须遍布细密如是。大匠岂以一斧可知哉？横渠易说。②

天官之职，须襟怀洪大方看得。盖其规模至大，若不得此心，欲事事上致曲穷究，凑合此心如是之大，必不能得也。周建六官，而天官冢宰统理邦国内外之政，小大之事无所不总。若非心量广大，何以包举四海，综理百职？今无此心量，但欲每事委曲穷究，必不能周悉通贯之矣。释氏锱铢天地，可谓至大，然不尝为大，则为事不得。若畀之一钱，则必乱矣。释氏论性极广大，然不可以理事。其体用不相涉也如此。又曰：太宰之职难看，盖无许大心胸包罗，记得此，复忘彼。其混混天下之事，当如捕龙蛇，搏虎豹，用心力看方可。其他五官便易看，止一职也。语录，下同。③





---

① 张伯行曰："盖历代史学议论之卑，不知王道为何物。程子之说，得淳夫表章之，不是三代下人议论，王道借以复明，所以几案间常置此部，惓惓不释也。"

② 张习孔曰："序卦义极深微。一部易书，消息存亡之理，进退动止之宜，无不包摄其中，是古来一篇大文字，可易视哉！"

③ 茅星来曰："朱子曰：周礼一书，广大精微，周家法度在焉。后人皆以周礼非圣人之书，其间细碎处虽可疑，其大体直是非圣人做不得。"

**古人能知诗者唯孟子，为其“以意逆志”也。夫诗人之志至平易，不必为艰险求之。今以艰险求诗，则已丧其本心，何由见诗人之志？**人情不相远，以己之意，迎彼之志，是为得之。诗以感遇而发于人情之自然，本为平易。今以艰险之心求诗，则已失吾心之自然矣，而何以见诗人之心！**诗人之情性温厚，平易老成。本平地上道著言语，今须以崎岖求之，先其心已狭隘了，则无由见得。诗人之情本乐易，只为时事拂著他乐易之性，故以诗道其志。**诗人情性温厚而无刻薄，平易而无艰险，老成而无轻躁。若以崎岖狭隘之心，安能见诗人宽平广大之意！①

**尚书难看，盖难得胸臆如此之大。只欲解义，则无难也。**朱子曰：他书却有次第，尚书只合下便大，如尧典“克明俊德，以亲九族”，至“黎民於变时雍”，展开是大小大！分命羲和，定四时成岁，便是心中包一个三百六十五度四分度之一底天【四九】，方见得恁地。若不得一个大底心胸，如何看得？②

**读书少，则无由考校得义精。盖书以维持此心，一时放下，则一时德性有懈。读书则此心常在，不读书则终看义理不见。**读书不多，则见义不精。然读书者，又所以维持此心，使无放逸也。故读书则心存，心存则理得。③

**书须成诵。精思多在夜中，或静坐得之。不记则思不**





---

① 张伯行曰：“此示人以求诗之法也。”

② 张绍价曰：“二帝、三王治天下之大经大法，备载于书。明德新民之纲，修齐治平之目，尧典已尽其要。精一执中，开致知力行之端；主善协一，示博文约礼之义。以义制事，以礼制心，明涵养省察之要。羲和之历数，禹贡之山川，说命之学问，洪范之政治，周官之官职，无逸、立政之修己治人，宏纲大用，无不备举。苟无极大胸臆，如何能看？”

③ 茅星来曰：“此以见读书非徒穷理之事，实亦养心之要也。”

**起，但通贯得大原后，书亦易记。**朱子曰：书须成诵，少间不知不觉，自然触发晓得。盖一段文义横在心下，自是放不得，必晓得而后已。今人所以记不得，思不去，心下若存若忘，皆不精不熟之故也。又曰：横渠作正蒙时，或夜里嘿坐彻晓。他直是恁地勇，方做得。**所以观书者释己之疑，明己之未达，每见每知新益，则学进矣。于不疑处有疑，方是进矣。**每见是书而每知新益，则学进矣。然学固足以释疑，而学亦贵于有疑。盖疑则能思，思则能得，于无疑而有疑，则察理密矣。

**六经须循环理会，义理尽无穷。待自家长得一格，则又见得别。**①

**如中庸文字辈，直须句句理会过，使其言互相发明。**

**春秋之书，在古无有，乃仲尼所自作，惟孟子能知之。非理明义精，殆未可学。先儒未及此而治之，故其说多凿。**孟子论春秋，皆发明圣人之大旨，举春秋之纲领。后人未及于理明义精，而揣摩臆决，故其说多凿。②

### 校勘记

【一】心不通于道　“于”，邵本作“乎”。

【二】须心潜默识　“心潜”，邵作“潜心”。

【三】潜玩圣贤意象　“意”，邵本作“气”。

【四】其可得乎　“其”原作“之”，据明修本、邵本改。





---

① 茅星来曰：“此即论语‘温故知新’之意。然必于一经理会已到，然后再理会一经。若徒循环泛涉，非根柢务实之学也。”

② 张绍价曰：“此节以‘惟孟子能知之’，遥应篇首；以‘理明义精’，收结通篇；以‘殆未可学’起下卷‘圣可学乎’之意。绍价按，自‘伊川先生曰凡看文字’至此为一段，言读书之法，须通其文，求其义，得其意，以穷其理，真知自得，然后能心通乎道，而有以知言。”

【 五 】当随遇而究竟 “遇”，邵本作“寓”；“竟”，明修本作“意”。

【 六 】相次自然豁然有觉处 “相”，邵本作“胸”。

【 七 】此条，元刊本紧接于上条末刻印，据邵本当单列为一条。

【 八 】此非难语 “此”原作“北”，据明修本、邵本改。

【 九 】高谈性天而实非领会者 “天”、“非”，邵本分别作“命”、“不”。

【一〇】须入深去看方有得 “去”，邵本作“处”。

【一一】一日间朋友论著则一日间意思差别 “一日间朋友论著则”八字原无，明修本、邵本亦无，今据文渊阁四库全书本补。

【一二】自“更须得朋友之助”至“心中有所开数语”，元刊本单列刻印，据邵本当与前文合为一条。

【一三】苟以崎岖委曲之意求之 “崎岖”原作“踦躯”，据明修本、邵本改。“求”，明修本作“观”。

【一四】自“扬子曰”至“前说为是”，元刊本单列刻印，据邵本当与前文合为一条。

【一五】以下乃分论读书之序 “序”，邵本作“法”。

【一六】无以挈提纲领而尽论孟之精微 “挈提”，邵本作“提挈”。“论”，邵本作“语”，本条下句同。

【一七】学者先须读论孟 “论”，邵本作“语”。按，下句“论孟如丈尺权衡相似”，“论”亦同。

【一八】吟咏情性 “情性”，邵本作“性情”，本条下同。

【一九】只是熟读涵泳 “熟”，原作“热”，据邵本、江本改。

【二〇】自“又云”至“亲近而熏炙之也”，元刊本单列刻印，据邵本当与前文合为一条。

【二一】谓因言以求其意也 “求”原作“父”，据邵本改。

【二二】尊用之也 “用”，邵本作“尚”。

【二三】使有许多易言窒碍 “使”，邵本作“便”。

【二四】典常之理 “理”，邵本作“礼”。

【二五】学易者当道其时势 “道”，邵本作“随”。

【二六】震卦六五传 “震”原作“而”，“传”原作“辞”，据邵本改。

【二七】盖以不中为慊也　“慊”，邵本作“歉”。

【二八】胡先生解九四作太子　“太”原作“天”，据邵本改。明修本作“大”。

【二九】易中只是言反复往来上下反复　两“复”字，邵本均作“覆”。

【三〇】如乾坤之类　“乾坤”，邵本作“咸恒”。

【三一】特以言语艰深而率尔请问　“言”，邵本作“此”。

【三二】而深攻其心　“深”，邵本作“直”。

【三三】故使反己而致思也　“故”，邵本作“欲”。

【三四】圣贤之心亦无穷　“无穷”前原有“无理”二字，据邵本删。

【三五】参诸天地而无违背　“背”，邵本作“悖”。

【三六】待乎百世之远而无所惑　“世”原作“惟”，据明修本、邵本改。

【三七】古之木车也　“木”原作“本”，据邵本改。

【三八】故伊川引以为样耳　“样”，邵本作“据”。

【三九】其难见者　“难”，原作“易”，据邵本改。

【四〇】或有功而抑　“抑”，原作“仰”，据邵本、张本改，此字明修本作“节”。

【四一】是非之全　“全”，邵本作“公”。

【四二】未可以一端窥测　“一”原作“三”，据明修本、邵本改。“测”原作“则”，据明修本、邵本改。

【四三】庶能深造微奥　“能”，邵本作“几”。

【四四】自“先儒之传曰”至“得其意而后能法其用”，元刊本单列刻印，据邵本当与前文合为一条。

【四五】立法以应事　“立”原作“五”，据邵本改。

【四六】是非较著　“著”，原作“者”，据明修本、邵本改。

【四七】先识待个义理　“待”，明修本、邵本作“得”。

【四八】黄謦隅问某如何看　“謦”原作“声”，据明修本、邵本改。

【四九】便是心中包个三百六十五度四分度之一底天　“天”原作“大”，据邵本改。

# 近思录集解卷四　凡七十条



此卷论存养。盖穷格之虽至，而涵养之不足，则其知将日昏，而亦何以为力行之地哉？故存养之功，实贯乎知行，而此卷之编，列乎二者之间也。[1]

**或问：圣可学乎？濂溪先生曰：可。有要乎？曰：有。请问焉。曰：一为要。一者无欲也，无欲则静虚动直。静虚则明，明则通；动直则公，公则溥。明通公溥，庶矣乎！**通书。〇一者，纯一而不杂也。湛然无欲，心乃纯一。静而所存者一，人欲消尽故虚，虚则生明，而能通天下之理。动而所存者一，天理流行故直，直则大公，而能周天下之务。动静惟一，明通公溥，庶几作圣之功用。〇朱子曰：此章之旨最为要切，学者能深玩而力行



---

① 施璜曰："致知力行工夫虽切要，然有时惟存养工夫，不可须臾间断，故朱子列存养于致知、力行之间。虽曰存养之功贯乎知行，其实学者自始至终皆离不得存养也。"〇茅星来曰："此与第五卷皆大学诚意、正心、修身功夫也，而此卷则以涵养于平日者言之。"〇张绍价曰："此卷以学者寡欲、循理、立己、熟仁为主。以存诚主敬、涵养吾一为总旨。以静虚动直，知止有定，静安能虑，居处恭，执事敬，与人忠，持其志无暴其气，内外交养为分意。体似立纲，首节为纲，领起通篇，下分五段发明。"

之，则有以知无极之真、两仪四象之本皆不外乎此心，而日用间自无别用力处矣。①

**伊川先生曰：阳始生甚微，安静而后能长。故复之象曰："先王以至日闭关。"**易传，下同。○朱子曰：一阳初复，阳气甚微，不可劳动，故当安静以养微阳。如人善端方萌，正欲静以养之，方能盛大。愚谓：天人之气，流通无间；"至日闭关"，财成辅相之道，于是见矣。②

**动息节宣，以养生也；饮食衣服，以养形也；威仪行义，以养德也；推己及物，以养人也。**颐卦传。威仪见于容貌，行义著于事业。③

**"慎言语"以养其德，"节饮食"以养其体。事之至近而所系至大者，莫过于言语饮食也。**颐卦象传。言语不谨则败德，饮食无度则败身[一]。

**"震惊百里，不丧匕鬯。"临大震惧，能安而不自失者，唯诚敬而已。此处震之道也。**震卦象传。匕以载鼎实。鬯，秬酒也。雷震惊百里可谓震矣，而奉祀者不失其匕鬯，诚敬尽于祀事，则虽震而不为惊也。是知君子当大患难、大恐惧，处之安而不自失者，惟存诚笃至，中有所主，则威震不足以动之矣。④

**人之所以不能安其止者，动于欲也。欲牵于前而求其**

---

① 管赞程曰："此言涵养始终之功，乾道圣学之法，总括卷四而为纲领，故列首以为学者准的焉。"○张绍价曰："此节以'圣可学乎'，承上卷末节'殆未可学'。而以'一为要。一者无欲也。无欲则静虚动直'领起通篇。程子、张子之说，其源多出于此。"

② 茅星来曰："上章言纯一为学之要，此又以善端发动处言之，所以示学者操存省察之要，而不可以其微而忽之者也。盖上章以统体言，此则又就其切要处言耳。"

③ 茅星来曰："上章言安静以养微阳，此又历示以养之之道，见无时无处而不可以养，亦无时无处而可以不养也。"

④ 张绍价曰："存养之功，在于诚敬。'诚敬'二字，一篇之体要也。"

止，不可得也。故艮之道，当“艮其背”，所见者在前，而背乃背之，是所不见也。止于所不见，则无欲以乱其心，而止乃安。艮卦彖传。不见可欲，则心不乱，然非屏视听也。盖不牵于欲，则无私邪之见耳。朱子曰：即非礼勿视听言动之意。“不获其身”，不见其身也，谓忘我也，无我则止矣，[①]不能无我，无可止之道。朱子曰：外既无非礼之视听言动，则内自不见有私己之欲矣。“行其庭不见其人”，庭除之间至近也，在背则虽至近不见，谓不交于物也。不交于物，非绝物也，亦谓中有所主，不诱于外物之交也。朱子曰“奸声乱色不留聪明，淫乐慝礼不接心术，惰慢邪僻之气不设于身体”是也。外物不接，内欲不萌，如是而止，乃得止之道，于止为无咎也。内欲不萌，“不获其身”也；外物不接，“不见其人”也。人己两忘，内外各定，如是动静之间各得其所止，何咎之有？[②]

明道先生曰：若不能存养，只是说话。遗书，下同。○徒事问辩而不加存养，口耳之学也。[③]

圣贤千言万语，只是欲人将已放之心，约之使反复入身来，自能寻向上去，“下学而上达”也。圣贤垂训多端，求其旨归，则不过欲存此心而已，心不外驰，则学问日进于高明矣。○朱子曰：孟子“求放心”，乃开示要切之言。程子又发明之，曲尽其旨。学者宜服膺而勿失也。





---

① 熊刚大曰：“忘其身，则外既无非礼之视听言动，则内不见有私己之欲。”

② 张绍价曰：“此承处震之道，申言静养之义。”

③ 茅星来曰：“此为读书讲论者言之。盖古圣贤言语，无非身心切实之学。若不能操存涵养，则无以有之于己。而所以讲论者，亦只古人之说话而已，谓于身心无干也。”

李籲问：每常遇事，即能知操存之意，无事时如何存养得熟？曰：古之人【二】，耳之于乐，目之于礼，左右起居，盘盂几杖，有铭有戒，动息皆有所养。今皆废此，独有理义之养心耳。但存此涵养意，久则自熟矣。"敬以直内"，是涵养意。李籲，字端伯，程子门人也。彼问养心【三】，本兼动静，但此答"无事时如何存养得熟"，故曰"但存涵养意，久则自熟"。敬则心存于中，无所越逸，即涵养之意。①

吕与叔尝言患思虑多，不能驱除。曰：此正如破屋中御寇【四】，东面一人来未逐得，西面又一人至矣，左右前后，驱逐不暇。盖其四面空疏，盗固易入，无缘作得主定。又如虚器入水，水自然入。若以一器实之以水，置之水中，水何能入来？盖中有主则实，实则外患不能入，自然无事。诚存则邪自闲矣。②

邢和叔言：吾曹常须爱养精力，精力稍不足则倦，所临事皆勉强而无诚意。接宾客语言尚可见，况临大事乎？邢恕，字和叔。③

明道先生曰：学者全体此心。学虽未尽，若事物之来，不可不应，但随分限应之，虽不中，不远矣。体，犹体干。全体，谓全主宰，以为应酬之本。心存而理得，虽有不中于理，亦不远矣。

"居处恭，执事敬，与人忠"，此是彻上彻下语。圣人元

---

① 茅星来曰："此一节言古人所以存养之道，见无时无处而不用其力也。"

② 张伯行曰："此言人心中有主，则思虑自静，否则日事驱除而有所不能也。"

③ 茅星来曰："此程子述邢恕之言如此，亦不以人废言也。"○张绍价曰："前二节言无事时存养之敬，此节以临事明存诚之意。"

无二语。说见论语。恭者，敬之形于外者也。平居之时，斋庄严肃，俨然于容貌而已。及夫执事而敬主于事，与人而忠推于人。自始学以至成德皆不外此，但有勉强与安行之异耳。①

**伊川先生曰：学者须敬守此心，不可急迫，当栽培深厚，涵泳于其间，然后可以自得。但急迫求之，只是私己，终不足以达道。**养心莫善于持敬。然不可执持太迫，反成私意，于道却有碍。

**明道先生曰："思无邪"，"毋不敬"，只此二句循而行之，安得有差？有差者，皆由不敬不正也。**诗鲁颂曰："思无邪。"曲礼曰："毋不敬。"心存乎中而邪念不作，则见之所行自无差失。○朱子曰："思无邪"是心正意诚，"毋不敬"是正心诚意。②



**今学者敬而不见得**[五]③**，又不安者，只是心生，**持敬而无自得之意，又为之不安者，但存心未熟之故[六]。**亦是太以敬来做事得重，此"恭而无礼则劳"也。恭者，私为恭之恭也。礼者，非体之礼，是自然底道理也。只恭而不为自然底道理，故不自在也，须是"恭而安"。**作意太过，勉强以为恭，而不知礼本自然，是以劳而不安也。私为恭者，作意以为恭，而非其公行者也。非体之礼，谓非升降揖逊之仪、铺筵设几之文，盖自然安顺之理。**今容貌必端、言语必正者，非是道独善其身，要人道如何，只是天理合如此，本无私意，只是个循理而已。**私



---

① 朱熹曰："孔子曰：'居处恭，执事敬，与人忠。'便是存心之法。如说话觉得不是，便莫说。做事觉得不是，便莫做。亦是存心之法。"

② 茅星来曰："明道所言'思无邪'，当与'毋不敬'一例看，皆在用功处说，观下'循而行之'诸语可见，不必如朱子所分也。"

③ 茅星来曰："'见'，近本俱作'自'，今从遗书及宋本。……'不见得'者，谓不见有所得也。若作'自'字，便与下'不安'犯复矣。"

意，谓矫饰作为之意。循理则顺乎自然，尽乎当然，何不安之有？

**今志于义理而心不安乐者何也？此则正是剩一个“助之长”。虽则心“操之则存，舍之则亡”，然而持之太甚，便是“必有事焉”而正之也。亦须且恁去，**有志问学而作意太迫，则有助长欲速之患。朱子曰：“正，预期也，春秋传曰‘战不正胜’是也。”说见孟子。**如此者只是德孤。“德不孤，必有邻”，到德盛后，自无窒碍，左右逢其原也。**孤，谓寡特而无辅也。涵养未充，义理单薄，故无自得之意。及德盛而不孤，则胸中无滞碍，左右逢其原，沛然有馀裕，又何不安乐之有？

**敬而无失，便是“喜怒哀乐未发谓之中”。敬不可谓中，但敬而无失，即所以中也。**此言静而主敬。事物未交，心主乎敬，不偏不倚，即所谓“未发之中”。敬非中，敬所以养其中也。①

**司马子微尝作坐忘论[七]，是所谓“坐驰”也。**司马承祯[八]，字子微，唐天宝中隐居天台之赤城，尝著论八篇，言清净无为、坐忘遗照之道。按，程子又曰：“有忘之心，乃是驰也。”②

**伯淳昔在长安仓中闲坐，见长廊柱，以意数之，已尚不疑。再数之不合，不免令人一一声言数之，乃与初数者无差。则知越著心把捉，越不定。**著意把捉，则心已为之动，故愈差。

**人心作主不定[九]，正如一个翻车，流转动摇，无须臾**

① 茅星来曰：“此因学者每欲求中于未发之时，故言此以见不必别求也。敬则此心常浑然在中作主宰，自不为事物所扰乱，故云‘即所以中’。”

② 朱熹曰：“司马子微坐忘论，是所谓‘坐驰’也。他只是要得恁地虚静都无事，但只管要得忘便不忘，是驰也。”

停，所感万端。若不做一个主，怎生奈何？张天祺昔尝言自约数年，自上著床便不得思量事。不思量事后，须强把他这心来制缚，亦须寄寓在一个形象，皆非自然。君实自谓吾得术矣，只管念个"中"字。此又为"中"所系缚，且"中"亦何形象？张戬，字天祺。欲强绝思虑，然心无安顿处。司马温公欲寓此心于"中"字，亦未免有所系著。朱子曰：譬如人家不自作主，却请别人来作主。有人胸中常若有两人焉：欲为善，如有恶以为之间；欲为不善，又若有羞恶之心者。本无二人，此正交战之验也。持其志，使气不能乱，此大可验。要之，圣贤必不害心疾。此言应事处有善恶交战之患，亦是心无所主故也。苟能持守其志，不为气所胜，则所主者定，何有纷纭？[①]

明道先生曰：某写字时甚敬，非是要字好，只此是学。笃于持敬，无往非学。[②]

伊川先生曰：圣人不记事，所以常记得。今人忘事，以其记事。不能记事，处事不精，皆出于养之不完固。圣人无心记事，故其心虚明，自然常记。今人著心强记，故其心纷扰，愈不能记。然记事不能与处事不精，二者又皆出于所养不厚，则明德日昏，故已往者不能记，方来者不能察也。

明道先生在澶州日，修桥少一长梁，曾博求之民间。后因出入，见林木之佳者，必起计度之心。因语以戒学者：





---

① 管赞程曰："自'阳始生'至此为一章，言得未发之中，而诚立矣。而'司马子微'三条，申明'思无邪'之后，以至'敬而无失'，当顺势渐进，不可忘助，以应上文'不可急迫'，及'太以敬来做事得重'之弊。"○张绍价曰："自'学者敬守此心'以下至此，凡八节，皆言居处恭之功也。"

② 薛瑄曰："程子作字甚敬，曰：'只此是学。'盖事有大小，理无大小。大事谨而小事不谨，则天理即有欠缺间断。故作字事虽小事必敬者，所以存天理也。"

**心不可有一事。**或问：凡事须思而后通？朱子曰：事如何不思？但事过则不留于心可也。[①]

**伊川先生曰：入道莫如敬，未有能致知而不在敬者。**非敬，则心昏杂，理有不能察，而知有不能至。**今人主心不定，视心如寇贼而不可制，不是事累心，乃是心累事。当知天下无一物是合少得者，不可恶也。**事至当应，初何为累？顾心无所主，不能定应，反累事耳。[②]

**人只有一个天理，却不能存得，更做甚人也！**人之所以灵于万物者，特以全其天理而已。

**人多思虑，不能自宁，只是做他心主不定。要作得心主定，惟是止于事，"为人君，止于仁"之类。如舜之诛四凶，四凶已作恶，舜从而诛之，舜何与焉？**止者，事物当然之则，如大学"为人君，止于仁"之类。人之应事能止所当止，则亦无思虑纷扰之患矣。舜诛四凶，恶在四凶，自应窜殛，舜何预哉[一〇]？**人不止于事，只是揽他事，不能使物各付物。物各付物，则是役物；为物所役，则是役于物。有物必有则，须是止于事。**以上并伊川语。〇应事而不止其所当止，是以一己之私智揽他事，而不能物各付物者也。所谓"物各付物"者，物来而应，不过其则；物往而化，不滞其迹。是则役物而不为物所役。[③]

---

① 张绍价曰："明道此语须善会，所谓事者指外事而言，非指义理而言。外事不可留滞，义理则须存取。"

② 张习孔曰："此当与上章参看，林木亦是不合少者。主得心定，虽治天下，封山浚川，流共咨岳，而不与焉。主心不定，事乃累心，不能养心而但恶事，欲祛其累，不可得也。"

③ 管赞程曰："此对舜之止事而言者，已得性之本然，直指圣人全体至极而言，故可与圣人并论。定性书与天地圣人之无心无情并论，亦此意也。"〇张绍价曰："自'明道先生作字甚敬'至此，凡六节，言执事敬之功。"

**不能动人，只是诚不至。于事厌倦，皆是无诚处。**诚实恳至，则人无不感。遇事有一毫厌倦之意，则是不诚。

**静后见万物自然皆有春意。**明道先生诗曰："万物静观皆自得，四时佳兴与人同。"胸中躁扰，讵识此意？①

**孔子言仁，只说"出门如见大宾，使民如承大祭"。看其气象，便须"心广体胖"，"动容周旋中礼"自然。惟慎独便是守之之法。**胖，安舒也。"仲弓问仁，子曰：'出门如见大宾，使民如承大祭。'"无非敬谨之意。然玩其气象，则必心无隐慝而广大宽平，体无怠肆而安和舒泰，充其至则动容周旋自然中礼者也。学者守之，则唯在谨独。盖隐微之中常存敬谨之意，则出门、使民之际，乃能及此。**圣人"修己以敬"，"以安百姓"，"笃恭而天下平"。惟上下一于恭敬，则天地自位，万物自育，气无不和，四灵何有不至？此"体信""达顺"之道，**"子路问君子。子曰：'修己以敬。'曰：'如斯而已乎？'曰：'修己以安百姓。'"中庸曰："君子笃恭而天下平。"自其敬以修己，充而广之，则政理清明而百姓安，风化广被而天下平。盖惟上下孚感，一于恭敬，举无乖争凌犯之风，和气薰蒸，自然阴阳顺轨，万物遂宜。礼运曰："凤凰、麒麟皆在郊薮，龟、龙在宫沼。"所谓四灵毕至也。又曰："体信以达顺。"朱子曰："信是实理，顺是和气。体信是无一毫之伪，达顺是发而皆中节，无一物不得其所。"**聪明睿智皆由是出，以此事天飨帝。**敬则心专，静而不昏，故明睿生，推此敬可以事天飨帝。天以理言，故曰"事"，动静语默无非事也。帝以主宰言，故曰"飨"，飨郊祀之类〔一一〕。○朱子曰："聪明睿智皆由是出"，非程子实因持敬而

① 张绍价曰："此承上'诚敬'而言，以起下章'言仁'之意。"

见其效,何以语及此!①

**存养熟后,泰然行将去,便有进。**所养厚,而行有馀力。②

**不愧屋漏,则心安而体舒。**屋漏者,室之西北隅,谓隐暗之地也。隐暗之地自反无愧,则心安体舒。此谨独之效。

**心要在腔子里。**腔子,犹所谓神明之舍【一二】。在腔子里,谓心不外驰也。③

**只外面有些隙罅,便走了。**【一三】

**人心常要活,则周流无穷,而不滞于一隅。**心常存,则常活。盖随事应酬,心常在我,无将无迎,故常活而不滞。④

**明道先生曰:"天地设位,而易行乎其中",只是敬也。敬则无间断。**朱子曰:天地亦是有个主宰【一四】,方始恁地变易无穷。就人心言之,惟敬,然后流行不息。敬才间断,便是不诚无物也。⑤

**"毋不敬",可以对越上帝。**

**敬胜百邪。**朱子曰:学者常提醒此心,如日之升,群邪自息。⑥

**"敬以直内,义以方外",仁也。**敬立则内直,义形则外

---

① 张绍价曰:"此节总结恭、敬、忠。"又曰:"自'全体此心'至此为一段,言主敬之功动静无间,引'居处恭'三言以明之。居处恭,承上段静养而言;执事敬、与人忠,则由静而推之动也。"

② 张绍价曰:"上章极言敬之功效,此以下复承慎独守之之法,而推论其致功之密也。"

③ 高攀龙曰:"'心要在腔子里',是在中之义。不放于外,便是在中,非有所著也。"

④ 张绍价曰:"上二节以心之体言,此节以心之用言。常在不走则体立,周流不滞则用行,皆敬也,皆存养之所以熟也。"

⑤ 管赞程曰:"自'心要在腔子里'至此为一章,言贤希圣之学。此为圣人尽性之敬也。"

⑥ 张习孔曰:"严凝端肃,邪不能干也。"

方。由内达外，生理条直，而无私欲邪枉之累，则心德全矣。**若以敬直内，则便不直矣。“必有事焉，而勿正”，则直也。**文言曰“敬以直内”，而不曰“以敬直内”，盖有意于以之而直内[一五]，则此心已有所偏倚而非直矣。“必有事焉，而勿正”者，敬所当为，而无期必计效之意也。①

**涵养吾一。**心存则不二。②

**“子在川上曰：‘逝者如斯夫！不舍昼夜。’”自汉以来儒者皆不识此义。此见圣人之心“纯亦不已”也。“纯亦不已”，天德也。有天德便可语王道，其要只在慎独。**朱子曰：圣人见川流之不息，叹逝者之如斯。原其所以然，乃天命流行不息之体，惟圣人之心默契乎此，故有感焉。于此可见圣人“纯亦不已”之心矣。又曰：有天德则纯是天理，无私意间断，便做得王道。又曰：学者谨独所以为不已，少有不谨则人欲乘之，便间断也。③

**“不有躬，无攸利。”不立己，后虽向好事，犹为化物不得，以天下万物挠己；己立后，自能了当得天下万物。**蒙卦六三爻辞。己未能自立，则心无所主[一六]，虽为善事，犹为逐物而动。若能自立，则应酬在我，物皆听命，何挠之有？④



① 张绍价曰：“此上三节，皆申言‘敬则无间断’之意。”

② 茅星来曰：“一，不二不杂，指心之本体言也。有以涵养之，而此心湛然虚明，不至有昏昧放逸之患矣。”

③ 张伯行曰：“此程子见圣心与道为体，而因取论语之言以明之，欲学者知所以体道而慎其独也。”〇管赞程曰：“自‘毋不敬’至此为一章，言诚敬之极，为圣人至命之敬，人而天也。”

④ 朱熹曰：“下面是伊川解易上句，后二句又是覆解此意，在乎以立己为先，应事为后。今人平日讲究所以治国、平天下之道，而自家身己全未曾理会得。若能理会自家身己，虽与外事若茫然不相接，然明德在这里了，新民只见成推将去。”

伊川先生曰：学者患心虑纷乱，不能宁静，此则天下公病。学者只要立个心，此上头尽有商量。朱子曰：学者不先立个心，恰似作室无基址。今求此心正为要立基址。得此心有个存主处，为学便有归著，可以用功。

闲邪则诚自存，不是外面捉一个诚将来存著。今人外面役役于不善，于不善中寻个善来存著，如此则岂有入善之理？只是闲邪则诚自存。闲邪之意即是诚也。苟役心于邪妄而暂欲存其诚，则亦无可存之理。故孟子言性善皆由内出，只为诚便存。闲邪更著甚工夫？但惟是动容貌，整思虑，则自然生敬。孟子言性善，如孩提之爱亲敬兄，如见赤子入井而有怵惕恻隐之心，如四端之发，无非自然由中而出。盖实心非外铄，操之则存矣。所谓"闲邪"者，亦不过外肃其容貌，内齐其思虑，则敬自然生，邪自然息。敬只是主一也。主一则既不之东，又不之西，如是则只是中；既不之此，又不之彼，如是则只是内。存此则自然天理明。学者须是将"敬以直内"涵养此意，直内是本。敬者心主乎一，无放逸也。静而主乎一，则寂然不动；不散之东西，常在中也。动而主乎一，则知止有定，不滞乎彼此，常在内也。常存此心，则天理自明。○本注：尹彦明曰：敬有甚形影？只收敛身心，便是主一。且如人到神祠中致敬时，其心收敛，更著不得毫发事，非主一而何？【一七】

闲邪则固一矣，然主一则不消言闲邪。闲其邪思，其心固一矣。然心既主一，则自无私邪之念，不必闲也。有以一为难见，不可下工夫，如何？一者无他，只是整齐严肃，则心便一。一则自是无非僻之干，此意但涵养久之，则天理自然明。外整齐而内严肃，则心自一，理自明。①

有言未感时知何所寓？曰："操则存，舍则亡，出入无时，莫知其乡"，更怎生寻所寓？只是有操而已。操之之道，"敬以直内"也。人心无常，亦惟操之则存。学者实用力而有见于斯，则真得所以存心之要，而不患于出入无时，莫知其乡矣。②

敬则自虚静，不可把虚静唤做敬。朱子曰：周子说主静，正是要人静定其心，自作主宰。程子又恐人只管求静，遂与事物不交涉，却说个"敬"，云"敬则自虚静"。

学者先务，固在心志，然有谓欲屏去闻见知思，则是"绝圣弃智"。有欲屏去思虑，患其纷乱，则须坐禅入定。如明鉴在此，万物毕照，是鉴之常，难为使之不照。人心不能不交感万物，难为使之不思虑。绝圣者黜其聪明，弃智者屏其知虑。老氏之"绝圣弃智"，释氏之"坐禅入定"，皆绝天理、害人心之教也。若欲免此，惟是心有主。如何为主？敬而已矣。有主则虚，虚谓邪不能入；无主则实，实谓物来夺之。免此，谓有思虑而无纷乱。林用中主一铭云："'有主则虚'，神守其都；'无主则实'，鬼阚其室。"〇或问：程子言"有主则实"，又曰"有主

① 朱熹曰："主一似'持其志'，闲邪似'无暴其气'。闲邪只是要邪气不得入，主一则守之于内。二者不可有偏，此内外交相养之道也。"〇张绍价曰："自'存养熟后'至此为一段。'存养'五节，言主敬工夫之密，以起敬无间断之意。'天地设位'五节，言由敬入诚之功。无间断，诚也，敬则无间断，诚由敬入也。涵养吾一，结明'一'字，遥应首节濂溪'一为要'之义。一者，诚也，纯亦不已。圣人之至诚无息也，其要只在慎独，学者求诚之功也。'不有躬'四节，言学者立心存诚之要不外一敬，而敬尤莫要于主一也。一，诚也，主一，敬也，敬以直内，涵养久则天理自然明，能敬乃能诚也。"

② 张绍价曰："此以下言内外交养之功。而前十节，则专就未感时，论操存内养工夫。"

则虚”,何也?朱子曰:此只是有主于中,外邪不能入。自其有主于中言之,则谓之实;自其外邪不入言之,则谓之虚。**大凡人心不可二用,用于一事,则他事更不能入者,事为之主也。事为之主,尚无思虑纷扰之患,若主于敬,又焉有此患乎?**主敬,则自不为事物纷扰。**所谓敬者,主一之谓敬;所谓一者,无适之谓一。且欲涵泳主一之义,不一则二三矣。至于不敢欺,不敢慢,“尚不愧于屋漏”,皆是敬之事也。**主一、无适者,心常主乎我而无他适也。盖若动若静,此心常存,一而不二,所谓敬也。不欺不慢,不愧屋漏,皆戒惧谨独之意。此意常存,所主自一。〇朱子曰:程子有功于后学,最是拈出“敬”字有力。敬则此心不放,事事从此做去。又曰:无适者,只是持守得定、不驰骛走作之意耳[一八]。无适即是主一,主一即是敬,展转相解。非无适之外别有主一,主一之外又别有敬也。①

**严威俨恪,非敬之道,但致敬须自此入。**敬存于中,严威俨恪著于外者,然未有外貌弛慢而心能敬[一九]。

**“舜孳孳为善”,若未接物,如何为善?只是主于敬,便是为善也。以此观之,圣人之道,不是但嘿然无言。**孳孳者,亹亹不倦之意。圣人为善固无间断,然方其未接物之时,但有主敬而已,是即善之本也。“不是但嘿然无言”,谓其静而有所存也。静而有存,故善[二〇]。②

**问:人之燕居,形体怠惰,心不慢,可否?曰:安有箕踞**

① 真德秀曰:“周子‘主静’之言,程子‘主一’之训,皆其为人最切者也,而朱子又丁宁反覆之。学者诚于是而知勉焉,戒于思虑之未萌,谨于事物之既接,无少间断,则德全而欲泯矣。”

② 张伯行曰:“程子恐人专要去静处求,便以默然无言谓可明心见性,不知静中要有个存主,故拈孟子言‘舜孳孳为善’。”

而心不慢者？昔吕与叔六月中来缑氏，间居中某尝窥之，必见其俨然危坐，可谓敦笃矣。学者须恭敬，但不可令拘迫，拘迫则难久。盘坐曰箕[二一]，蹲踦曰踞。箕踞乃敖惰之所形见。学者始须庄敬持守，积久自然安舒。[二二]

思虑虽多，果出于正，亦无害否？曰：且如在宗庙则主敬，朝廷主庄，军旅主严，此是也。如发不以时，纷然无度，虽正亦邪。敬存于执事，庄示于等威，严施于法制，皆发于心而见于事者。发之而当，则无害也。苟发不以时，或杂然而发，或过而无节，其事虽正，亦是邪念。

苏季明问：喜怒哀乐未发之前求中，可否？曰：不可。既思于喜怒哀乐未发之前求之，又却是思也。既思即是已发，本注云：思与喜怒哀乐一般。才发便谓之和，不可谓之中也。苏昞，字季明，张、程门人也。"喜怒哀乐未发谓之中，发而皆中节谓之和。"方其未发，此心湛然无所偏倚，故谓之中。一念才生，便属已发之和矣。又问：吕学士言当求于喜怒哀乐未发之前，如何？曰：若言存养于喜怒哀乐未发之前则可，若言求中于喜怒哀乐未发之前则不可。吕学士，与叔也。喜怒哀乐未发之前可以涵养[二三]，是中。若有意于求之，则不得谓之未发。又问：学者于喜怒哀乐发时，固当勉强裁抑，于未发之前，当如何用功？曰：于喜怒哀乐未发之前，更怎生求？只平日涵养便是。涵养久，则喜怒哀乐发自中节。未发之前不容著力用功，但有操存涵养而已。曰：当中之时，耳无闻，目无见否？曰：虽耳无闻，目无见，然见闻之理在始得。朱子曰：喜怒哀乐未发之时，虽是"耳无闻，目无见"，然须是常有个主宰操持底在这里始得，不是一向空寂了[二四]。贤且说静时如何。

曰：谓之无物则不可，然自有知觉处。朱子曰："无物"字，恐当作"有物"字。曰：既有知觉，却是动也，怎生言静？人说"复其见天地之心"，皆以谓至静能见天地之心，非也。复之卦下面一画便是动也，安得谓之静？复者，动之端也。故天地之心于此可见。或曰：莫是于动上求静否？曰：固是，然最难。释氏多言定，圣人便言止。如"为人君，止于仁；为人臣，止于敬"之类是也。易之艮言止之义曰："艮其止，止其所也。"人多不能止，盖人万物皆备，遇事时各因其心之所重者更互而出。才见得这事重，便有这事出。若能物各付物，便自不出来也。此段问答皆论喜怒哀乐未发之中，此条问者乃转就动处言也。"止其所"者，动中其则而不迁也。若心有所重，则因重而迁。物各付物，而我无预焉，则止其所止而心不外驰矣。或曰：先生于喜怒哀乐未发之前，下"动"字，下"静"字？曰：谓之静则可，然静中须有物始得。这里便是难处。学者莫若且先理会得敬，能敬则知此矣。朱子曰：静中有物者，只是敬，则常惺惺在这里。又曰：静中有物，只是知觉不昧。或问：伊川云"才有知觉便是动"。曰：若云知寒觉暖，便是知觉已动。今未曾著于事物，但有知觉在，何妨其为静？不成静坐便只是瞌睡。[1]或曰：敬何以用功？曰：莫若主一。季明曰：昞尝患思虑不定，或思一事未了，他事如麻又生，如何？曰：不可，此不诚之本也。须是习，习能专一时便好。不拘思虑与应事，皆要求一。心不专一，则言动皆无实，故曰"不诚之本"。犹

① 熊刚大曰："能敬则心有主宰，邪妄莫入，亭亭当当，直上直下，有以存养，其在中之中矣。"

学弈者一心以为鸿鹄将至，则非诚于学弈也。思虑者动于心，应事者见于言行，皆不可不主于一。①

**人于梦寐间，亦可以卜自家所学之浅深。如梦寐颠倒，即是心志不定，操存不固。**朱子曰：魂与魄交而成寐，心在其间，依旧能思虑，所以做出梦。若心神安定，梦寐亦不至颠倒。

**问：人心所系著之事果善，夜梦见之，莫不害否？曰：虽是善事，心亦是动。凡事有兆朕入梦者却无害【二五】，舍此皆是妄动。**吉凶云为之兆见于梦者，则此心之神，应感之理，却不为害。苟无故而梦，皆心妄动。**人心须要定，使他思时方思乃是。今人都由心。曰：心谁使之？曰：以心使心则可。人心自由，便放去也。**人心操之则在我，放而不知求则任其所之。以心使心，非二心也，体用而言之耳。

**"持其志，无暴其气"，内外交相养也。**"持其志"者，有所守于中；"无暴其气"者，无所纵于外。然中有所守，则气自完；外无所纵，则志愈固，故曰"交相养"。②

**问："出辞气"，莫是于言语上用工夫否？曰：须是养乎中，自然言语顺理。若是慎言语不妄发，此却可著力。**曾子曰："出辞气，斯远鄙倍矣。"中有所养而后发于外者，不悖。至若谨言语此亦学者所可用力，但不可专于言语上用工。③

**先生谓绎曰：吾受气甚薄，三十而浸盛，四十、五十而后完。今生七十二年矣，校其筋骨，于盛年无损也。绎曰：**





---

① 管赞程曰："自'不有躬'至此为一章，皆言补偏救弊之法。"○张绍价曰："此章要旨，反复说来，总归于求一，此程子吃紧为人处。思虑应事能专一则心静，心静则未发气象可得而识，而涵养之功，始有所施也。"

② 茅星来曰："'敬以直内'，则志自持矣；'义以方外'，则气无暴矣。"

③ 张绍价曰："此以言语明内外交养之意。"

先生岂以受气之薄，而厚为保生邪？夫子默然，曰：吾以忘生徇欲为深耻。张南轩曰：若他人养生要康强，只是利。伊川说出来，纯是天理。[①]

大率把捉不定，皆是不仁。外书，下同。○仁者，心存乎中，纯乎天理者也。把捉不定，则此心外驰，理不胜欲，皆是不仁。

伊川先生曰：致知在所养，养知莫过于"寡欲"二字。外无物欲之挠，则心境清；内有涵养之素，则明睿生。

心定者其言重以舒，不定者其言轻以疾。心专而静，则言不妄发，发必审确而和缓。浮躁者反是。

明道先生曰：人有四百四病[②]，皆不由自家，则是心须教由自家。只有此心操之在我，不可任其所之也。

谢显道从明道先生于扶沟，明道一日谓之曰：尔辈在此相从，只是学颢言语，故其学心口不相应，盍若行之？请问焉。曰：且静坐。伊川每见人静坐，便叹其善学。心以静而定，理以静而明。朱子曰：静坐则收拾得精神定，道理方有凑泊处。[③]

横渠先生曰：始学之要，当知"三月不违"与"日月至焉"内外宾主之辨，使心意勉勉循循而不能已，过此几非在我者。文集。○仁，犹人之安宅也。居之三月而不违者，是在内而为主也，其违也暂而已。"日月至焉"者，是在外而为宾也，其至

① 张伯行曰："此见圣贤守身之道，非同修养引年之术也。"

② 茅星来曰："四百四病者，地、水、火、风四者各有一百一病，合之为四百四病也。"

③ 张绍价曰："自'有言未感时'至此为一段，言主敬存诚，内外交养，引'持其志勿暴其气'以发明之。末节结归静坐，遥与濂溪静虚、伊川静养之说相应，静坐涵养未发，功用最大，而流弊亦最多。学者收其益，而勿蹈其弊，乃为善学也。"

也暂而已。过此，谓"三月不违"以上大而化之之事，非可以勉强而至矣，故曰"非在我者"。〇朱子曰：不违仁者，仁在内而为主，然其未熟，亦有时而出于外；"日月至焉"者，仁在外而为宾，虽有时入于内而不能久也。"愚按，前说则是己不违乎仁，后说则是仁不违乎己，虽似不同，其实则一也。

**心清时少，乱时常多。其清时视明听聪，四体不待羁束，而自然恭谨，其乱时反是**【二六】**，如此何也？盖用心未熟，客虑多而常心少也，习俗之心未去，而实心未完也。**心者，耳目四肢之主。天君澄肃，则"视明听聪"，四肢自然从令【二七】。若存心于道者未熟，则客虑足以胜其本心，习俗足以夺其诚意。〇朱子曰：横渠大段用功夫来说得更精切。又曰：客虑是泛泛底思虑。习俗之心是从来习染偏胜之心。实心是义理之心。**人又要得刚，太柔则入于不立。亦有人生无喜怒者，则又要得刚，刚则守得定不回，进道勇敢。载则比他人自是勇处多。**语录，下同。〇刚则守之固，行之决，故足以进于道。柔懦委靡，必不能有立矣。[1]

**戏谑不惟害事，志亦为气所流。不戏谑亦是持气之一端。**朱子曰：横渠学力绝人，尤勇于改过，独以戏为无伤。一日忽曰："凡人之过，犹有出于不知而为之者，至戏则皆有心为之也，其为害尤甚。"遂作东铭。

**正心之始，当以己心为严师。凡所动作，则知所惧。如此一二年守得牢固，则自然心正矣。**视心如严师，则知所敬畏，而邪僻之念不作。

**定然后始有光明，若常移易不定，何求光明？易大抵**

---

① 张伯行曰："此张子涵养熟后，体验精切，因言心清心乱之辨，复自道其所得以示人也。"

**以艮为止，止乃光明。故大学“定”而至于“能虑”。人心多则无由光明。**易说，下同。○此心静定而明生焉。水之止者可鉴【二八】，而流水不可鉴，亦是理也。

**“动静不失其时，其道光明。”学者必时其动静，则其道乃不蔽昧而明白。**①**今人从学之久，不见进长，正以莫识动静，见他人扰扰，非干己事**【二九】**，而所修亦废。由圣学观之，冥冥悠悠，以是终身，谓之“光明”可乎？**艮卦彖辞。动静各有其时，然学者多失于不当动而动，因循废学，终何光明之有【三〇】？

**敦笃虚静者，仁之本。不轻妄，则是敦厚也；无所系阂昏塞，则是虚静也。此难以顿悟，苟知之，须久于道实体之，方知其味。夫仁亦在乎熟之而已。**孟子说。② ○阂，闭碍也。言动轻妄而不敦笃，则此心外驰，非仁也。有所系阂昏塞而不虚静，则此心罔觉，非仁也。然必存心之久，实体于己，然后能深知其味。③



**校勘记**

【一】饮食无度则败身　“败”，邵本作“病”。

【二】曰古之人　“曰”上，邵本有“明道”二字。

【三】彼问养心　“彼问”，邵本作“义理”。

---

① 熊刚大曰：“则动得动之时，静得静之时，其道自明白。若静而失静之时，动而失动之时，则其道蔽昧矣。”

② 此条今见张载拾遗近思录拾遗，而元刊本、明修本、明刊本、邵本均言出自孟子说。○熊刚大曰：“为仁之道，亦贵乎熟，熟则此理件件不穷，譬之果，自成熟为是实，又自是实萌蘖生，乌可已。”

③ 管赞程曰：“自‘横渠先生曰始学之要’至此为一章，言始学有得，而终可以成德。言为仁之本者，则成德之事尽于此矣，故以此结之。”○张绍价曰：“自‘横渠先生’至此为一段。‘始学之要’三节，言内外交正之功。‘正心’节承上起下。‘定然后’三节，言动静交养之功，与中四段程子之言，互相发明。末二节回顾篇首周子之说，而久道实体，仁在乎熟，又以起下卷‘乾乾不息于诚’之意。”

【四】曰此正如破屋中御寇　“曰”上，邵本有“明道”二字。

【五】今学者敬而不见得　“见”，邵本作“自”。

【六】但存心未熟之故　“存”原作“有”，据邵本改。

【七】司马子微尝作坐忘论　“司”上，邵本有“伊川先生曰”五字。

【八】司马承祯　“祯”原作“贞”，据邵本改。

【九】人心作主不定　“人”上，邵本有“明道先生曰”五字。

【一〇】舜何预哉　“预”，邵本作“与”。

【一一】飨郊祀之类　“飨”，邵本作“如”。

【一二】犹所谓神明之舍　“舍”原作“否”，据明修本、邵本改。

【一三】此条，元刊本紧接于上条末刻印，据邵本当单列为一条。

【一四】天地亦是有个主宰　“天”原作“夫”，据明修本、邵本改。

【一五】盖有意于以之而直内　“于”，邵本作“欲”。

【一六】则心无所主　“心”上，邵本有“中”字；“心”下，邵本有“一”字。

【一七】自“本注”以下的注文，邵本置于注文“敬者心主乎一”上。

【一八】只是持守得定不驰骛走作之意耳　“持”，原作“待”，据明修本、邵本、江本改。

【一九】然未有外貌弛慢而心能敬　“敬”下，邵本有“者”字。

【二〇】静而有存故善　此句原无，据邵本增。

【二一】盘坐曰箕　“坐”，明修本作“曲”。

【二二】自“问人之燕居”至“积久自然安舒”，元刊本紧接于上条末刻印，据邵本当单列为一条。。

【二三】喜怒哀乐未发之前可以涵养　“喜怒哀乐”，邵本作“四者于”。

【二四】不是一向空寂了　“是一”，邵本作“然”。

【二五】凡事有兆朕入梦者却无害　“兆朕”，邵本作“朕兆”。

【二六】其乱时反是　“反”原作“友”，据明修本、邵本改。

【二七】四肢自然从令　“肢”，明修本、邵本作“体”。

【二八】水之止者可鉴　“止”原作“于”，据明修本、邵本改。

【二九】非干己事　“干”，邵本作“关”，明修本作“一”。

【三〇】终何光明之有　“光”原作“者”，据明修本、邵本改。

# 近思录集解卷五　凡四十一条

此卷论力行。盖穷理既明，涵养既厚，及推于行己之间，尤当尽其克治之力也。[1]

**濂溪先生曰：君子"乾乾""不息"于诚，然必"惩忿窒欲"、"迁善改过"而后至。乾之用，其善是[2]，损益之大，莫是过。圣人之旨深哉！**重乾相继，故九三曰"君子终日乾乾"。言君子体乾，健而又健，至诚不息，此用乾之善者也。山泽为损，激于忿象山之高，必惩创之；溺于欲象泽之深，必窒塞之，此用损之大者也。风雷为益，迁善象风之烈，则德日长；改过象雷之迅，则恶日消，此用益之大者也。○朱子曰：乾乾不息者，体也；去恶进善者，用也。无体则用无以行，无用则体无所措，故以三卦合而言之。或曰"其"字亦是"莫"字。**"吉、凶、悔、吝生乎动。"噫！吉一而已，动可不慎乎？**通书。○动而得则吉，失则凶，悔则过失而自

① 施璜曰："此书先论致知存养，即继之以力行克治。此圣贤教人一定不易之次第，无非要人实从事于圣贤之学，而勿务空知。"○张绍价曰："此卷以慎动养心为主，以诚之于思，守之于为，顺理则裕，从欲惟危为总旨，以惩忿窒欲、迁善改过、寡欲克己为分意。体似立纲，首三节一篇纲领，下分四段以发明之。"

② 茅星来云："朱子曰：'其'字难通，疑当作'莫'字。今从之。"

咎，吝则私小而可羞。四者，一善而三恶，动其可不谨乎？[1]

**濂溪先生曰：孟子曰："养心莫善于寡欲。"予谓养心不止于寡而存耳。盖寡焉以至于无，无则诚立明通。诚立，贤也；明通，圣也。**遗文。○朱子曰：诚立谓实体安固，明通则实用流行。立，如"三十而立"之"立"。通则不惑、知命而乡乎耳顺矣。○或问：孟子与周子之言果有以异乎？曰：孟子所谓"欲"者，以耳、目、口、鼻、四肢之欲，人所不能无，然多而无节则为心害。周子则指心之流于欲者，是则不可有也。所指有浅深之不同，然由孟子之寡欲，则可以尽周子之无欲矣。[2]

**伊川先生曰：颜渊问克己复礼之目，夫子曰："非礼勿视，非礼勿听，非礼勿言，非礼勿动。"四者身之用也，由乎中而应乎外，制于外所以养其中也。**朱子曰："由乎中而应乎外"，谓视听言动乃此心之形见处。"制乎外所以养其中"，谓就视听言动上克治也。上二句言其理，下二句是工夫。**颜渊"请事斯语"，所以进于圣人。后之学圣人者，宜服膺而勿失也。因箴以自警。**或问：明知其不当视而自接乎目，明知其不当听而自接乎耳，则将如何？朱子曰：视与见异，听与闻异。非礼之色虽过乎目，在我不可有视之之心。非礼之声虽过乎耳，在我不可有听之之心。**视箴曰："心兮本虚，应物无迹。操之有要，视为之则。蔽交于前，其中则迁。制之于外，以安其内。克己复礼，久而诚矣。"**人心虚灵，应感出入[一]，无迹可执，操存之要，莫





---

① 张绍价曰："此言君子思诚之功，当慎之于动也。'不息于诚'，承上卷末节而言；'惩忿窒欲、迁善改过'，领起通篇之意。"

② 陈埴曰："此谓私欲耳。克去私欲当自寡而至于无。若饮食男女之欲，发而中节者，是理义之当然，虽大圣不能无。濂溪即非寂灭之谓也。"

先谨视。则，犹节也。苟物欲之蔽交乎吾前，惑于所见，中必移矣。惟能制之于外，目不妄视，则神识泰定，内斯以安。久而诚，则实理流行，动容周旋中礼矣。**听箴曰："人有秉彝，本乎天性。知诱物化，遂亡其正。卓彼先觉，知止有定。闲邪存诚，非礼勿听。"**人秉五常之性[二]，本无不善。惟知识诱于外而忘返，物欲化其内而莫觉，由是所禀之正，日以丧矣。诱者化之初，化者诱之极也。知止者，知其所当止也。有定者，得其所当止也。闲邪于外，所以存诚于中也。**言箴曰："人心之动，因言以宣。发禁躁妄，内斯静专。矧是枢机，兴戎出好。吉凶荣辱，惟其所召。伤易则诞，伤烦则支。己肆物忤，出悖来违。非法不道，钦哉训辞。"**躁，轻肆也。妄，虚缪也。言语之发，禁其轻肆则内静定矣，禁其虚缪则内专一矣。枢，扉臼也。机，弩牙也。户之阖辟，射之中否，皆由之发。言乃吾身之枢机，故一言之恶或至于兴师，一言之善或可以合好。得则有吉有荣，失则有凶有辱。躁而伤于易，则诞肆而不审；妄而伤于烦，则支离而远实。肆，纵情也。肆己者，必忤物，躁之致也。悖，乖理也。悖而出者，必悖而反，妄之致也。**动箴曰："哲人知几，诚之于思。志士厉行，守之于为。顺理则裕，从欲惟危。造次克念，战兢自持。习与性成，圣贤同归。"**文集。○朱子曰：思是动之微，为是动之著；思是动于内，为是动于外。○明哲之人，知其几微，故于所思而诚之，一念之动不敢妄也。立志之士，勉励其行，故于所为而守之，一事之动不敢忽也。顺理而动则安裕，从欲而动则危殆，守于为也。造次俄顷而克念不忘，战兢恐惧而自持不失，诚于思也。习谓修于己，性谓得于天。习与性合，则全其本然之善，而与圣贤一矣。

复之初九曰："不远复，无祇悔，元吉。"传曰：阳，君子之道，故复为反善之义。初，复之最先者也，是不远而复也。阳往为剥，阳来为复。复卦乃善之返，初爻乃复之先，过而先复，是不远而复也。失而后有复，不失则何复之有？唯失之不远而复，则不至于悔，大善而吉也。人必有所失而后有所复，既有失则不能无悔。惟未远而复，故不至于悔，乃"元吉"也。颜子无形显之过，夫子谓其庶几，乃"无只悔"也。过既未形而改，何悔之有？有过而知之敏、改之速，不待其形显，故无悔也。既未能不勉而中，所欲不逾矩，是有过也。然其明而刚，故一有不善，未尝不知，既知，未尝不遽改，故不至于悔，乃"不远复"也。学问之道无他也，唯其知不善，则速改以从善而已。易传，下同。○不待勉强而中乎道，从心所欲而不过乎则，是圣人之事，无过之可改者也。颜子未能及是，故不免于有过。然其明也，故过而必知；其刚也，故知而即改。①

晋之上九："晋其角，维用伐邑，厉吉，无咎，贞吝。"传曰：人之自治，刚极则守道愈固，进极则迁善愈速。如上九者，以之自治，则虽伤于厉而吉且无咎也。严厉非安和之道，而于自治则有功也。以阳居上，刚之极也。在晋之终，进之极也。刚进之极，动则为过，惟可用之以自伐其邑。伐邑，内自治也。以是自治，则守道固而迁善速[三]。虽过于严厉，"吉"且"无咎"。虽自治有功，然非中和之德，所以贞正之道为可吝





---

① 管赞程曰："自篇首至此为一章，言中和为第一等资质，可为乾道圣人之学。故首言'乾乾不息'，'惩忿窒欲，迁善改过'，务以立诚为本。次言制外养中以全其德。末言无所间断与天合德。"

也[四]。刚进之极，有乖中和，终为疵吝。①

损者，损过而就中，损浮末而就本实也。天下之害，无不由末之胜也。峻宇雕墙，本于宫室；酒池肉林，本于饮食；淫酷残忍，本于刑罚；穷兵黩武，本于征讨。凡人欲之过者，皆本于奉养，其流之远，则为害矣。先王制其本者，天理也；后人流于末者，人欲也。损之义，损人欲以复天理而已。损卦彖传。天下之事，其本皆出于天理。民生日用之常，治道之不可废者。其末流则末胜本，华胜质[五]，人欲胜天理，其害有不胜言者矣。故损之为用，亦惟"损过以就中，损浮末而就本实"，损人欲以复天理耳。[六]

夬九五曰："苋陆夬夬，中行无咎。"象曰："中行无咎，中未光也[七]。"传曰：夫人心正意诚，乃能极中正之道，而充实光辉。若心有所比，以义之不可而决之，虽行于外，不失其中正之义，可以无咎，然于中道未得为光大也。盖人心一有所欲，则离道矣。夫子于此，示人之意深矣。九五与上六比，心有所昵，未必能正。特以义不可，而勉勉决去之意，亦未必诚也。但九五"中正"，故所行犹不失中正之义，仅可"无咎"。然心有所比，不能无欲，其于中行之道，未得为光大。圣人发此示人，欲使人正心诚意，无一毫系累，乃能尽中正之道，充实而有光辉也。②





① 张习孔曰："凡人之情，每刻于治人，而宽于治己。晋上九之自治如此，亦诚贤矣。然'子路有闻，未之能行，惟恐有闻'，夫子则以其兼人而退之。颜子于高坚恍忽之际，夫子亦循循而诱之。程传之释晋上九，用此义也。"

② 张绍价曰："损人欲以复天理者，必心极其正，意极其诚，乃能极中正之道，充实光辉，表里洞然。若心有所系累，徒迫于义之不可，始勉强决而去之，则虽事得其正，可以无咎，然于中道则未为光明正大也。盖人一有所欲，则心有所系而不正，意有欺而不诚，而离道远矣。"

**方说而止，节之义也。**节卦象传。兑下坎上为节。兑，说也。坎，险也。见险则止矣。人惟说则易流，方说而能止，是节之义也。

**节之九二，不正之节也。以刚中正为节，如"惩忿窒欲"，损过抑有馀是也。不正之节，如啬节于用、懦节于行是也。**九二以刚居柔，在节卦是为不正之节也。"惩忿窒欲，损过抑有馀"者，节其过以就中，此刚中正之节也。节于用而为吝啬，则于用有不足；节于行而为柔懦，则于行有不足。此不正之节，九二是也。

**人而无克、伐、怨、欲，惟仁者能之。有之而能制其情不行焉，斯亦难能也，谓之仁则未可也。此原宪之问，夫子答以知其为难，而不知其为仁。此圣人开示之深也。**经说。○克，忮害；伐，骄矜；怨，忿恨；欲，贪欲。四者皆生于人心之私也。天理流行，自无四者之累，则仁矣。四者有于中而能力制于外，则亦可谓之"难能"，然私欲之根未除，故未可谓之仁。○朱子曰：克己为仁者，从根源上便斩截了，更不复萌。不行者，但禁制其末，不行于外耳。若其本则著于心，而未能去也。①

**明道先生曰：义理与客气常相胜，只看消长分数多少，为君子小人之别。义理所得渐多，则自然知得客气消散得渐少，消尽者是大贤。**遗书，下同。○义理者，性命之本然。客气者，形气之使然。②



① 张绍价曰："自'损者'至此为一段，皆发明寡欲之义。而此一节，则寡之以至于无之意也。"

② 熊刚大曰："义理长则是有所养，君子人也；客气长则是无所养，小人也。"○管赞程曰："自'晋之上九'至此为一章，言刚勇为第二等资质。刚则不屈于欲，其进道之锐，直可以达大贤。"○张绍价曰："此下详言克己之功。己私有三：气质之偏，一也；人我忌克之私，二也；耳目口鼻之欲，三也。以下皆就此三项，发明克己之义。"

**或谓人莫不知和柔宽缓，然临事则反至于暴厉。曰：只是志不胜气，气反动其心也。**学以立志为本，而后气质可变化。①

**人不能祛思虑，只是吝。吝故无浩然之气。**吝，则为私意小智所缠绕，而无浩然正大之气。

**治怒为难，治惧亦难。克己可以治怒，明理可以治惧。**怒，气盛则不能自遏；惧，气怯则不能自立，故治之皆难。然己私既克，则一朝之忿有所不作矣；物理既明，则非理之惧有所不动矣。

**尧夫解"他山之石，可以攻玉"：玉者温润之物，若将两块玉来相磨，必磨不成，须是得他个粗砺底物，方磨得出。譬如君子与小人处，为小人侵陵，则修省畏避，动心忍性，增益预防，如此便道理出来。**邵康节先生名雍，字尧夫，解诗小雅鹤鸣篇。君子与小人处，为小人所侵陵，则修省其身者必谨，畏避小人者必严，动心而不敢苟安，忍性而不敢轻发，增益其所不能，预防其所未至。如此，则德日进而理日明矣。②

**目畏尖物，此事不得放过，便与克下。室中率置尖物，须以理胜他，尖必不刺人也，何畏之有？**人有目畏尖物者，明道教以室中率置尖物，习见既熟，则不复畏之矣。克己之功，类当如是。③

**明道先生曰：责上责下，而中自恕己，④岂可任职分？**





---

① 李文炤曰："志为之主，而气听命焉。志不能为主，则反听命于气矣。"

② 江永曰："君子与小人，不并立者也。然或有时不幸而与之处，善修己者，正资之以为进德之助，如粗石能磨玉也。"

③ 张绍价曰："此二节申明理治惧之义。自'义理与客气'至此，凡六节，即变化气质，以明克己之功也。人之轻怒易惧，皆由于气质之偏，治怒治惧，皆所以化其偏也。"

④ 熊刚大曰："在吾上者吾责之，在吾下者吾又责之，而中间却自恕了自身。"

专务责人而不知责己，是舍己职分而忧人之忧者也。

**“舍己从人”，最为难事。己者我之所有，虽痛舍之，犹惧守己者固而从人者轻也。**朱子曰：此程子为学者言。若圣人分上，则不如此也。①

**“九德”最好。**皋陶曰：“亦行有九德：宽而栗，柔而立，愿而恭，乱而敬，扰而毅，直而温，简而廉，刚而塞，强而义。”宽弘而庄栗，则宽不至于弛。和柔而卓立，则柔不至于懦。愿而恭，则朴愿而不专尚乎质。乱，治也。乱而敬，则整治而不徒事乎文。盖恭著于外，敬守于中也。驯扰而毅，则扰不至于随。劲直而温，则直不至于讦。简大者，或规矩之不立，今有廉隅，则简不至于疏。刚者或伤于果断，今塞实而笃厚，则刚不至于虐。强力者或徇血气之勇，今有勇而义，则强不至于暴。盖游气纷扰，万有不齐[八]，其生人也，有气禀之拘，自非圣人至清、至厚、至中、至正，浑然天理，无所偏杂。盖自中人以下，未有不滞于一偏者。惟能就其气质之偏，穷理克己，矫揉以归于正，则偏者可全矣。是知问学之道[九]，在唐虞之际，其论德已如是之密矣。②

**饥食渴饮，冬裘夏葛，若致些私吝心在，便是废天职。**食饮衣服，各有当然之则，是天赋之职分也。有一毫私己贪吝之意，即是废天职。

**猎，自谓今无此好。周茂叔曰：“何言之易也？但此心潜隐未发，一日萌动，复如前矣。”后十二年因见，果知未也。**本注云：明道年十六七时好田猎，十二年暮归，在田野间见田

---

① 张绍价曰：“此二节言物我之间，当尽克己之功也。”

② 张绍价曰：“此言克己之功，在于变化气质也。人之禀赋，不偏于刚，即偏于柔。自宽而栗以下，或以刚济柔，或以柔济刚，皆以学问之功，化其气质之偏也。”

猎者，不觉有喜心。〇周子用功之深，故知不可易言。程子治心之密，故能随寓加察。在学者警省克治之力，尤不可以不勉也。

**伊川先生曰：大抵人有身，便有自私之理，宜其与道难一。**人有耳目鼻口四肢，自然有私己之欲，惟能克己然后合天理之公。

**罪己责躬不可无，然亦不当长留在心胸为悔。**有过自责，乃羞恶之心。然已往之失长留愧沮[一〇]，应酬之间反为系累。[①]

**所欲不必沉溺，只有所向，便是欲。**一念外驰，所向既差，即是欲也。

**明道先生曰：子路亦百世之师。**本注云：人告之以有过则喜。〇闻过而喜，则好善也诚，改过也速。子路以兼人之勇而用之于迁善改过，其进德也庸可既乎？是足为百世师矣。

**人语言紧急，莫是气不定否？曰：此亦当习，习到言语自然缓时，便是气质变也。学至气质变，方是有功。**[②]

**问："不迁怒，不贰过"，何也？语录有怒甲不迁乙之说，是否？伊川先生曰：是。曰：若此则甚易，何待颜子而后能？曰：只被说得粗了，诸君便道易。此莫是最难，须是理会得因何不迁怒。**怒甲而不迁其怒于乙，概而观之，则禀性和平者，若皆可能。然以身验其实，而求其所以不迁怒之由，则非此心至虚至明，喜怒各因乎物，举无一毫之私意者，殆未易勉强而能也。〇朱子曰：颜子见得道理透，故怒于甲者，虽欲迁于乙，亦不可得而迁也。**如舜之诛四凶，怒在四凶，舜何与焉？盖因是人**

---

① 张绍价曰："有过而痛自改悔，可也；有过而徒为懊丧，不可也。"

② 管赞程曰："自'或谓人莫不知'至此为一章，言各有气质之病，各有可变之方，各有成功之日。但不可畏难而作辍，须要习久以成功。"

有可怒之事而怒之，圣人之心本无怒也。譬如明镜，好物来时便见是好，恶物来时便见是恶，镜何尝有好恶也？圣人之心，因事有当怒者而怒之，是怒因物而生，不自我而作也，又岂有之于己耶？譬明镜照物，妍媸在物，镜未尝自有妍媸也。世之人固有怒于室而色于市，且如怒一人，对那人说话能无怒色否？有能怒一人而不怒别人者，能忍得如此，已是煞知义理。若圣人因物而未尝有怒，此莫是甚难。怒气易发而难制。世固有怒于其室而作色于市人者，其迁怒也甚矣。有能自禁持怒此人，而不以馀怒加辞色于他人者，已不易得，况夫物各付物而喜怒不有于我者，岂非甚难者耶？君子役物，小人役于物。今见可喜可怒之事【一一】，自家著一分陪奉他，此亦劳矣。圣人之心如止水。役物者我常定，役于物者逐物而往。圣人之心常湛然如止水【一二】，无有一毫作好作恶。①

人之视最先，非礼而视，则所谓开目便错了。次听次言次动，有先后之序。人能克己，则心广体胖，仰不愧，俯不怍，其乐可知。有息则馁矣。外书，下同。○身心无私欲之累，自然安舒。俯仰无所愧怍，自然悦乐。少有间断，则自是欲然矣【一三】。○朱子曰：此数语极有味。又曰：当初亦知是好语，谩录于此，今看来直是恁地好【一四】。②

圣人责己感也处多，责人应也处少。圣人所谓厚于责己而薄于责人者，非若后世欲为长厚之意。盖有感而后有应，责人之




---

① 张绍价曰："此论颜子之不迁怒，以明克己之功。前云克己可以治怒，即明道所谓于怒时遽忘其怒，而观理之是非，乃初学临时治怒之法。颜子平日克己功深，其心纯乎理而无私，虚如明镜，静如止水，几于圣人之无我，故能因人之可怒而怒之，而自不迁于他人也。"

② 张绍价曰："此以非礼勿视听言动明克己之功，而又极言其效也。"

应而不自反其感之之道，则是薄于本而厚望于末，无是理也。

**谢子与伊川别一年，往见之。伊川曰："相别一年，做得甚工夫？"谢曰："也只去个矜字。"曰："何故？"曰："子细检点得来，病痛尽在这里。若按伏得这个罪过，方有向进处。"伊川点头，因语在坐同志者曰："此人为学，切问近思者也。"**按，胡文定公问上蔡："'矜'字罪过，何故恁地大？"谢曰："今人做事，只管要夸耀别人耳目，浑不关自家受用事。有底人食前方丈，便向人前吃，只蔬食菜羹，却去房里吃。为甚恁地？"愚谓：充谢子为己之学，则一切外物皆不足以动其心矣。①

**思叔诟詈仆夫，伊川曰："何不'动心忍性'？"思叔惭谢。**朱子曰："动心忍性"，谓竦动其心，坚忍其性。然所谓性者，亦指气禀而言耳。说见孟子。②

**"见贤"便"思齐"，有为者亦若是。"见不贤而内自省"，盖莫不在己。**说见论语。见人有善即思自勉，则谁不可及。见人不善唯当自省，亦无非反己之地。③

**横渠先生曰：湛一，气之本；攻取，气之欲。口腹于饮食，鼻口于臭味[一五]，皆攻取之性也。知德者属厌而已，不以嗜欲累其心，不以小害大、末丧本焉尔。**正蒙，下同。○湛而不动，一而不杂者，气之本体也。饮食臭味之需[一六]，而营求攻





① 张绍价曰："人己相与之间，矜字病痛甚大，必克而去之，学方有进。上蔡之所以能去矜，全在子细检点，知病痛之所在。然后克己之功，始有所施，故伊川称为'切问近思'。"

② 朱熹曰："'动心忍性'者，动其仁义礼智之心，忍其声色臭味之性。"○熊刚大曰："此性是气质之性。何不悚动其为善之心，坚忍其忿怒之性。"

③ 管赞程曰："自'问不迁怒'至此为一章，统言圣贤、常人以结之，以明工夫不已皆可以至圣人，而病根在矜，入手在视听言动，切实工夫则在'动心忍性'也。"

取于外者，气之动于欲者也。攻取之性，即气质之性。属，足也。属厌，犹饫足也。[一七]君子知德之本，故凡饮食臭味才取足而已，不以嗜好之末而累此心之本也，孟子所谓"无以口腹之害为心害[一八]，毋以小害大、贱害贵"是也。

**纤恶必除，善斯成性矣**①**；察恶未尽，虽善必粗矣。**成性者，全其本然之天。[一九]

**恶不仁，故不善未尝不知。徒好仁而不恶不仁，则习不察、行不著。**人能恶不仁，则其察己也精，有不善必知之矣。苟徒知仁之可好，而不知不仁之可恶，则所习者或未之察，所行者或未之明，虽有好仁之心，而卒陷于不仁而莫之觉矣。**是故徒善未必尽义，徒是未必尽仁。好仁而恶不仁，然后尽仁义之道。**徒好仁而不恶不仁，则虽有向善之意而无断制之明，故曰"未必尽义"。徒恶不仁而不好仁，则虽有去非之意而无乐善之诚，故曰"未必尽仁"。②

**责己者当知无天下国家皆非之理，故学至于"不尤人"，学之至也。**处世有乖违[二〇]，岂在人者皆非，在我者皆是？以此存心，则惟务尽己不必咎人矣。[二一]

**有潜心于道，忽忽为他虑引去者，此气也。旧习缠绕，未能脱洒，毕竟无益，但乐于旧习耳。**旧习未除，志不胜气，则心虑纷杂。**古人欲得朋友，与琴瑟简编[二二]，常使心在于此。惟圣人知朋友之取益为多，故乐得朋友之来。**横渠论语说。○朋友有讲习责善之益[二三]，琴瑟有调适情性之用[二四]，简编有前言往行之识。朝夕于是，则心有所养，而习俗放僻之念不作

---

① 张绍价曰："上节'性'字，以气质言。此节'性'字，以义理言。"

② 张绍价曰："此二节发明'迁善改过'之义。"

矣。然三者之中，朋友之益尤多，故“有朋自远方来”，所以乐也。①

**矫轻警惰。**语录，下同。〇轻则浮躁，惰则弛慢，二者为学之大患。然轻者必惰，虽二病而实相因，其进锐者其退速，轻与惰之谓也。②

**“仁之难成久矣！人人失其所好。”盖人人有利欲之心，与学正相背驰，故学者要寡欲。**仁者天理之公，利欲者人心之私，故背驰。

**君子不必避他人之言，以为太柔太弱。至于瞻视亦有节，视有上下，视高则气高，视下则心柔。故视国君者，不离绅带之中。学者先须去其客气。其为人刚行③，终不肯进，“堂堂乎张也，难与并为仁矣”。**学者当去轻傲之气，存恭谨之心。刚行，粗暴也。其为人粗暴，必不肯逊志务学，而亦终不能深造于道。子张气貌高亢，而无收敛诚实之意，故曾子以为“难与并为仁”。**盖目者人之所常用，且心常托之，视之上下，且试之，己之敬傲，必见于视。所以欲下其视者，欲柔其心也。柔其心，则听言敬且信。**心之神寓于目，故目视高下，而心之敬傲可见。心柔者听人之言，必敬且信，而不敢忽慢矣【二五】。**人之有朋友，不为燕安，所以辅佐其仁。今之朋友，择其善柔以相与，拍肩执袂以为气合，一言不合，怒气相加。朋友之际，欲其相下不倦，故于朋友之间主其敬者，日相亲与，得效最速。**始则气轻而苟于求合【二六】，终则负气而不肯相下，若是





---

① 江永曰：“朋来而乐，程子言之切矣。此谓乐其‘取益’，亦张子自为一说。”

② 管赞程曰：“自‘湛一’至此为一章，言天资美者能知湛一为本。故知德者不以嗜欲累心。自大本而推之达道，以变化气质为度。”

③ 行，邵本注云“音项”。

者其果有益于己乎？故朋友之间以谦恭为主，则其相亲之意无厌，相观之效尤速。仲尼尝曰："吾见其居于位也，与先生并行也，非求益者，欲速成者。"则学者先须温柔，温柔则可以进学。阙党童子[二七]，居则当位，行则与先生并，盖轻傲而不循礼。故夫子以为非能求益者，但欲速于成人而已。故学者当以和顺为先，则谦虚恭谨有以为进学之地。诗曰："温温恭人，惟德之基。"盖其所益之多。诗大雅抑篇。温和恭敬，为德之本。①

世学不讲，男女从幼便骄惰坏了，到长益凶狠。只为未尝为子弟之事，则于其亲，已有物我，不肯屈下。病根常在，又随所居而长，至死只依旧。为子弟，则不能安洒扫应对；在朋友，则不能下朋友；有官长，则不能下官长；为宰相，则不能下天下之贤。甚则至于徇私意，义理都丧，也只为病根不去，随所居所接而长。人须一事事消了病，则义理常胜。后世小学既废，父母爱逾于礼，恣之骄惰而莫为禁止，病根既立，随寓随长，卒至尽失其良心，盖有自来。学者所当察其病源，力加克治，则旧习日消，而道心日长矣。②

**校勘记**

【一】应感出入　"应感"，邵本作"感应"。

【二】人秉五常之性　"秉"，邵本作"禀"。



① 张绍价曰："此节言克己之功，当戒高傲学温柔。温柔则卑以自牧，虚以受人，乃可以进学，而为修德之基。"

② 管赞程曰："自'仁之难成'至此为一章，言人之资多务外而不好仁，其病原于刚傲，所以仁之难成，其来久矣。药其病者，道在温柔。若以温柔为不足为，则终身无得仁之日，可不惧哉！"○张绍价曰："此节以'义理常胜'，回应首章'乾乾不息于诚'，而'为子弟之事'，又以起下卷之意。"

【三】则守道固而迁善速　“迁”原作“于”，据明修本、邵本改。

【四】所以贞正之道为可吝也　“所以”，邵本作“故于”。

【五】华胜质　“质”，邵本作“实”。

【六】此条，元刊本紧接于上条末刻印，据邵本当单列为一条。

【七】中未光也　“光”原作“見”，据明修本、邵本改。

【八】万有不齐　“万有”，原作“有万”，据邵本改。

【九】是知问学之道　“问学”，邵本作“学问”。

【一〇】然已往之失长留愧沮　“沮”，邵本作“怍”。

【一一】今见可喜可怒之事　“今见”，刘元承手编作“今人见有”。

【一二】圣人之心常湛然如止水　“如”原作“吹”，据明修本、邵本改。

【一三】则自是欲然矣　“是欲”，明修本、邵本作“视欿”。

【一四】自“朱子曰此”至“恁地好”　此段文字，邵本置于本条注文“身心无私欲之累”句上。

【一五】鼻口于臭味　“口”，邵本作“舌”。

【一六】饮食臭味之需　“需”，邵本作“嗜”。

【一七】属足也属厌犹饫足也　此句原作“饫足也属厌犹”，据明修本补改。

【一八】孟子所谓无以口腹之害为心害　“无以口腹之害为心害”，邵本作“不以口腹累心”。

【一九】此条，元刊本紧接于上条末刻印，据邵本当单列为一条。

【二〇】处世有乖违　“乖”原作“垂”，据明修本、邵本改。

【二一】此条，元刊本紧接于上条末刻印，据邵本当单列为一条。

【二二】古人欲得朋友与琴瑟简编　“古人”上，杨本有“是故”二字。

【二三】朋友有讲习责善之益　“益”，邵本作“义”。

【二四】琴瑟有调适情性之用　“情性”，邵本作“性情”。

【二五】而不敢忽慢矣　“忽”，邵本作“怠”。“忽慢”，明刊本作“恕言”。

【二六】始则气轻而苟于求合　“求”原作“末”，据明修本、邵本改。

【二七】阙党童子　“党”，邵本作“里”。

# 近思录集解卷六　凡二十二条



此卷论齐家。盖克己之功既至，则施之家，而家可齐矣。[①]

**伊川先生曰：弟子之职，力有馀则学文。[②] 不修其职而学，非为己之学也。**经解。○说见论语。为弟为子者，其职在于孝悌而已，行之有馀力，而后可学诗、书、六艺之文。职有未尽而急于学文，则是徒欲人之观美，非为己之学也。[③]

**孟子曰"事亲若曾子可也"，未尝以曾子之孝为有馀也。盖子之身所能为者，皆所当为也。**易传，下同。○师卦六二传。可者，仅足而无馀之称，竭其所当为，无过外也。

**"干母之蛊，不可贞。"子之于母，当以柔巽辅导之，使**



① 张绍价曰："此卷以弟子之职、家人之道为主。以正伦理、笃恩谊，先严其身为总旨。以顺父母、友兄弟、谨夫妇、慈卑幼、御婢仆为分意。体似立纲，首节引起，下分四段发明。"

② 论语学而："子曰：'行有馀力，则以学文。'"○茅星来曰："此为后世之教子弟以文者言之。文，凡诗、书、礼、乐、射、御、书、数皆是，亦非后世之所谓文也。然且必待力有馀而后学焉，则其教之先后缓急盖可见矣。"

③ 张伯行曰："程子即论语之教弟子而重致其叮咛，朱子于家道中首列此义，无非以圣贤望人。"

**得于义。不顺而致败蛊，则子之罪也。**蛊卦九二传。干，治也。蛊，事之弊也。人子事亲，皆当以承顺为主，使事得于理而已。然妇人柔暗，有难以遽晓，尤当以柔巽行之，比之事父又有间矣。但为矫拂而反害其所治之事，则子之过也。**从容将顺，岂无道乎？若伸己刚阳之道，遽然矫拂则伤恩，所害大矣，亦安能入乎？在乎屈己下意，巽顺将承，使之身正事治而已。刚阳之臣事柔弱之君，义亦相近。**以强直之资[一]，遽为矫拂，内则伤恩，而有害天伦之重；外则败事，而卒废干蛊之功。刚阳之臣，事柔弱之君，若孟子于齐宣王，诸葛孔明于蜀后主是也。[二]

**蛊之九三，以阳处刚而不中，刚之过也，故小有悔。然在巽体，不为无顺。顺，事亲之本也。又居得正，**①**故无大咎。然有小悔，已非善事亲也。**九爻阳而三位刚，位又不中，刚过乎中者也。事亲而过刚，不能无悔矣。然蛊之下卦为巽，巽者顺也。又阳爻居阳位，居得其正，则亦不至大过，故“无大咎”也。但谓之“小悔”，则于事亲之道已非尽善者矣。②

**正伦理，笃恩义，家人之道也。**家人卦彖传。正伦理则尊卑之分明，笃恩义则上下之情合。二者并行，而后处家人道笃矣[三]。然必以正伦理为先，未有伦理不正而恩义可笃者也。

**人之处家，在骨肉父子之间，大率以情胜礼，以恩夺义。惟刚立之人，则能不以私爱失其正理，故家人卦大要以刚为善。**家人卦六二传。相亲附，犹骨之于肉。

**家人上九爻辞，谓治家当有威严，而夫子又复戒云，当**





---

① 易传所云当位，即阳爻居阳位，阴爻居阴位，如此则‘居得正’。反之则不当位，也居不正。

② 茅星来曰：“此上三条，论事亲之道。”

先严其身也。威严不先行于己，则人怨而不服。上九："威如，终吉。"象曰："威如之吉，反身之谓也。"所贵治家之威者，非徒绳治之严，盖必正己为本，使在我持身谨严而无少纵弛【四】，则家人自然有所严惮而不敢逾越，有所观感而率归于正。凡御下之道皆然【五】。齐家本于修身，则尤为切近。①

归妹九二，守其幽贞，未失夫妇常正之道。世人以媟狎为常，故以贞静为变常，不知乃常久之道也。静正乃相处可久之道【六】，媟狎则玩侮乖离所自生。

世人多慎于择婿，而忽于择妇。其实婿易见，妇难知。所系甚重，岂可忽哉？遗书，下同。②

人无父母，生日当倍悲痛，更安忍置酒张乐以为乐？若具庆者可矣。具庆，谓父母俱存。

问：行状云："尽性至命，必本于孝弟。"③不识孝弟何以能尽性至命也？曰：后人便将性命别作一般说了【七】。性命、孝弟，只是一统底事，就孝弟中便可尽性至命。伊川先生所作明道先生行状。孝弟者，人道之本，百行之原，仁民爱物皆由是推之。人能尽孝弟之道，广而充之至于极致【八】，则可以尽性至命矣。○朱子曰：此与"孝弟也者，其为仁之本与"一意。又曰：若是圣人，如舜之孝，王季之友，便是尽性至命事。如洒扫应对



① 茅星来曰："此承上条而言，治家固贵刚立，而又必以正己为先也。"○张绍价曰："'正伦理，笃恩义'，'先严其身'，三句一篇之大旨，通篇皆发明此意。"

② 陆世仪曰："择婿易，择妇难。婿露头角，选择可凭；妇在深闺，风闻难据也。"○管赞程曰："自'正伦理'至此为一章，言治家以严为正。能严则无媟狎，而择妇亦能不轻忽也。"

③ 熊刚大曰："理具于心谓之性，天赋于人谓之命，尽此性之理以全天所赋之命，自孝以事亲、弟以敬长者始。"○胡居仁曰："程子以'尽性至命，必本于孝弟'，盖孝弟是性命中事，至亲至切而要者。此处能精察而力行之，则性命不外是矣。"

与尽性至命，亦是一统底事，无有本末，无有精粗，却被后来人言性命者别作一般高远说。故举孝弟，是于人切近者言之。天下无理外之事，亦无事外之理。即其末而本已存，即其粗而精实具，本末、精粗非二致也。然今时非无孝弟之人，而不能尽性至命者，由之而不知也。今之孝弟者，未必能尽性至命。盖行不著，习不察，故亦不能广充之[九]，以抵作圣之极功。

问：第五伦[①]视其子之疾，与兄子之疾不同，自谓之私，如何？曰：不待安寝与不安寝[一〇]，只不起与十起，便是私也。父子之爱本是公，才著些心做，便是私也。后汉第五伦传："或问伦曰：'公有私乎？'对曰：'吾兄子尝病，一夜十起，退而安寝。吾子有疾，虽不省视，而竟夕不眠。若是者岂可谓无私乎？'"人知安寝与不眠为私爱其子，而不知十起与不起亦私意也。盖事事物物各有自然之理，不容安排。父子之爱天性，今子疾不视，而十起于兄子，岂人情哉？著意安排即是私矣。又问：视己子与兄子有间否？曰：圣人立法曰"兄弟之子犹子也"，是欲视之犹子也。视兄弟之子亦如己子。又问：天性自有轻重，疑若有间然？曰：只为今人以私心看了。孔子曰："父子之道，天性也。"此只就孝上说，故言父子天性。若君臣、兄弟、宾主、朋友之类，亦岂不是天性？只为今人小看却，不推其本所由来故尔。己之子与兄之子，所争几何？是同出于父者也。只为兄弟异形，故以兄弟为手足。人多以异形故，亲己之子异于兄弟之子，甚不是也。又问：孔子以公冶长不

① 张伯行曰："第五伦，汉时人，字伯鱼，为人长厚诚笃。"○后汉书云："第五伦'性质悫，少文采，在位以贞白称'。"

及南容，故以兄之子妻南容，以己之子妻公冶长。何也？曰：此亦以己之私心看圣人也。凡人避嫌者，皆内不足也。圣人至公，何更避嫌？凡嫁女，各量其才而求配。或兄之子不甚美，必择其相称者为之配；己之子美，必择其才美者为之配，岂更避嫌邪？若孔子事，或是年不相若，或时有先后，皆不可知。以孔子为避嫌，则大不是。如避嫌事，贤者且不为，况圣人乎？圣人所为，至公无私，安行乎天理，何嫌之可避？凡人避嫌者，皆内有不足而不能自信者也。①

问：孀妇于理似不可取，如何？曰：然〔一一〕。凡取，以配身也。若取失节者以配身，是己失节也。妇人从一而终者也，再嫁为失节。又问：或有孤孀贫穷无托者，可再嫁否？曰：只是后世怕寒饿死，故有是说。然饿死事极小，失节事极大。饿死事极小，所恶有甚于死也。②

病卧于床，委之庸医，比之不慈不孝。事亲者亦不可不知医。外书，下同。③

程子葬父，使周恭叔主客。客欲酒，恭叔以告。先生曰：勿陷人于恶。周行己，字恭叔。临丧饮酒，非礼也。④

---

① 朱熹曰："或先是见公冶长，遂将女妻他。后来见南容亦是个好人，又把兄之女妻之。看来文势，恐是孔子之女年长，先嫁；兄之女少，在后嫁，亦未可知。程子所谓'凡人避嫌者，皆内不足'，实是如此。"

② 朱熹曰："夫死而嫁，固为失节。然亦有不得已者，圣人不能禁也，则为之制礼以处其子，而母不得与其祭焉，其贬之亦明矣。"又曰："伊川先生尝论此事，以为饿死事小，失节事大。自世俗观之，诚为迂阔。然自知经识理之君子观之，当有以知其不可易也。"

③ 熊刚大曰："善事父母者亦不可不明医学。"

④ 礼记檀弓下："行吊之日，不饮酒食肉。"〇张伯行曰："此见程子之于葬礼有以自处，亦有以处人也。"

买乳婢，多不得已。我不能自乳，必使人。然食己子而杀人之子，非道。必不得已，用二子乳食三子，足备他虞。或乳母病且死，则不为害，又不为己子杀人之子，但有所费。若不幸致误其子，害孰大焉？“幼吾幼以及人之幼”，其虑之周盖如此。①

先公太中讳珦，字伯温。前后五得任子，以均诸父子孙。嫁遣孤女，必尽其力，所得俸钱，分赡亲戚之贫者。伯母刘氏寡居，公奉养甚至。其女之夫死，公迎从女兄以归，教养其子，均于子侄。既而女兄之女又寡，公惧女兄之悲思，又取甥女以归，嫁之。②时小官禄薄，克己为义，人以为难。任子，谓保任使之入仕。诸父，谓从父也。公慈恕而刚断，平居与幼贱处，惟恐有伤其意，至于犯义理，则不假也。左右使令之人，无日不察其饥饱寒燠。③娶侯氏。侯夫人事舅姑以孝谨称，与先公相待如宾客。先公赖其内助，礼敬尤至。而夫人谦顺自牧，虽小事未尝专，必禀而后行。仁恕宽厚，抚爱诸庶，不异己出。从叔幼孤[一二]，夫人存视，常均己子。治家有法，不严而整。不喜笞扑奴婢，视小臧获如儿女。男仆曰臧，女仆曰获。诸子或加呵责，必戒之曰：“贵贱虽殊，人则一也。汝如是大时，能为此事否？”先公凡有所怒，必为之宽解，唯诸儿有过，则不掩也。常曰：“子之





---

① 张绍价曰：“自‘人无父母’至此为一段，申言孝弟慈之理。孀妇理不可取，夫死不宜再嫁，推言夫妇之道。”

② 朱子语类载：“问：‘取甥女归嫁一段，与前孤孀不可再嫁相反，何也？’朱子曰：‘大纲恁地，但人亦有不能尽者。’”

③ 以上言程颐父程珦之德，详见程颐撰先公太中家传。

所以不肖者，由母蔽其过，而父不知也。”夫人男子六人，所存惟二，其爱慈可谓至矣，然于教之之道，不少假也。才数岁，行而或踣，家人走前扶抱，恐其惊啼，夫人未尝不呵责曰：“汝若安徐，宁至踣乎！”饮食常置之坐侧。常食，絮羹，即叱止之【一三】，曰：“幼求称欲，长当何如？”絮羹，调羹也。礼：“不絮羹，为其详于味也。”虽使令辈，不得以恶言骂之。故颐兄弟平生于饮食衣服无所择，不能恶言骂人，非性然也，教之使然也。与人争忿，虽直不右，曰：“患其不能屈，不患其不能伸。”及稍长，常使从善师友游，虽居贫，或欲延客，则喜而为之具。夫人七八岁时，诵古诗曰：“女子不夜出，夜出秉明烛。”自是日暮则不复出房阁。既长，好文而不为辞章，见世之妇女以文章笔札传于人者，则深以为非。[①]文集。



横渠先生尝曰：事亲奉祭，岂可使人为之？行状。○使人代为，孝敬之心安在？

舜之事亲有不悦者，为父顽母嚚，不近人情。[②]若中人之性，其爱恶略无害理，姑必顺之。事亲以顺为主，非甚不得已者，固不可轻为矫拂也。亲之故旧所喜者，当极力招致，以悦其亲。凡于父母宾客之奉，必极力营办，亦不计家之有无。然为养又须使不知其勉强劳苦。苟使见其为不易，则



① 以上言程颐母侯夫人之德，详见程颐撰上谷郡君家传。○管赞程曰：“此篇自为一章，言太中公治家律己之严，孝友慈爱之实；侯夫人事上御下有法，修身之道，可为后世齐家者取法焉。”

② 尚书云舜“父顽，母嚚，象傲”。○张伯行曰：“此见为子之道，当以顺亲为要也。不顺乎亲，不可以为子。顺亲者，悦亲者也。古今惟舜为尽事亲之道。而有不悦者，只为父顽母嚚，不近人情之故，非舜无以悦之也。”

亦不安矣。横渠记说。〇所谓养志者也。

斯干诗言："兄及弟矣，式相好矣，无相犹矣。"言兄弟宜相好，不要厮学①【一四】。犹，似也。人情大抵患在施之不见报则辍，故恩不能终。不要相学，己施之而已。诗说，下同。〇兄弟友爱尽其在我，不可视报以为施。兄友而弟不恭，不可学弟而废其友；弟恭而兄不友，不可学兄而废其恭。②

"人不为周南、召南，其犹正墙面而立。"③常深思此言，诚是。不从此行，甚隔著事，向前推不去。盖至亲至近，莫甚于此，故须从此始。"'宜其家人'，而后可以教国人"，不然，"犹正墙面"，隔碍而不可通行也。【一五】

婢仆始至，本怀勉勉敬心，若到所提掇更谨，则加谨，慢则弃其本心，便习以成性。故仕者入治朝则德日进，入乱朝则德日退，只观在上者有可学无可学耳。语录。〇提掇，谓提起警策之也。④



## 校勘记

【一】以强直之资　"强"，邵本作"刚"。

【二】此条，元刊本紧接于上条末刻印，据邵本当单列为一条。

---

① 茅星来云："上'不要相学'之'相'，吕本作'厮'，盖长安读'相'为'厮'，思必反，亦通作'厮'，又音斯。"

② 朱熹曰："不要相学不好处。且如兄去友弟，弟却不能恭其兄，兄岂可学弟之不恭，而遂亦不友？为兄者但当尽其友可也。为弟能恭其兄，兄乃不友其弟，为弟者岂可亦学兄之不友，而遂忘其恭？为弟者但当知其尽恭而已。"

③ 论语阳货所载孔子语。〇朱熹曰："周南、召南所言，皆修身齐家之事。'正墙面而立'，言即其至近之地，而一物无所见，一步不可行。"

④ 管赞程曰："自'横渠先生'至此为一章，言齐家以顺亲为首，而次及兄弟友、夫妇正，而末兼言御婢仆之道也。"〇张绍价曰："此节以'学'字回应篇首，而以'仕者入治朝'起下卷'出处进退'之意。"

【三】而后处家人道笃矣　“人”，邵本作“之”；“笃”，邵本作“得”。

【四】使在我持身谨严而无少纵弛　“持”原作“特”，据邵本改。

【五】凡御下之道皆然　“凡”原作“月”，据邵本改。

【六】静正乃相处可久之道　“静正”，邵本作“正静”。

【七】曰后人便将性命别作一般说了　“曰”上，邵本有“伊川”二字；“般”下，杨本有“事”字。

【八】广而充之至于极致　“广”，明修本、邵本作“扩”。

【九】故亦不能广充之　“广”，邵本作“扩”。

【一〇】曰不待安寝与不安寝　“曰”上，邵本有“伊川”二字。

【一一】曰然　“曰”上，邵本有“伊川”二字。

【一二】从叔幼孤　“孤”，原作“姑”，据邵本改。

【一三】即叱止之　“即”，上谷郡家传作“皆”。

【一四】不要断学　“断”，邵本作“相”。

【一五】此条，元刊本紧接于上条末刻印，据邵本当单列为一条。

# 近思录集解卷七　凡三十九条

此卷论出处之道。盖身既修，家既齐，则可以仕矣。然去就取舍，惟义之从，所当审处也。①

**伊川先生曰：贤者在下，岂可自进以求于君？苟自求之，必无能信用之理。古之人所以必待人君致敬尽礼而后往者，②非欲自为尊大，盖其尊德乐道之心不如是[一]，不足与有为也。**易传，下同。○蒙卦彖传。贤者之进，将以行其道也。自非人君有好贤之诚心，则谏不行、言不听，岂足以有为哉？③

**君子之需时也，安静自守，志虽有须，而恬然若将终身焉，乃能用常也。虽不进而志动者，不能安其常也。**需卦初

① 施璜曰："此录论出处于身修家齐之后，言人既为圣贤之学，致知存养克治，以修其身齐其家，则出而应世为行道也，非为利禄也。出处乃做人立品之大节，岂可不守正以自重乎？"○张绍价曰："此卷以贤者之进退当待而不当求为主，以守正志、见实理为总旨，以道义命利为意。体似段落，共分五段。"

② 熊刚大曰："如伊尹以三聘而起，傅说因百工营求而至，必须人君致其敬、尽其礼而来。"

③ 张绍价曰："此节以贤者之进，承上卷末节'仕者入治朝'之意，以不求而待领起通篇。"

九象传。静退以待时，而终至于失常者，盖其身虽退而志则动也。[①]

比："吉，原筮，元永贞，无咎。"传曰：人相亲比，必有其道；苟非其道，则有悔咎。故必推原占决其可比者而比之，所比得元永贞，则无咎。元，谓有君长之道；永，谓可以常久；贞，谓得正道。上之比下，必有此三者，下之从上，必求此三者，则"无咎"也。群然相比而非得所主，苟焉为比而非可久，邪媚求比而不由正，皆不能"无咎"者也。[②]

履之初九曰："素履，往无咎。"传曰：夫人不能自安于贫贱之素，则其进也，乃贪躁而动，求去乎贫贱耳，非欲有为也。既得其进，骄溢必矣，故往则有咎。小人志在富贵，故得志则骄溢。贤者则安履其素，其处也乐，其进也将有为也，故得其进，则有为而无不善[二]。贤者素其位而行。穷而在下，初无贫贱之忧；达而在上，将遂行道之志。以是而进，何咎之有[三]？若欲贵之心与行道之心交战于中，岂能安履其素乎？欲贵之心胜，则必不能安行素位，而亦卒无可行之道矣。

大人于否之时，守其正节，不杂乱于小人之群类，身虽否而道之亨也。故曰："大人否亨。"不以道而身亨，乃道否也。否卦六二传。身之否亨由乎时，道之否亨由乎我。"大人"者，身有否而道无否也。盖否之时小人群集，君子不入其党，身则否矣。然直道而行，无所挠屈，道则亨也。

人之所随，得正则远邪，从非则失是，无两从之理。随

① 茅星来曰："上条言贤者不可急于求进，此条言虽不进而志或不能不动，则亦不能以守其常也。所以足上条未尽之意。"

② 江永曰："朱子本义谓筮得此卦者，'当为人所亲辅，然必再筮以自审，有元善长永正固之德，然后可以当众之归而无咎'，与程传意异。传专以君臣相比言之。"

之六二，苟系初则失五矣，故象曰“弗兼与也”，所以戒人从正当专一也。随六二与九五为正应，然下比初九，苟随私昵，必失正应。

君子所贵[四]，世俗所羞；世俗所贵，君子所贱。故曰：“贲其趾，舍车而徒。”君子所贵者，行义也；世俗所贵者，势位也。贲之初九，所贲在下，故为趾、为徒行。世俗以失势位为羞，君子以得行谊为荣[五]。

蛊之上九曰：“不事王侯，高尚其事。”象曰：“不事王侯，志可则也。”传曰：士之自高尚，亦非一道。有怀抱道德，不偶于时而高洁自守者；伊尹耕于莘野，太公钓于渭滨之时是也。有知止足之道，退而自保者；张良、疏广之类是也。有量能度分，安于不求知者；徐孺子、申屠蟠之类是也。有清介自守，不屑天下之事，独洁其身者。严陵、周党之类是也。所处虽有得失小大之殊，皆自“高尚其事”者也。象所谓“志可则”者，进退合道者也。四者虽处心有小大[六]，处义有得失，要皆能“高尚其事”者。若蛊上九阳刚之才，超然斯世之表，象谓其“志可则”者，盖指“怀抱道德”、“进退合义”者言也。

遁者，阴之始长，君子知微，固当深戒[七]。而圣人之意，未便遽已也，故有“与时行”、“小利贞”之教。艮下乾上为遁，二阴初长，固所当戒。然乾刚在上，九五、六二中正而应，君子于此犹可与时消息。不一于遁，虽未能大正，尚幸其小有可正也。圣贤之于天下，虽知道之将废，岂肯坐视其乱而不救？必区区致力于未极之间，强此之衰，艰彼之进[八]，图其暂安。苟得为之，孔孟之所屑为也，王允、谢安之于汉、晋是也。强此之衰，扶君子之道未尽消；艰彼之进，抑小人之道未骤长。①

明夷初九，事未显而处甚艰，非见几之明不能也。如是，则世俗孰不疑怪？然君子不以世俗之见怪，而迟疑其行也。若俟众人尽识，则伤已及而不能去矣。离下坤上，明夷。离，明。坤，地也。明入地中，伤明也。初九伤犹未显，而爻之象曰【九】“君子于行，三日不食”，盖知几而去之速，处人之所难而不疑也。楚王戊不设醴酒，而穆生去之，曰：“不去，楚人将钳我于市。”当时虽申公之贤，犹以为过。其后申公受胥靡之辱，至是欲去而不得矣。②

晋之初六，在下而始进，岂遽能深见信于上？苟上未见信，则当安中自守，雍容宽裕，无急于求上之信也。苟欲信之心切，非汲汲以失其守，则悻悻以伤于义矣，故曰：“晋如摧如，贞吉，罔孚，裕，无咎。”在下则势疏，始进则交浅，上未见信，惟当安于守正，宽以待人，岂可求其信也？求信之急，则必汲汲以失其“贞正”之守。求信愈急，人愈不信，则必悻悻以伤其事上之义。晋之初六，未敢必于进也。进而后退，得正则吉，未敢必人之信也。宽裕以待之，则“无咎”。然圣人又恐后之人不达宽裕之义，居位者废职失守以为裕，故特云“初六裕则无咎”者，始进未受命当职任故也。若有官守，不信于上而失其职，一日不可居也。卦之初为无位，晋之始未当职任，故宽裕以



---

① 张伯行曰：“朱子本义：‘小，指阴柔小人而言，谓小人利于守正，不可以浸长之，故其势将盛而侵迫于阳也。’说与程子异。然易不可为典要，二说兼存而义始备。”○茅星来曰：“上条言高尚其事，又恐如沮、溺之流，避世长往而不顾，故以此条继之，言虽知道之将废，亦不可坐视其乱而不之救也。”

② 张绍价曰：“自首至此为一段，言贤者在下，当待而不当求。守其正志，进退以道，身进则道在必行，道屈则身在必退。”

待，其自信可也。苟有官守而不见信于上[一〇]，必将废职失守，急去可也。岂容宽裕以处之哉？**然事非一概，久速唯时，亦容有为之兆者。**兆，几微之见。君子知几，则可久可速，不失其时矣。[一一]

**不正而合，未有久而不离者也。合以正道，自无终睽之理。**①**故贤者顺理而安行，智者知几而固守。**睽卦六三传。贤者顺是理之当然，安而行之；智者知其几之必然，固而守之。皆谓必以正道而后合者。

**君子当困穷之时，既尽其防虑之道而不得免，则命也。当推致其命，以遂其志。知命之当然也，则穷塞祸患不以动其心，行吾义而已。**困卦象曰："君子以致命遂志。"推致其命，知其当然而不可免，则无所挠惧，而能遂其为义之志矣。盖命者，出乎气数而不可易；义者，在我裁制而不可违。彼已定之祸福，虽忧惧而何益？行吾义而已。②**苟不知命，则恐惧于险难，陨获于穷厄，所守亡矣，安能遂其为善之志乎？**陨获，犹颠跻也。

**寒士之妻，弱国之臣，各安其正而已。苟择势而从，则恶之大者，不容于世矣。**困卦九四传。③

**井之九三，渫治而不见食，乃人有才智而不见用，以不得行为忧恻也。盖刚而不中，故切于施为，异乎"用之则**

① 张绍价曰："安裕自守，不急求合也。不正而合，合以利，不合以义，未有久而不离者。合以正道，以义相与，自无终睽之理。"

② 朱熹曰："'致命'如论语'见危授命'与'士见危致命'之义一般，是送这命与他。自家但遂志循义，都不管生死，不顾身命，犹言致死生于度外也。"〇张绍价曰："程传解作推致，以识言；本义解作委致，以守言。识定然后守定，知命之当然，识之定也。穷塞祸患，不以动其心，行吾义而已，守之定也。"

③ 张伯行曰："此程子因困九四象传而概言之，以为寒士之妻无再嫁之理，弱国之臣无远去之义，惟当各安其正而已。"

行，舍之则藏”者矣。九三阳刚而处下卦之上，在井则已渫治而可食矣，然而无得于五，故“不见食”。爻位刚而不中，切于施为，故“忧恻”。异乎圣贤视用舍为行藏，泰然不以累其心者矣。①

**革之六二，中正则无偏蔽，文明则尽事理，应上则得权势，体顺则无违悖。时可矣，位得矣，才足矣，处革之至善者也。必待上下之信，故“已日乃革之”也。**六二居中得正，下卦为离，故曰文明。二与五应，故曰应上。爻位皆柔，故曰体顺。时当变革则时可矣，居中应上则位得矣，文明体顺则才足矣，是处革之至善者。然必待上下尽信而后革，故辞曰“已日乃革之”，谨之至也。**如二之才德，当进行其道，则吉而无咎也。不进则失可为之时，为有咎也。**革固不可遽，然当其时，处其位，有其才，岂容自已？故辞曰“征吉，无咎”。

**鼎之“有实”，乃人之有才业也。当慎所趋向，不慎所往，则亦陷于非义[一二]。故曰：“鼎有实，慎所之也。”**抱负才业，急于有为，每不暇谨择所向[一三]，则反为才业累矣，如荀彧之类是也[一四]。

**士之处高位，则有拯而无随。在下位，则有当拯，有当随，有拯之不得而后随。**艮卦六二传。在上位者，当以正君定国为己任，故有拯而无随。在下位者，职守所在，是当拯也；职所不及，是当随也。又有拯之不得而后随者，如孔子尝从大夫之列，故请讨陈恒，然不在其位，则亦随之而已。②

**“君子思不出其位。”位者，所处之分也。万事各有其**

---

① 张伯行曰：“朱子本义‘行恻’指行道之人言，说与程子异。盖九三自恻，则为躁切，若以行道之人言之，则好善自有同心，故不胜其扼腕叹望也。”

② 张绍价曰：“此言士之居位，或拯或随，皆酌于义而已。”

所，得其所则止而安。若当行而止，当速而久，或过或不及，皆出其位也，况逾分非据乎？艮卦象传。位者，所处当然之分也。处之不逾其分，是不出其位也。所谓"止"者，当其分而已。苟"当行而止，当速而久，或过或不及"，皆为出位，而非得其止者也。况逾越常分，据非所据者，乃出位之尤者也。

人之止，难于久终，故节或移于晚，守或失于终，事或废于久，人之所同患也。艮之上九，敦厚于终，止道之至善也。故曰："敦艮吉。"人之止，易于暂而难于久，易于始而难于终。艮之上九，止之终也。止道愈厚，是以吉也。

中孚之初九曰："虞吉。"象曰："志未变也。"传曰：当信之始，志未有所从，而虞度所信，则得其正，是以吉也。志有所从，则是变动，虞之不得其正矣。处卦之初，未有所从，则中无私系。虞度所信，得其正矣。苟志有所系，则好恶成于中，是非变于外。所度者牵于私意，安能得其正哉？①

贤者惟知义而已，命在其中。中人以下，乃以命处义。命者，穷达夭寿，出于气质，有必然之数。义者，是非可否本乎天理，有当然之宜。贤者惟知义之当然，命固在其中矣。中人以下，于义未能真知而安行，然知命之已定，则亦不敢越义以妄求，故曰"以命处义"。如言"求之有道，得之有命，是求无益于得"。知命之不可求，故自处以不求。孟子所谓"求之有道"，谓不可以苟求也；"得之有命"，谓不可以幸得也；"是求无益于得"者，谓得非可以求而遂也。此言要亦为"中人以下"者设尔。若贤者则求之以道，得之以义，不必言命。遗书，下同。○求之必以道，不

① 张绍价曰："自'晋之初六'至此为一段，言君子出处进退，皆决之于义。安其正命，笃志固守而不可少变也！"

枉道以求之也。得之必以义，不非义而受之也。所求所得，惟道与义而已，命何足道哉？〇愚谓：命虽定于事物之先，实显于事物之后。义虽因事物而有，实著于应酬之时。如去就辞受之间，要决于义也，而后命从之以显。苟应事之时，欲以命决之，其可乎？故君子求之道义而已，命不必言也。

**人之于患难，只有一个处置，尽人谋之后，却须泰然处之。有人遇一事，则心必念念不肯舍**【一五】**，毕竟何益？若不会处置了放下，便"是无义无命也"。**人遇患难，但当审所以处之之道，所谓义也。若夫处置之后在己无阙，则亦安之而已，成败利钝亦无如之何，所谓命也。或遇事而不能处，是无义也；或处置了而不能放下，是无命也。[①]

**门人有居太学而欲归应乡举者，问其故，曰：蔡人鲜习戴记，决科之利也。先生曰：汝之是心，已不可入于尧舜之道矣。**鲜，甚少也。得失有命，妄起计度之私，是利心也，故不可入尧舜之道。**夫子贡之高识，曷尝规规于货利哉？特于丰约之间不能无留情耳。且贫富有命，彼乃留情于其间，多见其不信道也。故圣人谓之"不受命"。有志于道者，要当去此心而后可语也。**说见论语。谓不能安受乎天命，而有心于贫富也。[②]

**人苟有"朝闻道，夕死可矣"之志，则不肯一日安于所不安也。何止一日，须臾不能，如曾子易箦，须要如此乃**





① 茅星来曰："自首句至'泰然处之'，言处患难之道当如此。'有人遇一事'以下，则言人之未尽其道者也。"

② 朱熹尝论科举云："非是科举累人，自是人累科举。若高见远识之士，读圣贤之书，据吾所见而为文以应之，得失厉害置之度外，虽日日应举，亦不累也。居今之世，使孔子复生，也不免应举，然岂能累孔子邪？"

安。朱子曰：道者事物当然之理，苟得闻之，则生顺死安，无复遗恨矣。**人不能若此者，只为不见实理。实理者，实见得是，实见得非。**朱子曰：实理与实见不同，恐记录漏字。愚谓：本以人心见处而言，惟实见是非之理[一六]，然后为实理。盖理无不实，但见未有实耳[一七]。**凡实理得之于心自别，若耳闻口道者，心实不见，若见得，必不肯安于所不安。人之一身，尽有所不肯为，及至他事又不然。若士者，虽杀之，使为穿窬，必不为，其他事未必然。至如执卷者，莫不知说礼义，又如王公大人，皆能言轩冕外物，及其临利害，则不知就义理，却就富贵。如此者只是说得，不实见，及其蹈水火，则人皆避之，**①**是实见得，须是有"见不善如探汤"之心，则自然别。昔曾经伤于虎者，他人语虎，则虽三尺童子[一八]，皆知虎之可畏，终不似曾经伤者神色慑惧，至诚畏之，是实见得也。**此一节反覆推明实见之理，最为亲切。学者要亦察理之明，立志之刚，知行并进，豁然有悟，然后所见为实见。充其所见，死生利害皆不足以移之矣。**得之于心，是谓有德，不待勉强。然学者则须勉强。古人有捐躯陨命者，若不实见得，则乌能如此？须是实见得生不重于义、生不安于死也。故有"杀身成仁"，只是成就一个是而已。**心有实见，而后谓之有德，此则不待勉强。学者实见有所未尽，则亦勉而行之可也。②

**孟子辨舜、跖之分，只在义利之间。言"间"者，谓相去**

① 熊刚大曰："譬之蹈水则溺其身，蹈火则焚其身，人皆知避水火之灾也。"

② 熊刚大曰："理当死而求生，则于心有不安，是害其心之德。当死而死，则心安而德全矣。"

不甚远，所争毫末尔。义与利，只是个公与私也。才出义，便以利言也。只那计较，便是为有利害，若无利害，何用计较？利害者，天下之常情也。人皆知趋利而避害，圣人则更不论利害，惟看义当为不当为，便是命在其中也。张南轩曰：无所为而为之者，义也；有所为而为之者，利也。愚谓：义之与利，始于毫厘之差，实则霄壤之判[一九]。有心于计较利害者，即是人欲之私，有所为而为者也。不论利害，惟义所在者，即是天理之公，无所为而为者也。圣人惟义之从，固不论利害，况义如是，则命亦当如是，又何趋避之有？



大凡儒者，未敢望深造于道，且只得所存正，分别善恶，识廉耻。如此等人多，亦须渐好。①

赵景平问[二〇]："子罕言利"，所谓利者，何利？曰：不独财利之利，凡有利心便不可。如作一事，须寻自家稳便处，皆利心也。圣人以义为利，义安处便为利。圣人处义不计其利，然事当乎义，处之而安，乃所以为利也。如释氏之学，皆本于利，故便不是。释氏恶死，则欲无生，恶物欲乱心，则绝灭人伦。推其本心，惟欲利己而已，是"贼义"之大者。

问：邢恕久从先生[二一]，想都无知识，后来极狼狈。先生曰：谓之全无知则不可，只是义理不能胜利欲之心[二二]，便至如此。邢恕事，见国史及语录。②



谢湜自蜀之京师，过洛而见程子。子曰：尔将何之？

---

① 张伯行曰："此程子望人渐进于道，而以其所存决之也。"

② 张绍价曰："聪明才智之士，从师受学之初，非必全无知识；惟一入仕途，富贵念重，操守不定，义理之心日微，利欲之心日炽，遂至附炎趋势，无恶不作。君子之学，所以贵于有识，尤必贵有守也。"

曰:将试教官。子弗答。湜曰:何如?子曰:吾尝买婢,欲试之,其母怒而弗许,曰:"吾女非可试者也。"今尔求为人师而试之,必为此媪笑也。湜遂不行。①

先生在讲筵,不曾请俸。诸公遂牒户部,问不支俸钱。户部索前任历子【二三】,先生云:"某起自草莱,无前任历子。"先生元祐初,以大臣荐,除校书郎,三辞不听。除崇政殿说书,未几除侍讲。本注云:旧例,初入京官时,用下状出给料钱历。先生不请,意谓朝廷起我,便当"廪人继粟、庖人继肉"也。遂令户部自为出券历。又不为妻求封。范纯甫问其故,先生曰:"某当时起自草莱,三辞然后受命,岂有今日乃为妻求封之理?"问:"今人陈乞恩例,义当然否?人皆以为本分,不为害。"先生曰:"只为而今士大夫道得个乞字惯,却动不动又是乞也。"问:"陈乞封父祖如何?"先生曰【二四】:"此事体又别。"再三请益,但云:"其说甚长,待别时说。"封亲与封妻,事体不同。显荣其亲,亦人子之至情,谓之不当求则不可,谓之当求,则先生特召,与常人异,故难为言也。○或云:若是应举得官,便只当以常调自处,虽陈乞封荫可也,朱子曰:此自今常人言之,如此可也。然朝廷待士却不当如此。伊川所以难言之也,但云"其说甚长",其意谓要当从科举法都变了,乃为正耳。②

汉策贤良,犹是人举之。如公孙弘者,犹强起之乃就对。武帝初即位,招贤良文学之士。是时,公孙弘以贤良征为博





---

① 熊刚大曰:"是不如此媪不与人之试其女,反为它所笑矣。"

② 张绍价曰:"自'贤者知有义'至此为一段,反复言义利之辨。贤者求之以道,得之以义,言义而命在其中。圣人以义为利,小人义不胜利,必实见此理,得之于心,然后能知义而不计利,安于命而无所求也。"

士，使匈奴，还报，不合意，乃移病免归。元光五年，复征贤良文学，灾川国复推上弘，弘谢曰："前已尝西用，不能，罢。愿更选。"国人固推弘。至如后世贤良，乃自求举尔。若果有曰"我心只望廷对，欲直言天下事"，则亦可尚已。若志在富贵，则得志便骄纵，失志则便放旷与悲愁而已。①

伊川先生曰：人多说某不教人习举业，某何尝不教人习举业也。人若不习举业而望及第【二五】，却是责天理而不修人事。但举业既可以及第即已，若更去上面尽力求必得之道，是惑也。②

问：家贫亲老，应举求仕，不免有得失之累，何修可以免此？伊川先生曰：此只是志不胜气，若志胜，自无此累。家贫亲老须用禄仕，然"得之不得为有命"。③曰：在己固可，为亲奈何？曰：为己为亲，也只是一事。若不得，其如命何？孔子曰："不知命，无以为君子。"人苟不知命，见患难必避，遇得丧必动，见利必趋，其何以为君子？④

或谓科举事业夺人之功，是不然。且一月之中，十日为举业，馀日足可为学。然人不志于此，必志于彼。故科举之事，不患妨功，惟患夺志。外书。○夺志则根本废矣，故妨功之患小，夺志之患大。○朱子曰：科举亦不害为学。但今人把心不定，所以为害。才以得失为心，理会文字，意思都别了。又曰：




---

① 陈沆曰："末二语说尽后世文人情态。"

② 朱熹曰："此言举业无累于人，人不当为举业累也。"

③ 熊刚大曰："但或得或失，自有一定之赋与。"

④ 朱熹曰："以科举为为亲，而不为为己之学，只是无志。以举业为妨实学，不知曾妨饮食否？只是无志也。"○张伯行曰："此言知命之君子，必不以得失累其志也。"

科举特一事耳。自家工夫到后,那边自轻。[①]

横渠先生曰:世禄之荣,[②]王者所以录有功,尊有德,爱之厚之,示恩遇之不穷也。为人后者,所宜乐职劝功,以服勤事任,长廉远利,以似述世风。而近代公卿子孙,方且下比布衣,工声病,售有司。不知求仕非义,而反羞循理为无能;不知荫袭为荣,而反以虚名为善继。诚何心哉!文集。○声病,诗律有四声八病,今进士诗赋之学是也。求仕非义,谓投牒觅举之类。循理,谓"服勤事任"、"似述世风"者也。[③]

不资其力而利其有,则能忘人之势。孟子说。○人之歆动乎势位者,皆有待于彼也。惟不借其力而利其所有,则己自重而彼自轻。

人多言安于贫贱,其实只是计穷、力屈、才短不能营画耳。[④]若稍动得,恐未肯安之。须是诚知义理之乐,于利欲也乃能。语录,下同。○朱子曰:人须是读书洞见此理,知得不求富贵只是本分,求著便是罪过。不惟不可有求之之迹,亦不可萌求之之心【二六】。愚谓:真知义理之可乐,然后富贵不足动其心。【二七】

天下事,大患只是畏人非笑。不养车马,食粗衣恶,居贫贱,皆恐人非笑。不知当生则生,当死则死,今日万钟明日弃之,今日富贵明日饥饿亦不恤,惟义所在。义之所在,则死生去就有所不顾,况夫怀龌龊之见,畏人非笑而耻居贫贱,岂





---

① 管赞程曰:"自'贤者惟知义'至此为一章,言士必严辨义利于毫厘之间,乃能实见此理,而不为利禄科举所夺。"

② 熊刚大曰:"世禄者,父祖食君之禄,其子孙后以荫袭而食禄也。"

③ 张伯行曰:"此为世家子弟不务循理者戒也。"

④ 熊刚大曰:"实则出于计穷而不能通,力屈而不能伸,才短而无所用。"

有大丈夫之气哉?①

## 校勘记

【一】盖其尊德乐道之心不如是　“道”下,周易程氏传卷一蒙传无“之心”二字。

【二】故得其进则有为而无不善　“为”原作“馀”,据明修本、邵本改。

【三】何咎之有　“何”原作“同”,据明修本、邵本改。

【四】君子所贵　“贵”,原作“赍”,据邵本改。按,本条注文“君子所贵”之“贵”亦如是。

【五】君子以得行谊为荣　“谊”,邵本作“义”。

【六】四者虽处心有小大　“小大”,邵本作“大小”。

【七】固当深戒　“固”,邵本作“故”。

【八】艰彼之进　“艰”,邵本作“难”。按,本条注文“艰彼之进”之“艰”,亦同。

【九】而爻之象曰　“彖”,邵本作“象”。按,“君子于行,三日不食”为明夷卦爻辞。

【一〇】苟有官守而不见信于上　“而”原本无,据明修本补。

【一一】自“然事”至“不失其时矣”,元刊本单列刻印,据明修本、邵本当与前文合为一条。

【一二】则亦陷于非义　“陷”,杨本作“蹈”。

【一三】每不暇谨择所向　“择”,邵本作“持”。

【一四】如荀彧之类是也　“彧”原作“或”,据明修本、邵本改。

【一五】则心必念念不肯舍　“必”,邵本作“心”。

【一六】惟实见是非之理　“惟”,明修本作“推”。

【一七】但见未有实耳　“未有”,邵本作“有未”。

【一八】则虽三尺童子　“童子”,邵本作“之童”。

---

① 管赞程曰:“自‘横渠先生’至此为一章,言士当去利存义。”〇张绍价曰:“此节以‘惟义所在’,收结通篇,回应起处。‘天下事’三字,略以起下卷之意。”

【一九】实则胥壤之判　“壤”原作“襄”，据邵本改。

【二〇】赵景平问　“问”下，邵本有“伊川曰”三字。

【二一】邢恕久从先生　“恕”，明修本作“七”。

【二二】只是义理不能胜利欲之心　“胜”下，邵本有“其”字。

【二三】户部索前任历子　“索”，原作“案”，据杨本、邵本、遗书本、张本、茅本、江本改。

【二四】先生曰　“先生”二字原无，据邵本补。

【二五】某何尝不教人习举业也人若不习举业而望及第　“也人若不习举业”七字原无，据邵本补。

【二六】亦不可萌求之之心　“萌”，邵本作“有”。

【二七】此条，元刊本紧接于上条末刻印，据邵本当单列为一条。

# 近思录集解卷八　凡二十五条



此卷论治道。盖明乎出处之义，则于治道之纲领不可不素讲明之【一】。一旦得时行道，则举而措之耳。[①]

**濂溪先生曰：治天下有本，身之谓也；治天下有则，家之谓也。**朱子曰：则谓物之可视以为法者，犹俗言则例、则样是也。**本必端，端本，诚心而已矣；则必善，善则，和亲而已矣。**朱子曰：心不诚则身不可正，亲不和则家不可齐。○以上总论治天下者，其本在身，其则在家也。**家难而天下易，家亲而天下疏也。**朱子曰：亲者难处，疏者易裁。然不先其难，亦未有能其易者也。**家人离，必起于妇人，故睽次家人，以"二女同居"而"志不同行"也。**朱子曰：睽次家人，易卦之序。"二女"以下，睽彖传文。二女，谓睽卦兑下离上，兑少女，离中女也。阴柔之性，外和说而内积嫌【二】，故同居而异志。**尧所以厘降二女于妫汭，舜**



① 施璜曰："出处之义既明，则治道不可不讲。"○张绍价曰："此卷以端本立志为主，以诚心为总旨，以治天下之道法为分意。体似立纲，首三节为一篇之纲，下分三段以发明之。"

**可禅乎，吾兹试矣。是治天下观于家，**朱子曰：厘，理也。降，下也。妫，水名[三]。汭，水北。舜所居也。尧理治下嫁二女于舜将以试舜而授之天下也。○以上论善则在和亲之道。**治家观身而已矣。身端，心诚之谓也。诚心，复其不善之动而已矣。**朱子曰：不善之动息于外，则善心之生于内者，无不实矣。**不善之动，妄也。妄复则无妄矣，无妄则诚焉。**程子曰：无妄之谓诚。**故无妄次复，而曰"先王以茂对时，育万物"，深哉！**通书。○茂，笃实盛发之意。对，犹配也，谓配天时以育物。朱子曰：无妄次复，亦卦之序。"先王"以下，引无妄卦大象，以明对时育物，惟至诚者能之，而赞其旨之深也。○以上论端本在诚心之道。①

**明道先生言于神宗曰：得天理之正，极人伦之至者，尧舜之道也。用其私心，依仁义之偏者，霸者之事也。**熙宁二年，先生以大臣荐，召除太子中允，权监察御史里行。上疏首言王霸之事，有天理人欲之分、纲常纯驳之辨。**王道如砥，本乎人情，出乎礼义，若履大路而行，无复回曲。霸者崎岖反侧于曲迳之中[四]，而卒不可与入尧舜之道。**王道本乎人情之公，出乎礼义之正，平易正直而无回邪委曲之行。崎岖，艰险。反侧，不安之意。迳，委曲小路也。**故诚心而王，则王矣；假之而伯，则伯矣[五]。二者其道不同，在审其初而已。易所谓"差若毫厘，缪以千里"者，其初不可不审也。**王者修己爱民，正中国，攘夷狄，无非以诚心而行乎天理。霸者假尊王攘夷、救灾讨叛之名义，以号令天下而自尊大耳。其道虽霄壤之不侔，然其初但根

---

① 张绍价曰："此节以'治天下有本'，承上卷末节之意。以'端本诚心'领起通篇。"

于一念之公私诚伪而已[六]。〇朱子曰：宣帝杂王伯，元不识王伯[七]，只是以宽慈唤做王，严酷唤做伯。自古论王伯，至明道先生此札，无馀蕴矣。惟陛下稽先圣之言，察人事之理，知尧舜之道备于己，反身而诚之，推之以及四海，则万世幸甚。文集，下同。

伊川先生曰：当世之务，所尤先者有三：一曰立志，二曰责任，三曰求贤。①今虽纳嘉谋，陈善算，非君志先立，其能听而用之乎？君欲用之，非责任宰辅，其孰承而行之乎？君相协心，非贤者任职，其能施于天下乎？此三者，本也；制于事者，用也。三者之中，复以立志为本。所谓立志者，至诚一心，以道自任，以圣人之训为可必信，先王之治为可必行，不狃滞于近规，不迁惑于众口，必期致天下如三代之世也。立志笃实而远大，则不胶于浅近，不惑于流俗。②

比之九五曰："显比，王用三驱，失前禽。"传曰：人君比天下之道，当显明其比道而已。如诚意以待物，恕己以及人，发政施仁，使天下蒙其惠泽，是人君亲比天下之道也。如是，天下孰不亲比于上？积诚实之意以待物，推爱己之心以及人，发政施仁，公平正大，群心自然豫附人君，"显比"天下之道也。若乃暴其小仁，违道干誉，欲以求下之比[八]，其道亦已狭矣，其能得天下之比乎？暴小惠以市私恩，违正道以干虚誉，以是求比，则非"显比"矣。王者显明其比道，天下自然来比。





---

① 茅星来曰："上条言王霸之辨，以定所趋向。趋向既定，而其所当先者则在此三事也。"

② 张绍价曰："自首至此为一段，言治天下者端本诚心，行王道，黜霸功，在于人君之立志。一篇之纲领也。"

来者抚之，固不煦煦然求比于物。若田之"三驱"，禽之去者从而不追，来者则取之也。此王道之大，所以其民皞皞而莫知为之者也。煦煦，日出微温之貌。礼"天子不合围"，盖搜田之时，围于三面，前开一路，来者取之，去者不追。亦犹王者显明比道，初不执小惠以求人之比也。皞皞，广大自得之意。非唯人君比天下之道如此，大率人之相比莫不然。以臣于君言之，竭其忠诚，致其才力，乃显其比君之道也。用之与否，在君而已，不可阿谀逢迎，求其比己也。在朋友亦然，修身诚意以待之，亲己与否，在人而已，不可巧言令色，曲从苟合，以求人之比己也。于乡党亲戚，于众人莫不皆然，"三驱，失前禽"之义也。易传，下同。①

　　古之时，公卿大夫而下，位各称其德，终身居之，得其分也；位未称德，则君举而进之。士修其学，学至而君求之。皆非有预于己也。农工商贾勤其事而所享有限。故皆有定志，而天下之心可一。后世自庶士至于公卿，日志于尊荣；农工商贾，日志于富侈。亿兆之心，交骛于利，天下纷然，如之何其可一也？欲其不乱难矣！履卦象曰："君子以辨上下，定民志。"上之人不度其德而制爵位，则庶士以至公卿日志于尊荣；不明其分而立品节，则农工商贾日志于富侈。贵贱竞趋，而心欲无穷，此乱之所由生也。②

---

　　① 茅星来曰："此条言人君自有公平正大之体，纲纪法度之施，以亲比于天下，而不必用私恩小惠以取悦也。"○管赞程曰："自篇首至此为一章，言治天下首重心术，当以无妄为本。用感通之道，举而措之天下无难矣，所谓垂衣裳而天下治。此第一等治法，尧舜之治，不能外此，故列于首章，以为万世法焉。"

　　② 张伯行曰："此言为治在定民志也。"

泰之九二曰："包荒,用冯河。"传曰:人情安肆,则政舒缓,而法度废弛,庶事无节。治之之道,必有包含荒秽之量,则其施为,宽裕详密,弊革事理,而人安之。若无含弘之度,有忿疾之心,则无深远之虑,有暴扰之患。深弊未去,而近患已生矣,故在"包荒"也。当泰之盛,上下安肆,政令舒缓而不振,法度废弛而不立,庶事泛溢而无节,未可以亟正骤起之也。必有包含荒秽之量,而后见于施为者,宽裕而不迫,详密而不疏,不迫不疏,则弊可革,事可理,而人且安之矣。或者见其百度弛慢[九],不能含忍,而遽怀忿疾之心[一〇],则不暇详密,何有深远之虑? 不能宽裕,宁免暴扰之忧? 无深远之虑,则深弊未易革;有暴扰之忧,则近患已生矣。**自古泰治之世,必渐至于衰替,盖由狃习安逸,因循而然。自非刚断之君、英烈之辅,不能挺特奋发以革其弊也,故曰"用冯河"。**治泰之道,虽不容峻迫,然人情玩肆,因循苟且,渐已陵夷。苟非一人刚断,宰辅英烈,则亦未能挺特自立奋发有为,而作新积弊也。无舟渡河曰冯,谓必用冯河之勇也。**或疑上云"包荒",则是包含宽容,此云"用冯河",则是奋发改革,似相反也。不知以含容之量施刚果之用,乃圣贤之为也。**有含容之量,则刚果不至于疏迫;有刚果之用,则含容不至于委靡。二者相资,而后治泰之道可成也。①

观:"盥而不荐,有孚颙若。"传曰:君子居上,为天下之表仪,必极其庄敬,②如始盥之初,勿使诚意少散,如既荐之

---

① 张绍价曰:"此言治天下之道,贵有含容之量,尤贵有刚果之用也。"

② 茅星来曰:"此安定胡氏之言,而先生引之也。"○此条今见周易程氏传卷二观传,无"传曰"二字,而有"予闻之胡翼之先生曰"。故"君子居上,为天下之表仪,必极其庄敬"当为安定先生胡瑗语。

后，则天下莫不尽其孚诚，颙然瞻仰之矣。盥者，祭祀之始，盥洗之时也。荐者，献腥献熟之时也。方盥之始，人心精纯严肃。既荐之后，则礼仪繁缛，人心渐散。故为人上者，必外庄内敬，常如始盥之时，则天下之人莫不诚信其上，颙颙然仰望之矣。

凡天下至于一国一家，至于万事，所以不和合者，皆由有间也，无间则合矣。以至天地之生，万物之成，皆合而后能遂，凡未合者，皆为间也。若君臣、父子、亲戚、朋友之间，有离贰怨隙者，盖谗邪间于其间也。去其间隔而合之【一一】，则无不和且治矣。噬嗑者，治天下之大用也。噬嗑卦传。天地有间，则气不通，而生化莫遂；人伦有间，则情不通，而恩义日睽。"颐中有物曰噬嗑"，噬而合之【一二】，所以去间也，有治天下之大用焉。

大畜之六五曰："豮豕之牙，吉。"传曰：物有总摄，事有机会，圣人操得其要，则视亿兆之心犹一心。道之斯行，止之则戢，故不劳而治，其用若"豮豕之牙"也【一三】。得其要会，则视繁犹简，令行而禁止矣。豕，刚躁之物。若强制其牙，则用力劳而不能止；若豮去其势，则牙虽存而刚躁自止。君子法"豮豕"之义，知天下之恶不可以力制也。则察其机，持其要，塞绝其本原，故不假刑法严峻，而恶自止也。且如止盗，民有欲心，见利则动，苟不知教，而迫于饥寒，虽刑杀日施，其能胜亿兆利欲之心乎？圣人则知所以止之之道，不尚威刑而修政教，使之有农桑之业，知廉耻之道，"虽赏之不窃"矣。圣人所以制强暴者，盖亦察其机要而治其本原，则人自服矣。如所谓止盗之法是也，非若后世权谋之术，执其要害以御人之谓也。

解："利西南，无所往，其来复吉，有攸往，夙吉。"传曰：西南坤方，坤之体广大平易。当天下之难方解，人始离艰苦，不可复以烦苛严急治之，要济以宽大简易[一四]，乃其宜也。文王八卦方位，坤居西南维，故西南为坤。大难初解，与民休息之意。既解其难而安平无事矣，是"无所往"也。则当修复治道，正纪纲，明法度，进复先代明王之治，是"来复"也，谓反正理也。自古圣王救难定乱，其始未暇遽为也；既安定，则为可久可继之治。自汉以下，乱既除，则不复有为，姑随时维持而已，故不能成善治，盖不知"来复"之义也。大难既解，虽已安平而无所事，然兴废举坠，修复治道，以为久安长治之计者，不容苟且而遂已也。"有攸往，夙吉"，谓尚有当解之事，则早为之乃吉也。当解而未尽者，不早去则将复盛；事之复生者，不早为则将渐大，故夙则吉也。张柬之等不杀武三思，及其势复盛，乃欲除之，则亦晚矣。

夫"有物必有则"，父止于慈，子止于孝，君止于仁，臣止于敬，万物庶事，莫不各有其所。得其所则安，失其所则悖。圣人所以能使天下顺治，非能为物作则也，惟止之各于其所而已。艮卦彖传。事物各有天然之则，圣人非能为物作则，但处之各当其则而已。

兑说而能贞，是以上顺天理，下应人心，说道之至正至善者也。兑卦彖曰："说以利贞，是以顺乎天而应乎人。"若夫"违道以干百姓之誉"者，苟说之道，违道不顺天，干誉非应人，苟取一时之说耳，非君子之正道。君子之道，其说于民，如天地之施，感之于心而说服无斁。道出于天，违道则非顺天矣;誉出于人,干誉则非应人矣。①

**天下之事,不进则退,无一定之理。济之终不进而止矣,无常止也。衰乱至矣,盖其道已穷极也。圣人至此奈何?曰:唯圣人为能通其变于未穷,不使至于极,尧舜是也,故有终而无乱。**既济象曰:"终止则乱,其道穷也。"盛止必衰者,天下之常势。有盛无衰者,圣人之常道。常人苟安于既济[一五],乃衰乱之所由生。圣人通变于未穷[一六],故有终而无乱。易大传曰"尧舜氏作,通其变,使民不倦"是也。②

**为民立君,所以养之也。养民之道,在爱其力。民力足则生养遂,生养遂则教化行而风俗美,故为政以民力为重也。春秋凡用民力必书,其所兴作不时害义,固为罪也,虽时且义必书,见劳民为重事也。后之人君知此义,则知慎重于民力矣[一七]。**春秋书"不时"者,如隐公七年"夏城中丘"之类;书"时"者,如桓十六年冬"城向"之类。书"不义"者,如庄二十三年"丹桓宫楹"之类。书"义"者,如庄元年"筑王姬之馆"之类。**然有用民力之大而不书者,为教之意深矣。僖公修泮宫、复閟宫,非不用民力也,然而不书。二者,复古兴废之大事,为国之先务,如是而用民,乃所当用也。人君知此义,知为政之先后轻重矣。**经说,下同。○泮,半也。诸侯之学,乡射之宫,其东西南方有水,形如半璧,以其半于天子之辟廱,故曰泮宫也。閟,闭也,幽阴之义。宫,庙也。毛氏曰:"先妣

① 张绍价曰:"此言治天下之道,不可以妄说于民也。"

② 管赞程曰:"自'古之时'至此为一章,言欲致治,先须辨上下,定民志,塞乱原,革敝政。要以宽容刚果并用,庄敬诚意为本。然后乃能去谗间,持要领,正纪纲,明法度,防微杜渐,以臻郅治,而卒归功于父慈子孝君仁臣敬,为说道之至正至善,则能保其终而无乱也。"

姜嫄之庙。”孟仲子曰“是禖宫也”。泮宫者，所以教育贤材；閟宫者，所以尊事祖先。二者皆为国之先务，以是而用民力[一八]，故无议焉。

**治身齐家以至平天下者，治之道也；建立治纲，分正百职，顺天时以制事。至于创制立度，尽天下之事者，治之法也。圣人治天下之道，唯此二端而已。**道者治之本，法者治之具，不可偏废。然亦必本之立，而后其具可举也。①

**明道先生曰：先王之世以道治天下，后世只是以法把持天下。**遗书，下同。○先王治天下以仁义为主，法固在其中。后世惟持法令以控制天下[一九]，而法亦非先王之法矣。

**为政须要有纪纲文章，先有司、乡官读法、平价、谨权量，皆不可阙也。**大曰纲，小曰纪。文章，谓文法章程也。有司，众职也。必先正有司，而后考其成，会其要。乡官，如党正、族师、闾胥、比长之属[二〇]。读法，如州长于正月之吉及岁时祭祀[二一]，“各属其州之民而读法，以考其德行道艺而劝之，以纠其过恶而戒之”是也。平价，如“贾师各掌其次之货贿之治[二二]，辨其物而均平之，展其成而奠其贾”之类是也。权五：铢、两、斤、钧、石也。量五：龠、合、升、斗、斛也。②**人各亲其亲，然后能不独亲其亲。**使人各亲其亲，则亲亲之道公于天下。**仲弓曰：“焉知贤才而举之？”子曰：“举尔所知。尔所不知，人其舍诸？”便见仲弓与圣人用心之大小。推此义，则一心可以丧邦，一心可以兴邦，只在公私之间尔。**仲弓欲以一人之知举天下之贤，故疑





---

① 张习孔曰：“有治道，无治法，徒善不足以为政。有治法，无治道，徒法不能以自行。”

② 茅星来曰：“以上言治之法。法必待人而行，故下两节详言所以得人之道。”

其不足。夫子则因天下之贤举天下之贤，惟见其有馀。用心之公私、大小如此，推其极致，则一可以丧邦，一可以兴邦。①

**治道亦有从本而言，②亦有从事而言。从本而言，惟从“格君心之非”【二三】，“正心以正朝廷，正朝廷以正百官”。若从事而言，不救则已，若须救之，则须变【二四】，大变则大益，小变则小益。**论治本，则正君而国定矣。就事而言，则必有大更革，然后能救积弊，然要以“格君心”为本。

**唐有天下，虽号治平，然亦有夷狄之风。三纲不正，无君臣父子夫妇，其原始于太宗也。故其后世子弟皆不可使，君不君，臣不臣。故藩镇不宾，权臣跋扈，陵夷有五代之乱。**太宗以智力劫持取天下，其于君臣父子之义有亏，闺门之间又有惭德，三纲皆已不正。是以后世子孙气习相传，纲常陵夷而不可止。玄宗使肃宗至灵武，则自立称帝，使永王璘使江南，则反。君臣之道不正，遂使藩镇撅猖于外【二五】，阉竖擅专于内，驯致五季之极乱也。**汉之治过于唐。汉大纲正，唐万目举，本朝大纲正，万目亦未尽举。**大纲，谓纲常。唐之治目，若世业，若府兵，若租庸调，若省府，其区画法制，略仿先王之遗意，故亦足以维持天下。③

**教人者，养其善心而恶自消；治民者，导之敬让而争自**

① 茅星来曰：“此与下卷所论十事，皆明道就经书中举其最切要者，以为天下万世法，亦犹孔子论为邦而举四代礼乐也。但此摘其要，故载之治道；彼及其详，故列于治法也。惟乡官一项，下十事中亦有之，其馀四者则有以补十事之所未及。彼以法之大者言，此以法之小者言也。”

② 熊刚大曰：“为治之道有自本原而究论者。”

③ 茅星来曰：“观此二条所言，于程子所谓‘大纲正’者可以略见。此就汉、唐、宋以明治道治法之意。”

息。外书,下同。○道之以德,齐之以礼。

明道先生曰:必有关雎、麟趾之意,然后可行周官之法度。关雎咏文王妃姒氏有幽闲正静之德。麟趾咏文王子孙宗族有仁爱忠厚之性。朱子曰:自闺门衽席之微,积累至薰蒸洋溢,天下无一民一物不被其化,然后可以行周官之法度。不然,则为王莽矣。

"君仁莫不仁,君义莫不义。"天下之治乱,系乎人君仁不仁耳。离是而非,则"生于其心",必"害于其政",岂待乎作之于外哉?一国以一人为本,一人以一心为本。使人君有一念私邪,必将害于其政,奚待作于外而后可知?昔者孟子三见齐王而不言事,门人疑之,孟子曰:"我先攻其邪心。"心既正,然后天下之事可从而理也。夫政事之失,用人之非,知者能更之,直者能谏之。然非心存焉,则一事之失,救而正之,后之失者,将不胜救矣。"格其非心",使无不正,非大人[①]其孰能之?孟子见齐王,首言仁术,曰"是心足以王",至将求其所大欲,则曰"缘木求鱼,后必有灾,王欲行之,盍反其本?"凡皆以格其非心而兴其善意。至于一政事之得失,固未暇论。【二六】[②]

横渠先生曰:"道千乘之国",不及礼乐刑政,而云"节用而爱人,使民以时",言能如是则法行,不能如是则法不徒行。礼乐刑政,亦制数而已耳。正蒙,下同。○说见论语。道,治也。千乘,诸侯之国,其赋可出兵车千乘者。治国以人心为



---

① 江永曰:"朱子曰:大人者,大德之人,正己而物正者也。"

② 张绍价曰:"自'为民立君'至此为一段,详论治天下之道法,必端本于君心。"

本，必节己裕民，德意孚洽，民安其生，然后礼乐刑政有所措。

**法立而能守，则德可久，业可大。郑声、佞人，能使为邦者丧所以守**[二七]**，故放远之。**郑声者，郑国之俗淫邪，其作之诗，著于乐者，声皆淫靡。佞人者，口给面谀之人也。夫子既告颜子以四代之礼乐，而必欲"放郑声、远佞人"，盖二者荡心之原、败法乱纪之要也。①

**横渠先生答范巽之书曰：朝廷以道学、政术为二事，此正自古之可忧者。巽之谓孔孟可作，将推其所得而施诸天下邪？将以其所不为而强施之于天下欤？**道学、政术分为两途，则学与政皆非矣。使孔孟复生，必将推其所得之道，措之天下，必不以政术非吾所事，而姑以是强施之天下也。**大都君相以父母天下为王道，不能推父母之心于百姓，谓之王道可乎？所谓父母之心，非徒见于言，必须视四海之民如己之子。设使四海之内皆为己之子，则讲治之术，必不为秦汉之少恩，必不为五伯之假名。**视民犹子，则所以抚摩、涵育、教诲、辅翼之者，何所不尽！秦汉惨激少恩[二八]，五伯假义图利，皆无诚爱之心者也。**巽之为朝廷言，"人不足与适，政不足与间"，能使吾君爱天下之人如赤子，则治德必日新，人之进者必良士，帝王之道不必改途而成，学与政不殊心而得矣。**文集。○适，过也。间，非也。用人之非，不足过谪；行政之失，不足非间。惟能爱民如赤子，恳恻切至，则治德将日新，何忧为政之失？所任皆良士，何忧用人之非？帝王之道，即今日之政事，非有两途。今





---

① 茅星来曰："上为行法者言之，欲使后之人知所以立其本也。此为守法者言之，欲使后之人知有以去其害也。"

日之政术，即平日之学问，非有二心也。①

## 校勘记

【一】则于治道之纲领不可不素讲明之　“素”，邵本作“求”。

【二】外和说而内积嫌　“积”原作“猜”，据邵本改。

【三】妫水名　“妫”原作“为”，据明修本、邵本改。

【四】霸者崎岖反侧于曲迳之中　“曲迳”原作“由迳”，据明刊本改。又，邵本作“曲径”。

【五】假之而伯则伯矣　两“伯”字，邵本作“霸”。按，本条注文中的“伯”，邵本均作“霸”。下同不注。

【六】然其初但根于一念之公私诚伪而已　“但”原作“怛”，据邵本改。

【七】元不识王伯　“元”，邵本作“原”。

【八】欲以求下之比　“求”下，邵本有“天”字。

【九】或者见其百度弛慢　“弛慢”，邵本作“慢弛”。

【一〇】而遽怀忿之心　“忿”原作“忍”，据明修本、邵本改。

【一一】去其间隔而合之　“隔”原作“隅”，据明修本、邵本改。

【一二】噬而合之　“噬”原无，据邵本补。

【一三】其用若豮豕之牙也　“牙”原作“无”，据明修本、邵本改。

【一四】要济以宽大简易　“要”，邵本作“当”。

【一五】常人苟安于既济　“苟”原作“勾”，据明修本、邵本改。

【一六】圣人通变于未穷　“穷”原作“第”，据明修本、邵本改。

【一七】后之人君知此义则知慎重于民力矣　此十五字原无，据邵本补。

【一八】以是而用民力　“力”原作“自”，据明修本、邵本改。

【一九】后世惟持法令以控制天下　“持”原作“情”，据邵本改，明修本作

---

① 茅星来曰：“上二节泛论其理，此节乃为巽之言所以事君之道，以深明道学、政术非二事之意。”〇张绍价曰：“此节以‘心’字回应篇首濂溪之言，以‘王道’回应明道之言，收结篇中许多‘心’字‘道’字。以‘政术’收结‘法’字，起下卷论制度之意。”又曰：“自‘横渠先生’至此为一段，言法不徒立，法贵能守，当推父母之心，以行王道。”

“恃”。

【二〇】如党正族师闾胥比长之属　“党正族”原作“当五僚”，据明修本、邵本改。

【二一】如州长于正月之吉及岁时祭祀　“吉”原作“詰”，据明修本、邵本改。

【二二】如贾师各掌其次之货贿之治　“货”原作“贞”，据明修本、邵本改。

【二三】惟从格君心之非　“从”，邵本作“是”。“格”原作“各”，据明修本、邵本改。

【二四】则须变　“则”，邵本作“必”。

【二五】遂使藩镇撅猖于外　“撅猖”，明修本作“披猖”，邵本作“割据”。

【二六】自“昔者孟子三见”至“固未暇论”，元刊本单列刻印，据邵本当与前文合为一条。

【二七】能使为邦者丧所以守　“所以”，邵本作“其所”。

【二八】秦汉惨激少恩　“激”，邵本作“刻”。

# 近思录集解卷九　凡二十七条



此卷论治法。盖治本虽立，而治具不容阙。礼乐刑政有一之未备，未足以成极治之功也。①

**濂溪先生曰：古圣王制礼法，修教化，三纲正，九畴叙，百姓大和，万物咸若。**朱子曰：纲，网上大绳也[一]。三纲者，夫为妻纲、父为子纲、君为臣纲也。畴，类也。九畴，见洪范。若，顺也。此所谓理而后和也。**乃作乐以宣八风之气，以平天下之情。**朱子曰："八音以宣八方之风"，见国语。宣，所以达其理之分；平，所以节其和之流。**故乐声淡而不伤，和而不淫，入其耳，感其心，莫不淡且和焉。淡则欲心平，和则躁心释。**朱子曰：淡者，理之发；和者，和之为[二]。先淡后和，亦主静之意也。然古圣贤之论乐，曰和而已。此所谓淡，盖以今乐形之，而后见其本于庄正齐肃之意耳[三]。**优柔平中，德之盛也；天下化中，治之至也。是谓道配天地，古之极也。**朱子曰：欲心平，故平中；

① 茅星来曰："此篇乃斟酌先王之道使可行于今者，以为万世不易之准，学者宜究心焉。"〇张绍价曰："此卷以帝王之治为主，以道字为总旨，以礼乐刑政教养之法为分意。体似立纲，首节为一篇纲领，下分四段以发明之。"

躁心释，故优柔。言圣人作乐功化之盛如此。或云“化中”当作“化成”。**后世礼法不修，政刑苛紊，纵欲败度，下民困苦。谓古乐不足听也，代变新声，妖淫愁怨，导欲增悲，不能自止。故有贼君弃父，轻生败伦，不可禁者矣。**朱子曰：废礼败度【四】，故其声不淡而妖淫；政苛民困，故其声不和而愁怨。妖淫，故导欲而至于轻生败伦；愁怨，故增悲而至于贼君弃父。**呜呼！乐者，古以平心，今以助欲；古以宣化，今以长怨。**朱子曰：古今之异，淡与不淡、和与不和而已。**不复古礼，不变今乐，而欲至治者，远哉！**通书。○朱子曰：复古礼，然后可以变今乐。[①]

**明道先生言于朝曰：治天下以正风俗、得贤才为本。宜先礼命近侍贤儒及百执事，悉心推访有德业充备、足为师表者，其次有笃志好学、材良行修者，延聘敦遣，萃于京师，俾朝夕相与讲明正学。其道必本于人伦，明乎物理。**大而人伦，微而物理，皆道之体也。**其教自小学洒扫应对以往，修其孝悌忠信，周旋礼乐。其所以诱掖激厉、渐摩成就之道，皆有节序。**诱掖，引而进之。激厉，作而兴之。渐摩则有渐，成就则周足。**其要在于择善修身，至于化成天下，自乡人而可至于圣人之道，**择善者，致知、格物也。修身者，诚意、正心、修身也。化成天下者，齐家、治国、平天下也。乡人，乡里之常人，孟子曰“我犹未免为乡人”是也。**其学行皆中于是者为成德，取材识明达可进于善者，使日受其业。**所学所行中乎是者，谓择善修身足以化成天下，盖成德之士也。则又取夫材识明达、可与适道者，使受学于成德之人。**择其学明德尊者，为太学之**

① 张绍价曰：“此节以治道礼乐刑政，承上卷末节‘道学政术’，领起通篇。”

**师，次以分教天下之学。**教成使为学官，推教法于天下。**择士入学，县升之州，州宾兴于太学，聚而教之，岁论其贤者能者于朝。**此放周礼乡大夫宾兴、司马论士之制。**凡选士之法，皆以性行端洁、居家孝悌、有廉耻礼逊、通明学业、晓达治道者。**文集，下同。〇以此选士，则通于理而适于用，本于身而及于天下。其与后世以文词记诵取士者有间矣。

**明道先生论十事：一曰师傅，**古者自天子达于庶人，必须师友以成就其德业。今师傅之职不修、友臣之义未著，所以尊德乐善之风未成。**二曰六官，**天地四时之官，历二帝、三王未之或改。今官秩淆乱，职业废弛，太平之治，所以未至。**三曰经界，**制民常产，使之厚生，则经界不可不正，井地不可不均。今富者跨州县而莫之止，贫者流离饿殍而莫之恤。幸民虽多而衣食不足者，盖无纪极。生齿日益繁，而不为之制，则衣食日蹙，转死日多。**四曰乡党，**古者政教始乎乡里，其法起于比闾族党州乡酂遂，以相联属统治，故民相安而亲睦[五]，刑法鲜犯，廉耻易格。**五曰贡士，**庠序，所以明人伦，化成天下。今师学废而道德不一，乡射亡而礼义不兴。贡士不本于乡里，而行实不修；秀民不养于学校，而人材多废。**六曰兵役，**古者府史胥徒受禄公上，而兵农未始判也。今骄兵耗匮国力，禁卫之外，不渐归之农，则将贻深虑。府史胥徒之役毒遍天下，不更其制，则未免大患。**七曰民食，**古者民必有九年之食。今天下耕之者少，食之者众，地力不尽，人功不勤。固宜渐从古制，均田务农，公私交为储粟之法，以为凶岁之备。**八曰四民，**古者四民各有常职，而农者十居八九，故衣食易给。今京师浮民数逾百万，此在酌古变今，均多恤寡，渐为之业以救之耳。**九曰山泽，**圣人理物，山虞泽衡各有常禁，故万物阜丰而财用不乏。今五官不修，六府不治，用之无节，取之不时。惟修虞衡之职，使将养之[六]，则有变通长久之势。**十曰分数**。古者冠昏丧祭、车服器用，等差分别，莫敢逾僭，故财用易给，而民有常心。今礼制不足以检饬人情，名数不足以旌别贵贱，奸诈攘夺，人人求厌其欲，此争乱之道也。○以上十条并节录本文。**其言曰：无古今，无治乱，如生民之理有穷，则圣王之法可改。后世能尽其道则大治，或用其偏则小康，此历代彰灼著明之效也。苟或徒知泥古而不能施之于今，姑欲徇名而遂废其实，此则陋儒之见，何足以论治道哉！然傥谓今人之情皆已异于古，先王之迹不可复于今，趣便目前，不务高远，则亦恐非大有为之论，而未足以济当今之极弊也**。泥古而不度今之宜，徇复古之名而失其实，此固陋儒之见。然遂谓先王治法不可用于今，苟且卑陋，此又世俗之浅识，岂足以大有为而拯极弊哉？[七]①

**伊川先生上疏**，先生除崇政殿说书，首上此疏。**曰：三代之时，人君必有师、傅、保之官，"师，道之教训**；道，开诱也。**傅，傅之②德义**；傅，附益也。**保，保其身体"**。保，安全也。**后世作事无本，知求治而不知正君，知规过而不知养德**。君正则治可举，德盛则过自消。正君养德者，本也。求治规过者，末也。**傅德义之道，固已疏矣；保身体之法，复无闻焉**。后世徒存傅保之名而无其职[八]。不言师者，今日经筵之官，则道之教训之事。**臣以为傅德义者，在乎防见闻之非，节嗜好之过**；非

① 胡居仁曰："明道所论十事，条理详备。先王之治，尽于此矣。当时若能用之，从容三代之法可复。"○管赞程曰："自'明道先生言于朝'至此为一章，明道论修学校为教，论十事为政。圣人复起，不易其言，惟此可以继周子之政教以臻郅治也。"

② "傅之"，论经筵第二札子作"傅其"。

礼之事不接于耳目，嗜好之私不溺乎心术，则德义进矣。**保身体者，在乎适起居之宜，存畏慎之心。**外适起居之宜，内存畏谨之念，则心神庄肃，气体和平矣。**今既不设保傅之官，则此责皆在经筵。欲乞皇帝在宫中，言动服食，皆使经筵官知之。**宫中言动服食之间，经筵官皆得与闻之。则深宫燕私之时，无异于经筵讲诵之际。对宦官、宫妾之顷，犹若师保之临乎前也。**有剪桐之戏，则随事箴规；违持养之方，则应时谏止。**文集。○史记：成王与叔虞戏，削桐叶为珪，曰："以此封若。"史佚曰："天子无戏言。"遂请封叔虞于唐。○本注：遗书又云：某尝进言，欲令上于一日之中，亲贤士大夫之时多，亲宦官宫人之时少，所以涵养气质，薰陶德性。[1]

**伊川先生看详三学条制云：[2]旧制公私试补，盖无虚月。学校礼义相先之地，而月使之争，殊非教养之道。请改试为课，有所未至，则学官召而教之，更不考定高下。**设教之道，礼逊为先。**制尊贤堂以延天下道德之士，及置待宾吏师斋，立检察士人行检等法。**尊贤，谓道德可矜式者。待宾，谓行能可宾敬者。吏师，通于治道，可为吏之师法也。三者皆才德过人，首延礼之，使士人知所向慕。次乃立检察士行之法[九]。**又云：自元丰后设利诱之法，增国学解额至五百人，来者奔凑，舍父母之养，忘骨肉之爱，往来道路，旅寓他土，人心日偷，士风日薄。**偷，苟得也。薄，谓薄于人伦。**今欲量留一百人，馀四百人分在州郡解额窄处。自然士人各安乡土，养**




---

① 薛瑄曰："伊川经筵疏皆格心之论。三代以下，为人臣者，但论政事人才而已，未有直从本原，如程子之论也。"

② 熊刚大曰："先生仕于朝，尝详定太学、宗学、武学条令学制。"

其孝爱之心，息其奔趋流浪之志，风俗亦当稍厚。又云：三舍升补之法，皆案文责迹，有司之事，非庠序育材论秀之道【一〇】。旧制以不犯罚为行，试在高等为艺。按其文而不考其实，责其迹而不察其心。教之者，非育才之道。取之者，非论秀之法。①盖朝廷授法必达乎下，长官守法而不得有为，是以事成于下，而下得以制其上，此后世所以不治也。朝廷之法直达于下，中间更不任人，故长吏拘于法而不得自任，在下者反得执法，以取必于上。后世不治，皆此之由，非独庠序而已。或曰长贰得人则善矣，或非其人，不若防闲详密，可循守也【一一】。殊不知先王制法，待人而行，未闻立不得人之法也【一二】。苟长贰非人，不知教育之道，徒守虚文密法，果足以成人材乎？或者谓任人则人不能保其皆善，任法则法犹可守也。殊不知法待人而后行，苟不得人，则虽有密法而无益于成才；苟得其人，则无待于密法，而法之密反害其成才之道。故不若略文法而专责任也。②

明道先生行状云：先生为泽州晋城令，民以事至邑者，必告之以孝悌忠信，入所以事父兄，出所以事长上。教民孝悌，为政先务。度乡村远近为伍保，使之力役相助，患难相恤，而奸伪无所容。五家为伍，五伍为保。伍谓相参比也，保谓相保任也。凡孤茕残废者，责之亲戚乡党，使无失所。行旅出于其途者，疾病皆有所养。孤茕而无依，残废而不全，羁旅而





---

① 茅星来曰："此条虽统三学而言，而其实专论太学所以教士之道也。"

② 张绍价曰："治道之本，君心而外，莫如学校。明道学校札子，从本原上改革，体用兼备，作养人材之道，莫善于此。伊川学制，从末流上补救，姑发此以为之兆耳。故朱子谓必如明道之议，乃可以大正其本，而尽革其弊。"

疾病者，皆穷民无告，使之各得所养。**诸乡皆有校**【一三】**，暇时亲至，召父老与之语；儿童所读书，亲为正句读；教者不善，则为易置；择子弟之秀者，聚而教之。乡民为社会，为立科条，旌别善恶，使有劝有耻。**观此，则养民善俗、平易忠厚之政可知矣。①

**萃："王假有庙。"传曰：群生至众也，而可一其归仰；人心莫知其乡也，而能致其诚敬；鬼神之不可度也，而能致其来格。天下萃合人心、总摄众志之道非一，其至大莫过于宗庙，故王者萃天下之道至于有庙，则萃道之至也。**假，至也。王者至于有庙，则萃道之盛也。盖群生向背不齐，惟于鬼神则归仰如一【一四】；人心出入无时，惟奉鬼神则诚敬自尽。言人心之涣散，每萃于祭享也。鬼神，视之而弗见，听之而弗闻，然齐明盛服以承祭祀【一五】，则洋洋如在，可致来格。言鬼神之游散，亦每萃于宗庙也。**祭祀之报，本于人心，圣人制礼以成其德耳。故豺獭能祭，其性然也。**易传。②

**古者戍役，再期而还。今年春暮行，明年夏代者至，复留备秋，至过十一月而归。又明年仲春遣次戍者。**③ **每秋与冬初，两番戍者皆在疆圉，乃今之防秋也。**经说。○论采薇遣戍役【一六】。北狄畏暑耐寒，又秋气折胶，则弓弩可用，故秋冬易为侵暴，每留戍以防之。





---

① 管赞程曰："自'伊川先生上疏'至此为一章，言养君德为出治之原，然后可言学制，以推教养于天下。"○张绍价曰："以上三节为一段，一正君德，一详学制，一为令教养之法，皆治道之要务也。"

② 张绍价曰："此言萃天下之道，在于宗庙祭祀也。"

③ 此条今见河南程氏经说卷三诗解，"春"下有"至春暮"三字。

**圣人无一事不顺天时，故至日闭关。**[①]遗书[②]，下同。○复卦象传，说见第四卷。

**韩信多多益办，只是分数明。**分者，管辖阶级之分。数者，行伍多寡之数。分数明，则上下相临，统纪不紊，所御者愈众，而所操者常寡。

**伊川先生曰：管辖人亦须有法，徒严不济事。今师千人，能使千人依时及节得饭吃，只如此者亦能有几人？**管辖，统军之官。法谓区画分数之法。**尝谓军中夜惊，亚夫坚卧不起。不起善矣，然犹夜惊何也？亦是未尽善。**汉景帝时，七国反，遣周亚夫将兵击之。军中夜惊，扰至帐下，亚夫坚卧帐中不起，有顷遂定。

**管摄天下人心，**[③]**收宗族，厚风俗，使人不忘本，须是明谱系，收世族，立宗子法。**谱，籍录也。系，联属也。明之者，辨著其宗派。古者诸侯之適子適孙，继世为君，其馀庶子不得祢其先君，因各自立为本派之始祖，其子孙百世皆宗之，所谓大宗也[一七]。族人虽五世外，皆为之齐衰三月。大宗之庶子又别为小宗，而小宗有四：其继高祖之適长子，则与三从兄弟为宗；继曾祖之適长子，则与再从兄弟为宗；继祖之適长子，则与同堂兄弟为宗[一八]；继祢之適长子，则与亲兄弟为宗。盖一身凡事四宗，与大宗为五宗也。**又曰：一年有一年工夫。**行之以渐，持之以久。

**宗子法坏，则人不自知来处，以至流转四方，往往亲未**





---

① 熊刚大曰："至日，十一月冬至之日也。阴方退而阳犹稚，圣人于此日闭关、息商旅。盖迎夫方长之阳，而绝彼阴柔之牵也。"

② 茅星来曰："此条见外书陈氏本拾遗，列遗书，误。"○按，此条今见河南程氏外书卷三陈氏本拾遗。

③ 熊刚大曰："以心无所统，则纲伦法斁，故管握摄持天下之人心。"

绝，不相识。今且试以一二巨公之家行之，其术要得拘守得，须是且如唐时立庙院，仍不得分割了祖业，使一人主之。立庙院，则人知所自出而不散。不分祖业，则人重其宗而不迁。

凡人家法，须月为一会以合族，古人有花树韦家宗会法，可取也。每有族人远来，亦一为之。吉凶嫁娶之类，更须相与为礼，使骨肉之意常相通。骨肉日疏者，只为不相见，情不相接尔。



冠婚丧祭，礼之大者，今人都不理会。豺獭皆知报本，今士大夫家多忽此，厚于奉养而薄于先祖，甚不可也。某尝修六礼，大略家必有庙，庶人立影堂。○自"庶人"以下皆本注。庙必有主，高祖以上，即当祧也。主式见文集。又云：今人以影祭，或一髭发不相似，则所祭已是别人，大不便。月朔必荐新，荐后方食。时祭用仲月，止于高祖，旁亲无后者，祭之别位。冬至祭始祖，冬至，阳之始也。始祖，厥初生民之祖也。无主，于庙中正位设一位，合考妣享之。立春祭先祖，立春，生物之始也。先祖，始祖而下，高祖而上，非一人也。亦无主，设两位分享考妣。季秋祭祢，季秋，成物之时也。忌日迁主，祭于正寝。凡事死之礼，当厚于奉生者。人家能存得此等事数件，虽幼者可使渐知礼义。



卜其宅兆，宅，墓穴也。兆，茔域也。卜其地之美恶也。地美则神灵安，其子孙盛。然则曷谓地之美者？土色之光润，草木之茂盛，乃其验也。而拘忌者惑以择地之方位，决日之吉凶，甚者不以奉先为计，而专以利后为虑，尤非孝子安措之用心也。惟五患者，不得不慎：须使异日不为道路[一九]，不为城郭，不为沟池，不为贵势所夺，不为耕犁所及。本注云：一本所谓五患者：沟渠、道路、避村落、远井、窑。

正叔云：某家治丧，不用浮图。在洛亦有一二人家化之。司马公曰：世俗信浮屠诳诱[二〇]，饭僧设道场，舍经造像，修建塔庙，曰："为此者灭弥天罪恶[二一]，必生天堂，不为者必入地狱，受无边波吒之苦。"殊不知人生含气血[二二]，知痛痒，或剪爪剃发，从而烧斫之[二三]，已不知苦，况于死者形神相离，形则入于黄壤，朽腐消灭，与木石等，神则飘若风火，不知何之。借使锉烧舂磨，岂复知之？安得有天堂地狱之理？①

今无宗子[二四]，故朝廷无世臣。若立宗子法，则人知尊祖重本。人既重本，则朝廷之势自尊。古者宗子袭其世禄，故有世臣，人知尊祖而重本，上下相维，自然固结而不涣散，故朝廷之势自尊。古者子弟从父兄，今父兄从子弟，由不知本也。且如汉高祖欲下沛时，只是以帛书与沛父老，其父兄便能率子弟从之。又如相如使蜀，亦移书责父老，然后子弟皆听其命而从之。只有一个尊卑上下之分，然后顺从而不乱也。若无法以联属之，安可？汉初去古未远，犹有先王之遗俗，尊卑之分素定，所以上下顺承而无违悖也[二五]。且立宗子法，亦是天理。譬如木，必有从根直上一干，亦必有旁枝；又如水，虽远必有正源，亦必有分派处，自然之势也。直干、正源，犹大宗也。旁枝、分派，犹小宗也。然而又有旁枝达而为干者，故曰"古者天子建国，诸侯夺宗"云。天子为天下主，故

① 张伯行曰："伊川自言其家不用浮图，在洛之乡人，观感已久，亦有一二人家知佛教之谬，化而不用者，此可见天理人心终不泯灭，有其醒之，盖未有不悟者也。"

得封建侯国，赐之上而命之胙。诸侯为一国之主，虽非宗子，亦得移宗于己，建宗庙为祭主。①

**邢和叔叙明道先生事云：尧、舜、三代帝王之治，所以博大悠远，上下与天地同流者，先生固已默而识之。**所谓"识其大"者。**至于兴造礼乐制度文为，下至行师用兵战阵之法，无所不讲，皆造其极。外之夷狄情状，山川道路之险易，边鄙防戍城寨斥候控带之要，靡不究知。**垒土居民曰城，木栅处兵曰寨。斥，远也。候，伺也，谓远伺敌人。控，制御也。带，围护也。**其吏事操决，文法簿书，又皆精密详练。若先生可谓通儒全才矣。**附录。〇操决，谓操持断决也。

**介甫言律是八分书，是他见得。**外书。〇朱子曰：律是刑统，历代相传，至周世宗命窦仪注解[二六]，名曰刑统。与古法相近，故曰"八分书"。又曰：律所以明法禁非，亦有助于教化，但于根本上少有欠缺耳。是他见得，盖许之之词。[二七]②

**横渠先生曰：兵谋师律，圣人不得已而用之。其术见三王方策、历代简书。惟志士仁人为能识其远者大者，素求预备而不敢忽忘。**文集，下同。〇好谋而成，师出以律。虽圣人用师，无谋则必败，无律则必乱。特非若后世谲诈以为谋，酷暴以为律。斯其为远者大者，惟志士仁人为能识之。③



① 管赞程曰："自'萃王假有庙'至此为一章，言萃合人心，莫大于宗庙。故推及宗庙祭祀丧葬之礼，皆本于人性而不能已。而戍役兵谋，亦必以得人和为本，故论宗庙，亦言及之。"

② 管赞程曰："自'邢和叔叙明道先生事'至此为一章，言帝王之治虽本于礼乐，而兵阵、夷情、吏事、刑律，亦不可不知。"

③ 江永曰："志士仁人，有任天下之志，有忧天下之心，故兵事亦留意焉。横渠先生少年喜谈兵，所谓'素求预备'，'不敢忽忘'者。"

肉辟于今世死刑中取之，亦足宽民之死，过此，当念其散之之久。肉刑有五：刻颊曰墨辟，截鼻曰劓辟，刖足曰剕辟，淫刑曰宫辟，死刑曰大辟。至汉文帝始罢墨、劓、剕、宫之刑[二八]，或曰宫刑不废。今欲取死刑情轻者，用肉刑以代之。外此当念民心离散之久[二九]，必明礼义教化以维持之，不但省刑以缓死。

吕与叔撰横渠先生行状云：先生慨然有意三代之治，论治人先务，未始不以经界为急。尝曰："仁政必自经界始。贫富不均，教养无法，虽欲言治，皆苟而已。孟子曰"仁政必自经界始"，盖经界不正，则富者有所恃而易于为恶，贫者失所养而不暇为善。教养之法俱废[三〇]，其治苟且而已。世之病难行者，未始不以亟夺富人之田为辞。然兹法之行，悦之者众。苟处之有术，期以数年，不刑一人而可复。所病者特上之人未行耳。"乃言曰："纵不能行之天下，犹可验之一乡。"方与学者议古之法，共买田一方，画为数井，上不失公家之赋役，退以其私正经界，分宅里，立敛法，广储蓄，兴学校，成礼俗，救灾恤患，敦本抑末，足以推先王之遗法，明当今之可行。此皆有志未就。

横渠先生为云岩令，政事大抵以敦本善俗为先。去浮华而务质，抑末作而尚本，皆敦本之事也。勉其孝悌，兴于礼逊，皆善俗之事也。每以月吉具酒食，召乡人高年会县庭，亲为劝酬，使人知养老事长之义。因问民疾苦，及告所以训戒子弟之意。行状。○月吉，月朔也。

横渠先生曰：古者"有东宫，有西宫，有南宫，有北宫，

**异宫**[1]**而同财”，此礼亦可行。古人虑远，目下虽似相疏，其实如此乃能久相亲。盖数十百口之家，自是饮食衣服难为得一。**族大人众，则服食器用固有不能齐者。同宫合处，则怨争之风或作矣。**又异宫乃容子得伸其私，所以“避子之私也，子不私其父，则不成为子”。古之人曲尽人情，必也同宫，有叔父、伯父，则为子者何以独厚于其父？为父者又乌得而当之？**虽同宗祖，然亲疏有分。异宫者，亦使人子各得尽情于其亲也。不然则交相病矣。**父子异宫，为命士以上，愈贵则愈严。**一命为士，则父子亦异宫。愈贵，则分制愈密。**故异宫犹今世有逐位，非如异居也。**乐说。

**治天下不由井地，终无由得平。**[2] **周道止是均平。**语录，下同。○“周道如砥”，言其平也。

**井田卒归于封建乃定。**国有定君，官有定守，故民有定业。后世长吏更易不常，相仍苟且，纵复井田，不归于封建，则其欺蔽纷争之患庸可定乎？[3]

**校勘记**

【一】网上大绳也　“绳”，邵本作“纲”。





① 茅星来曰：“‘异宫’之‘宫’，原文本作‘居’，张子恐人疑如后世之异居，故易以‘宫’字，观下文‘非如异居’句，意自可见。”

② 熊刚大曰：“古者画井制田九百亩，八家皆私百亩，中百亩为公田。治天下而不由此，终非均平齐一之道。”

③ 朱熹曰：“封建井田，乃圣王之制，公天下之法，岂敢以为不然！但在今日恐难下手。设使强做得成，亦恐意外别生弊病，反不如前，则难收拾耳。此等事，未须深论。他日读书多，历事久，当自见之也。”○张绍价曰：“自‘横渠先生曰兵谋师律’至此为一段，详论兵刑、井田、封建、为令政事，及异宫同财之礼。”又曰：“末二节以治道遥应首节，收结通篇。以‘平’字应首节作乐以平天下之情，起下卷武怒悲哀不平之意。”

【二】淡者理之发和者和之为　“理”，邵本作“礼”。下“和”字，邵本作“乐”。

【三】而后见其本于庄正齐肃之意耳　“正”，邵本作“敬”。

【四】废礼败度　“废礼”，邵本作“纵欲”。

【五】故民相安而亲睦　“睦”原作“陆”，据明修本、邵本改。

【六】使将养之　“将”，明刊本作“时”，邵本作“长”。

【七】此条，元刊本紧接于上条末刻印，据邵本当单列为一条。

【八】后世徒存傅保之名而无其职　“傅保”，邵本作“保傅”。

【九】次乃立检察士行之法　“士”原作“十”，据邵本改。

【一〇】非庠序育材论秀之道　“论”，邵本作“抡”。其下注文亦同。

【一一】不若防闲详密可循守也　“闲”原作“开”，据明修本、邵本改。

【一二】未闻立不得人之法也　“闻”原作“闲”，据明修本、邵本改。

【一三】诸乡皆有校　“校”原作“教”，据明修本、邵本改。

【一四】惟于鬼神则归仰如一　“如”，原作“无”，据邵本改。

【一五】然齐明盛服以承祭祀　“承”原则“聚”，据明修本、邵本改。

【一六】论采薇遣戍役　“薇”原作“微”，据明修本、邵本改。

【一七】所谓大宗也　“大”原作“太”，据明修本、邵本改。

【一八】则与再从兄弟为宗继祖之適长子则与同堂兄弟为宗　“则与同堂”前“则与再从兄弟为宗继祖之適长子”十四字原无，据邵本补。

【一九】须使异日不为道路　“异”，邵本作“后”。

【二〇】世俗信浮屠诳诱　“屠”，邵本作“图”。

【二一】为此者灭弥天罪恶　“弥天”，邵本作“除大”。

【二二】殊不知人生含气血　“气血”，邵本作“血气”。

【二三】或剪爪剃发从而烧斫之　“斫”，邵本作“研”。

【二四】今无宗子　按，此条今见河南程氏遗书卷十八刘元承手编，“子”下有“法”字。

【二五】所以上下顺承而无违悖也　“违”原作“溃”，据邵本改。

【二六】至周世宗命窦仪注解　“世”原作“用”，据邵本改。

【二七】此条，元刊本紧接于上条末刻印，据邵本当单列为一条。

【二八】至汉文帝始罢墨劓剕宫之刑 “始”原作“治”,“墨”原作“鼻”,均据邵本改。

【二九】外此当念民心离散之久 “离”,邵本作“涣”。

【三〇】教养之法俱废 “教”字原脱,据明修本、邵本补。

# 近思录集解卷十　凡六十四条

此卷论临政处事。盖明乎治道而通乎治法，则施于有政矣。凡居官任职，事上抚下，待同列，选贤才，处世之道具焉。①

**伊川先生上疏曰：夫钟，怒而击之则武**[一]**，悲而击之则哀，诚意之感而入也。告于人亦如是，古人所以斋戒而告君也。**心诚则气专，气专则声应，不诚而能感乎？**臣前后两得进讲，未尝敢不宿斋预戒，潜思存诚，觊感动于上心。若使营营于职事，纷纷其思虑，待至上前，然后善其辞说，徒以颊舌感人，不亦浅乎？**文集，下同。〇或问：伊川未进讲已前还有间断否[二]？朱子曰：寻常未尝不诚，临见君时又加意尔，如孔子沐浴而告哀公是也。②





---

① 茅星来曰："此卷亦致知格物之事，即程子所谓'应接事物而处其当'是也。以居官任职事尤重大而不可忽略，故独详焉。"〇张绍价曰："此卷以事君爱民处事与人之道为主，以存诚、得中、守正为总旨，以义理为分意。体似立纲，首五节为一篇纲领，以下分三段发明之。"

② 张绍价曰："此节以怒武、悲哀之不平，承上卷末节'平'字之意，以'诚'字领起通篇。"

伊川答人示奏藁书云：观公之意，专以畏乱为主。颐欲公以爱民为先，力言百姓饥且死，丐朝廷哀怜。因惧将为寇乱，可也。不惟告君之体当如是，事势亦宜尔。徒言民饥将乱为可虑，而不言民饥将死为可伤，则人主徒有忧惧忿疾之心，而无哀矜恻怛之意矣。告君之体，必词顺而理直可也。公方求财以活人，祈之以仁爱，则当轻财而重民；惧之以利害，则将恃财以自保。哀矜之心生，则能轻财以救民之死。忧惧之心作[三]，反将吝财以防民之变。古之时，得丘民则得天下。后世以兵制民，以财聚众，聚财者能守，保民者为迂。惟当以诚意感动，觊其有不忍之心而已。"四井为甸，四甸为丘。"得乎一丘之民，则可以得天下。说见孟子。后世以兵制民，谓民有所不足畏；以财养兵[四]，谓财有所不可阙。于是以聚财为守国之道，以爱民为迂缓之事。苟徒惧之以祸乱，则无恻隐爱民之心，愈增其聚财自守之虑矣。

明道为邑，及民之事，多众人所谓法所拘者，然为之未尝大戾于法，众亦不甚骇。谓之得伸其志则不可，求小补，则过今之为政者远矣。人虽异之，不至指为狂也。至谓之狂，则大骇矣。法令有未便于民者，众人为之未免拘碍。惟先生道德之盛，从容裁处，故不大戾当时之法，而有补于民，人虽异之，而不至于骇者，亦其存心宽平而区处有方也。尽诚为之，不容而后去，又何嫌乎？此又可以见先生忠厚恳恻之心，岂若悻悻然小丈夫之为哉！①





---

① 管赞程曰："自篇首至此为一章，言处事以至诚感人为第一义。其原本于无极太极，其志在于希圣希天，其要在于无欲，其克己工夫，在于惩忿窒欲，迁善以发乾之用，其终则能以诚感人。以此处事，非偶然所能者。二程先生盖以身立教，现身说法。朱子于此书卷一、卷二、卷四、卷五及此卷，皆以此义为首，联络一片，发明乾道圣人之学行，读者详之。"

**明道先生曰：一命之士，苟存心于爱物，于人必有所济。**苟存爱物之心，必有及物之效。

**伊川先生曰：君子观天水违行之象，知人情有争讼之道。故凡所作事，必谋其始，绝讼端于事之始，则讼无由生矣。谋始之义广矣，若慎交结、明契券之类是也。**易传，下同。○讼卦象传。坎下乾上为讼。天西运，水东流，故曰"违行"。交结，朋游亲戚也。契券，文书要约也。此皆生讼之端，虑其始，必谨必明。①

**师之九二，为师之主，恃专则失为下之道，不专则无成功之理，故得中为吉。**恃专则失为下之道，如卫青不敢专诛，而具归天子使自裁之是也。不专则不能成功，所谓"将在军[五]，君令有所不受"是也。二居中，故有得中之象。**凡师之道，威和并至则吉也。**威而不和，则人心惧而离；和而少威，则人心玩而弛。九二刚中，故有威和相济之象。

**世儒②有论鲁祀周公以天子礼乐，以为周公能为人臣不能为之功，则可用人臣不得用之礼乐。是不知人臣之道也。夫居周公之位，则为周公之事。由其位而能为者，皆所当为也。周公乃尽其职耳。**师卦九二传。成王幼，周公摄政。周公没，成王思其勋德，锡鲁以天子之礼乐，使祀周公焉。孔子曰："成王之赐，伯禽之受，皆非也。"或者谓周公能为人臣不能为之功，故可用人臣不得用之礼乐。夫圣人之于事君也，有尽其道而

---

① 张绍价曰："自篇首至此为一段，揭出告人、告君、爱民、作事四项，以为一篇纲领。"

② 李文炤曰："世儒，谓王介甫。鲁用天子礼乐，'成王之赐，伯禽之受，皆非也'。世儒曲为之说，故程子诋之。"

已，非有加于职分之外也。若职分之外，是乃过为矣。

大有之九三曰："公用亨于天子，小人弗克。"传曰：三当大有之时，居诸侯之位，有其富盛，必用亨通于天子，谓以其有为天子之有也，乃人臣之常义也。当大有之时，公侯擅所有之富，故戒之以"用亨通于天子"。如朝觐供贡之仪，凡所以奉上之道，皆不敢自有其有，乃为尽人臣之义也。若小人处之，则专其富有以为私，不知公己奉上之道，故曰"小人弗克"也。①

人心所从，多所亲爱者也。常人之情，爱之则见其是，恶之则见其非。②故妻孥之言，虽失而多从；所憎之言，虽善为恶也。苟以亲爱而随之，则是私情所与，岂合正理？故随之初九，出门而交，则"有功"也。人心之从违，多蔽于好恶之私，而失其是非之正。卦主于随，苟惟亲暱之随，则违正理矣。故必出门而交，则无所系累，而所从者"有功"也。

随九五之象曰："孚于嘉吉，位正中也。"传曰：随以得中为善[六]，随之所防者过也。盖心所悦随，则不知其过矣。震下兑上为随。震，动也。兑，悦也。以悦而动，易过于随而不自知，故必得中为善。

坎之六四曰："樽酒簋贰用缶，纳约自牖，终无咎。"传曰：此言人臣以忠信善道结于君心，必自其所明处乃能入也。一樽之酒，二簋之食，复以瓦缶为器，质之至也，所谓"忠信善道"也。牖者，室中所以通明也。盖忠信者，纳约之本，虽怀朴素之

① 管赞程曰："自'一命之士'至此为一章，言大小臣工，各以尽职为道。"

② 熊刚大曰："爱一人，则是者固见其是，非者亦以为是。恶之人，则非者固见其非，是者亦以为非。"

诚,苟不因其明而纳焉,则亦不能入矣。人心有所蔽,有所通,通者明处也。当就其明处而告之,求信则易也,故云"纳约自牖"。能如是,则虽艰险之时,终得无咎也。人心各有所蔽,各有所通。攻其蔽,则未免扞格。因其明而道之,则易于听信。且如君心蔽于荒乐,唯其蔽也故尔,虽力诋其荒乐之非,如其不省何?必于所不蔽之事,推而及之,则能悟其心矣。自古能谏其君者,未有不因其所明者也。故讦直强劲者,率多取忤;而温厚明辨者,其说多行。讦者,发人之阴恶也。讦直则无委曲,强劲则乏和顺,故矫拂之过每至抵牾。温厚者其气和,明辨者其理著。故感悟之易,每多听从。"纳约自牖",惟温厚明辨者能之。非唯告于君者如此,为教者亦然。夫教必就人之所长,所长者心之所明也。从其心之所明而入,然后推及其馀,孟子所谓"成德"、"达才"是也。"成德"者,因其有德而成就之。"达才"者,因其有才而遂达之。皆谓就其所长开导之也。

恒之初六曰:"浚恒,贞凶。"象曰:"浚恒之凶,始求深也。"传曰:初六居下,而四为正应。四以刚居高,又为二三所隔,应初之志,异乎常矣。而初乃求望之深,是知常而不知变也。初与四为位应,九与六为爻应,此理之常也。然为九二、九三所隔,则已改其常矣。初六当常之时,知常而不知变,求之过深,是以至于凶悔也。世之责望故素而至悔咎者,皆"浚恒"者也。素,旧也。

遁之九三曰:"系遁,有疾厉,畜臣妾吉。"传曰:系恋之私恩,怀小人、女子之道也。故以畜养臣妾则吉。九三下乘六二,有系恋之心,则失宜遁之时矣,故有灾危。然君子用是道以蓄其臣妾，则可以固结其欲遁之心，是以吉也。**然君子之待小人，亦不如是也。**御下之道，苟所当去，亦不可以系恋而姑息也。①

**睽之象曰："君子以同而异。"传曰：圣贤之处世，在人理之常，莫不大同，于世俗所同者，则有时而独异。**圣贤之所为，惟顺乎理而已，岂顾夫世俗之同异哉！故循于天理之常者[七]，圣贤安得不与人同？出于流俗之变者，圣贤安得不与人异？**不能大同者，乱常拂理之人也；不能独异者，随俗习非之人也。要在同而能异耳。**同而能异，则不拂于人理之常，而亦不徇乎习俗之化，惟理之从耳。然其所以为异者，乃所以成其大同也。是亦一事而已。

**睽之初九，当睽之时，虽同德者相与，然小人乖异者至众，若弃绝之，不几尽天下以仇君子乎？如此则失含弘之义，致凶咎之道也，又安能化不善而使之合乎？故必"见恶人"，则无咎也。**初与四位相应，而爻皆阳，为同德相与，不至睽孤。然当睽之时，乖异者众，故必恢含弘之义[八]，而无弃绝之意，则不善者可化，乖异者可合，乃无咎也。②**古之圣王所以能化奸凶为善良，革仇敌为臣民者，由弗绝也。**弗绝之，则开其自新之路，而启其从善之机也。③

**睽之九二，当睽之时，君心未合，贤臣在下，竭力尽诚，期使之信合而已。**二五相应。然时方睽违，上下乖戾，故二必外



---

① 管赞程曰："自'人心所从'至此为一章，言处常人之法当如此。"

② 熊刚大曰："亦必见恶人然后可以辟咎，如孔子之于阳货也。"

③ 张习孔曰："恶人，素不相善之谓，非为恶之人也。先生所言，亦处睽之一道，非概言其当然也。"

竭其力，内尽其诚，期使疑者信、睽者合耳。**至诚以感动之，尽力以扶持之，明义理以致其知，杜蔽惑以诚其意，如是宛转以求其合也。**内竭其诚以感动君心，外尽其力以扶持国政，此尽其在我者也。推明义理，使君之知无不至；杜塞蔽惑，使君之意无不诚，此启其君者也。如是宛转求之，睽者庶其可合，所谓“遇主于巷”也。巷者，委曲之途也。**“遇”非枉道逢迎也，“巷”非邪僻曲径也**[九]**，故象曰：“遇主于巷，未失道也。”**上言“遇主于巷”，亦正理之当然。苟遇不以直，而至于枉道逢迎；巷不以正，而至于邪僻曲径；苟求其合，而陷于邪枉，则又非“遇主于巷”之道也。①

**损之九二曰：“弗损，益之。”传曰：不自损其刚贞，则能益其上，乃益之也。若失其刚贞而用柔说，适足以损之而已。**刚正不挠，乃能有益于君。盖柔邪之人，阿意顺旨，惟务容悦。善而遇柔悦，善亦不维[一〇]；恶而遇柔悦，必长其恶矣。故国有险佞之臣，士有善柔之友，皆有损而无益。**世之愚者，有虽无邪心而惟知竭力顺上为忠者，盖不知“弗损，益之”之义也。**九二刚中，非有邪心者，但当损下益上之时，惟知损己以奉上，而不知臣道之少贬，未有能致益其君者，故有“弗损，益之”之戒。

**益之初九曰：“利用为大作，元吉，无咎。”象曰：“元吉，无咎，下不厚事也。”传曰：在下者本不当处厚事。**厚事，重大之事也。**以为在上所任，所以当大事，必能济大事而致元吉，乃为无咎。能致元吉，则在上者任之为知人，己当之为胜任，不然则上下皆有咎也。**“大作”，即厚事之谓也。





① 张绍价曰：“此言臣之于君，当委曲以求合也。”

卦当损上益下，初居最下，受上之益。是当大任者，必克济其事，而大善上下，乃可“无咎”。①

**革而无甚益，犹可悔也，况反害乎？古人所以重改作也。**革卦象传。事之变更，则于大体不能无伤。苟非有大益、无后患，君子不轻于改作。

**渐之九三曰：“利御寇。”传曰：君子之与小人比也，自守以正。岂唯君子自完其己而已乎？亦使小人得不陷于非义。是以顺道相保，御止其恶也。**九三上下皆阴，是君子与小人同列相比也。君子以守正而不失其身，小人亦以近正而不敢为恶。以顺道而相保，保是能止其恶也[一一]。

**旅之初六曰：“旅琐琐，斯其所取灾。”传曰：志卑之人，既处旅困，鄙猥琐细，无所不至，乃其所以致悔辱，取灾咎也。**初居旅之下，故为志卑之人。此教人处旅困之道，当略细故、存大体，斯免悔咎也。

**在旅而过刚自高，致困灾之道也。**旅卦九三象传。过刚则暴戾而乏和顺，自高则矫亢而人不亲附。处旅如是，必致困灾。②

**兑之上六曰：“引兑。”象曰：“未光也。”传曰：说既极矣，又引而长之，虽说之之心不已，而事理已过，实无所说。事之盛则有光辉，既极而强引之长，其无意味甚矣，岂有光也？**兑之上六，悦之极也。悦极而复引之，事既过而强为悦，何辉光之有？




---

① 陈沆曰：“自此推之，则凡居下者不当厚事，如子之于父，臣之于君，僚属之于官长，皆不可以逾分越职。纵可为，亦须是尽善，方能无过。”

② 茅星来曰：“以上二条皆言处旅之道，上条言过卑固所以取辱，此言过高亦所以致灾。”

**中孚之象曰："君子以议狱缓死。"传曰：君子之于议狱，尽其忠而已；于决死，极于恻而已。天下之事，无所不尽其忠，而议狱缓死，最其大者也。**议狱而无不尽之心，致其审也；决死而有不忍之心[一二]，致其爱也。君子虽无往不尽其中心之诚，而于议狱缓死，则尤其所谨重者也。

**事有时而当过，所以从宜，然岂可甚过也？如过恭、过哀、过俭，大过则不可，所以小过为顺乎宜也。能顺乎宜，所以大吉。**小过卦象传。"行过乎恭[一三]，丧过乎哀，用过乎俭"，皆小过之以顺乎事之宜。若过之甚，则恭为足恭，哀为毁瘠，俭为鄙悋，又失其宜矣。①

**防小人之道，正己为先。**小过卦九三传。待小人之道，先当正己。己一于正，则彼虽奸诈，将无间之可乘矣。其他防患之道，皆当以正己为先。②

**周公至公不私，进退以道，无利欲之蔽。**周公之心在于天下国家，而不在其身。是以至公无私，而进退合道，盖无一毫利欲之蔽。**其处己也，夔夔然存恭畏之心；其存诚也，荡荡然无顾虑之意。所以虽在危疑之地，而不失其圣也。**夔夔，戒谨卑顺之貌。存诚者，自信之笃也。荡荡，明白坦平之义。圣人虽当危疑之地，既不忿戾而改常，亦不疑惧而失守，是为不失其圣也。**诗曰："公孙硕肤，赤舄几几。"**经说，下同。○诗狼跋篇。硕，大也。肤，美也。孙，避让也。谓有大美而谦避不居也[一四]。赤

---

① 张习孔曰："事有时而当过，夫过岂有当哉？此如所谓仁可过，义不可过之说也。过恭者，卑不可逾；过哀、过俭者，丧易宁戚，不孙宁固。皆节取之义，虽过而不为甚过也。"

② 张绍价曰："自'师之九二'至此为一段，引易传之言，以明事君、待人、爱民、处事之道，在于安义理之当然，以尽诚为本，以得中为善，而归于以'正己为先'。"

舄，冕服之舄也。几几，进退安重貌。盖其恭顺安舒之意如此。

**采察求访，使臣之大务。**采察民隐、求访贤材二事，使职之大者也。

**明道先生与吴师礼谈介甫之学错处，谓师礼曰：为我尽达诸介甫，我亦未敢自以为是。如有说，愿往复。此天下公理，无彼我，果能明辨，不有益于介甫，则必有益于我。**遗书，下同。〇先生忠诚恳至，词气和平如此，岂若悻悻好胜自是者之为哉！①



**天祺在司竹，常爱用一卒长，及将代，自见其人盗笋皮，遂治之无少贷。罪已正，待之复如初，略不介意。其德量如此。**德量大，则不为喜怒所迁。

**明道因论"口将言而嗫嚅"云[一五]：若合开口时，要他头也须开口。**本注云：如荆轲于樊於期。**须是"听其言也厉"。**嗫嚅，欲言而不敢发之貌。厉，刚决之意。理明义直，内无不足，则出于口者，自然刚决，不可回挠，安有嗫嚅之态？〇朱子曰："合开口"者，亦曰理之所当言。樊於期事，非理所得言，特取其事之难言而犹言之耳。②

**须是就事上学。蛊"振民育德"，然有所知后，方能如此。"何必读书，然后为学？"**"振民育德"，修己治人之事也。然必知之至而后行之至，无非学也，岂但读书而谓之学哉？子路亦尝有是言，而夫子斥之，何也？盖为学之道固不专于读书，必以读书为穷理之本。子羔既未及为学，而遽使之以仕，为学则非特失知



① 张伯行曰："此见明道立心忠诚公普，故其论事和平，待人恳至，无人不闻而生感也。"

② 管赞程曰："自'睽之象曰'至此为一章，言处变之道。"

行之序，而且废穷理之大端，临事错缪，安能各当其则哉？程子之教，固以读书穷理为先务，然不就事而学，则舍简策之外，凡应事接物之际，不知所以用力，其学之间断多矣。二者之言各有在也。①

**先生见一学者忙迫，问其故。曰："欲了几处人事。"曰："某非不欲周旋人事者，曷尝似贤急迫？"**事虽多，为之必有序；事虽急，应之必有节。未闻可以急遽苟且而处之者。

**安定之门人往往知稽古爱民矣，则于为政也何有？**胡安定教学者以通经术，治时务，明体适用，故其门人皆知以稽古爱民为事。稽古则为政之法，爱民则为政之本。

**门人有曰：吾与人居，视其有过而不告，则于心有所不安，告之而人不受，则奈何？明道曰**[一六]**：与之处而不告其过，非忠也。要使诚意之交通，在于未言之前，则言出而人信矣。**诚意素孚，则信在言前。**又曰：责善之道，要使诚有馀而言不足，则于人有益，而在我者无自辱矣。**诚意多于言语，则在彼有感悟之益，在我无烦渎之辱。

**职事不可以巧免。**职所当为，而巧图规避，是自私用智之人也。

**"居是邦，不非其大夫"，此理最好。**朱子曰：下讪上，则无忠敬之心。②

**"克勤小物"最难。**不忽于小，谨之至也。③





---

① 茅星来曰："今人将事与学看作两截，所以学为俗学，事为俗事。不然，则日用应接无非事，即无非学也。时皆以读书为学，故程子云然。"

② 张绍价曰："好议论人短长，往往以言语贾祸。居是邦而非其大夫，不惟失忠敬之心，亦非保身之道也。"

③ 张绍价曰："人于日用言动，往往谨于大而忽于小。非工夫严密，不肯丝毫放过者，不能克勤小物，故程子以为最难。"

**欲当大任,须是笃实。**笃实则力量深厚而谋虑审固,斯可以任大事。

**凡为人言者,理胜则事明,气忿则招拂**[一七]。理胜而气平,则人易晓而听亦顺。或者理虽明而挟忿气以临之[一八],则反致扞格矣。①

**居今之时,不安今之法令,非义也。若论为治,不为则已,如复为之,须于今之法度内处得其当,方为合义。若须更改而后为,则何义之有?**中庸曰:"非天子,不议礼,不制度,不考文[一九]。"居下位而守上之法令,义也。由今之法而处得其宜,斯为善矣。若率意改作,则已失为下之义。

**今之监司,多不与州县一体。监司专欲伺察州县,州县专欲掩蔽。不若推诚心与之共治,有所不逮,可教者教之,可督者督之,至于不听,择其甚者去一二,使足以警众可也。**②

**伊川先生曰:人恶多事,或人悯之。世事虽多,尽是人事。人事不教人做,更责谁做?**人事虽多,皆人所当为者。苟有厌事之意,则应之必不尽其理矣。

**感慨杀身者易,从容就义者难。**一时感慨,至于杀身而不顾,此匹夫匹妇犹或能之。若夫从容就义,死得其所,自非义精仁熟者莫之能也。中庸曰"白刃可蹈,中庸不可能"是也。○张南轩曰:君子不避难,亦不入于难,惟当夫理而已。于所不当避而避,固




---

① 江永曰:"为人言者,从容以理开喻之,则人易晓而言易入矣。"

② 茅星来曰:"首四句言今时监司之弊,'不若'以下则为监司论所以待属官之道也。推诚心与之共治,正所以与州县一体者也。不能共治者则教之,教之而不从者则督之,总欲与为一体而已。"

私也。于所不当预而预，乃勇于就难，是亦私而已。如曾子、子思之避寇或不避，"三仁"之或死或不死，皆从容乎义之所当然而已。

人或劝先生以加礼近贵，先生曰：何不见责以尽礼，而责之以加礼？礼尽则已，岂有加也？此与孟子"不与右师言"同意。①

或问：簿，佐令者也。簿所欲为，令或不从，奈何？曰：当以诚意动之。今令与簿不和，只是争私意。令是邑之长，若能以事父兄之道事之，过则归己，善则唯恐不归于令，积此诚意，岂有不动得人？过则归之己，善则归之令。非曰姑为此以悦人，盖事长之道当如是也。②

问：人于议论，多欲直己，无含容之气，是气不平否？曰：固是气不平，亦是量狭。量狭故常欲己胜，而无含容之气。人量随识长，亦有人识高而量不长者，是识实未至也。见识陋，则人己得失之间皆为之动，是即量之狭也。故识之长则量亦长。大凡别事，人都强得，惟识量不可强。惟识与量，则随人天资学力所至，而不可强也。今人有斗筲之量，有釜斛之量，有钟鼎之量，十升为斗。筲，竹器，容斗二升[二〇]。釜，容六斗四升。十斗为斛，十斛为钟[二一]。有江河之量。江河之量亦大矣，然有涯，有涯亦有时而满，惟天地之量则无满。故圣人者，天地之量也。圣人之量，道也；常人之有量者，天资也。圣人之心纯乎道，道本无外，故其量亦无涯。天资者，气禀也。气禀则有涯，常人而能学以通乎道、极其至，则亦圣人之无涯也。天





---

① 管赞程曰："自'须是就事上学'至此为一章，言就事上学，则有实用以敦笃其实心，在己足以当大任，应物亦以诚动人。"

② 江永曰："此条合之'监司'一条，上之使下，下之事上，皆以诚为本。"

资有量须有限，大抵六尺之躯，力量只如此，虽欲不满，不可得也。如邓艾位三公，年七十，处得甚好，及因下蜀有功，便动了；谢安闻谢玄破苻坚，对客围棋，报至不喜，及归折屐齿，强终不得也。事见魏、晋史。更如人大醉后益恭谨者，只益恭谨便是动了[二二]，虽与放肆者不同，其为酒所动一也。又如贵公子位益高益卑谦，只卑谦便是动了，虽与骄傲者不同，其为位所动一也。居之如常而不为异者，量足以胜之也。一有意于其间，虽骄肆谦恭之不同，要皆为彼所动矣。然惟知道者，量自然宏大，不勉强而成。知道者，虽穷居陋巷而不加损，虽禄之以天下而不加益，举世誉之而不加劝，举世非之而不加沮[二三]，何者？道固不为之而有增损也。今人有所见卑下者，无他，亦是识量不足也[二四]。

人才有意于为公，便是私意。公者，天理之自然。有意为之，则计较安排，即是私意。昔有人典选，其子弟系磨勘，皆不为理，此乃是私意。选举者，朝廷之选举也。进退之权，实非己之所得而有，子弟该磨勘而不为理，盖避私嫌，而不知如此是以选举为己之私恩，乃是私意也。于此可以识大公之道矣。人多言古时用直，不避嫌得。后世用此不得，自是无人，岂是无时？本注云：因言少师典举、明道荐才事。○苟能以至公之心行至公之道，何嫌之避？何时而不可行？

君实尝问先生云："欲除一人给事中，谁可为者？"先生曰："初若泛论人才，却可。今既如此，颐虽有其人，何可言？"君实曰："出于公口，入于光耳，又何害？"先生终不言。泛论人物[二五]，则无不可。若择人任职，乃宰相之事，非在下位者所可与矣。此制义之方也。

先生云：韩持国服义最不可得。一日，颐与持国、范夷叟泛舟于颍昌西湖，须臾客将云【二六】①，有一官员上书谒见大资。颐将为有甚急切公事，乃是求知己。颐云："大资居位，却不求人，乃使人倒来求己，是甚道理？"韩维，字持国。范纯礼，字夷叟。在上位者，当勤于求贤，岂当待人反求知？求知者失己，使之求知者失士。夷叟云："只为正叔太执。求荐章，常事也。"颐云："不然，只为曾有不求者不与，来求者与之，遂致人如此。"②持国便服。

先生因言：今日供职，只第一件便做他底不得。吏人押申转运司状，颐不曾签。国子监自系台省，台省系朝廷官。外司有事，合行申状，岂有台省倒申外司之理？只为从前人只计较利害，不计较事体，直得恁地。春秋书法，王人虽微，序于诸侯之上，尊王也。③须看圣人欲正名处，见得道名不正时，便至礼乐不兴，是自然住不得。说见论语。名分不正，则施之于事者，颠倒而无序，乖戾而不和，礼乐何以兴？此自然必至之势。

学者不可不通世务。天下事譬如一家，非我为则彼为，非甲为则乙为。君子存心正大如此，其所以讲明世道者，盖亦非分外之事也。

"人无远虑，必有近忧"，思虑当在事外。外书，下同。○苏氏曰："虑不在千里之外，则患在几席之下。"此以地之远近言

① 冯景琦校刻近思录札记云："'云'叶作'去'。案遗书卷二十一上亦载此事，云'典谒白有士人坚欲谒公'。客将，即典谒也，叶误。"

② 熊刚大曰："才与之则起天下奔竞之风，则人一如此，而廉退之道丧矣。"

③ 张伯行曰："此见内重外轻，朝廷体统所当然，不可不谨也。"

也。一说："先事而图之，则事至而无患。"此以时之远近言也，然其理则一也。①

**圣人之责人也常缓，便见只欲事正，无显人过恶之意。**②

**伊川先生云：今之守令，唯"制民之产"一事不得为，其他在法度中甚有可为者，患人不为耳。**"制民之产"，谓井田贡助之法。③

**明道先生作县，凡坐处皆书"视民如伤"四字，常曰**【二七】**："颢常愧此四字。"**④

**伊川每见人论前辈之短，则曰：汝辈且取他长处。**扬人之短，本为薄德，况前辈乎？⑤

**刘安礼云：王荆公执政，议法改令，言者攻之甚力。明道先生尝被旨赴中堂议事，荆公方怒言者，厉色待之。先生徐曰："天下之事，非一家私议，愿公平气以听。"荆公为之愧屈。**附录，下同。○刘立之，字安礼，程子门人也。熙宁初，王荆公安石参知政事，创制新法，中外皆言其不便，荆公独愤然不顾。明道先生权监察御史里行，被旨赴中堂议事，从容一言之间，荆公乃为之愧屈。盖有以破其私己之见，而消其忿厉之气也。

**刘安礼问临民，明道先生曰：使民各得输其情。**民情皆得以上闻，则自无不得其所之患，然非平易聪达者能之乎？**问御**





---

① 江永曰："思虑在事外，则图之早，防之周，而近患可免矣。"

② 茅星来曰："只欲事正，公也；无显人过恶之意，恕也。公而恕，所以责人常缓。"

③ 江永曰："法度中有可为之事，惟有爱人之实心者能为之。"

④ 张习孔曰："能愧则民不伤。民伤者，不知愧也。"

⑤ 熊刚大曰："何不称其所长？此正中庸掩恶扬善之意。"○江永曰："前辈之短，非所当议。舍短取长，则有进德之益而无浮薄之失。"

吏，曰：正己以格物。居上既正，则下有所感而正矣，非徒事乎刑罚之严也。①

横渠先生曰：凡人为上则易，为下则难。然不能为下，亦未能使下，不尽其情伪也。大抵使人，常在其前，己尝为之，则能使人。文集。〇乐于使人而惮于事人，此常情也。然知事人之道，然后知使人之道。己未尝事人，则使人之际必不能尽其情。②

坎"维心亨"，故"行有尚"。外虽积险，苟处之心亨不疑，则虽难必济，而"往有功也"。坎为重险，故曰积险。二、五以刚居中，故外虽有积险，其中心自亨通而无所疑惧也。心亨而无疑，则可以出险矣。今水临万仞之山，要下即下，无复凝滞之在前。惟知有义理而已，则复何回避？所以心通。易说，下同。〇此以坎象而言，人于义理，苟能信之笃，行之决，如水之就下，则沛然而莫御，何往而不心亨哉？

人所以不能行己者，于其所难者则惰，其异俗者，虽易而羞缩。惟心弘，则不顾人之非笑，所趋义理耳，视天下莫能移其道。志不立，气不充，故有怠惰与羞缩。惟心弘则立志远大，义理胜则气充。然为之，人亦未必怪。正以在己者义理不胜，惰与羞缩之病，消则有长，不消则病常在，意思龌龊，无由作事。滕文公行三年之丧，始也父兄百官皆不欲，文公以义理所当，为发哀戚之诚心，人亦莫不悦服。所患在我义理不胜，则

① 张绍价曰："自'周公至公无私'至此为一段。引程子之言，以明处事、爱民、事上、接人之道，在于存诚循理合义，而归于正己以格物。"

② 熊刚大曰："如今人入仕初为州县之佐，是事州县而为州县所使，及自为州县，则能以前时受人所使者而使人矣。"

不能自强，故有惰与羞缩之患。**在古气节之士，冒死以有为，于义未必中，然非有志概者莫能，况吾于义理已明，何为不为？**志气感慨，虽未必中于义，而死且不顾。况吾义理既明，尚何怠惰羞缩之为？举重明轻，所以激昂柔儒之士。

**姤初六："羸豕孚蹢躅。"豕方羸时，力未能动，然至诚在于蹢躅，得伸则伸矣。**羸，弱也。蹢躅，跳跃也。豕性阴躁，虽当羸弱之时，其诚心未尝不在于动也，得肆则肆矣。犹小人虽困，志在求逞，君子所当察也。**如李德裕处置阉宦，徒知其帖息威伏，而忽于志不忘逞，照察少不至，则失其几也。**唐武宗时，德裕为相，君臣契合，莫能间之。宦寺之徒帖息畏伏，诚若无能为者，而不知其志在求逞也。继嗣重事，卒定于宦者之手，而德裕逐矣。盖几微之间，所当深察。

**人教小童，亦可取益。绊己不出入，一益也。**取益，谓有益于己。绊，牵系也[二八]。**授人数数，己亦了此文义，二益也。**数数，犹频数也。了，晓彻也。**对之必正衣冠，尊瞻视，三益也。常以因己而坏人之才为忧，则不敢堕，四益也。**语录。○此段疑当在十一卷之末。①

校勘记

【一】伊川先生上疏曰夫钟怒而击之则武　"伊"原作"训"，"怒"原作"人"，"击"原作"其"，均据明修本、邵本改。

【二】还有间断否　"断"，原作"此"，据邵本、茅本、江本改。

---

① 茅星来曰："此条所论，皆教小童时所以自处之道，非论教小童之道也。叶氏谓'当在十一卷'者，非。"○张绍价曰："此节以教小童之益，回应首节告人以诚，起下卷教学之道。"又云："自'横渠先生'至此为一段，言使下行己、处事教人之道，在明于义理，而归于中正。"

【三】忧惧之心作　“惧”原作“一”，据明修本、邵本改。

【四】以财养兵　“养兵”，邵本作“聚众”。

【五】所谓将在军　“军”，邵本作“外”。

【六】随以得中为善　“善”，明修本作“喜”。

【七】故循于天理之常者　“于”，邵本作“乎”。

【八】故必恢含弘之义　“弘”，原作“洪”，据邵本改。

【九】巷非邪僻曲径也　“曲”，原作“由”，据程氏易传改。下文“邪僻曲径”亦据此作改动。

【一〇】善亦不维　“维”，明修本、邵本作“进”。

【一一】保是能止其恶也　“保”，邵本作“御”。

【一二】决死而有不忍之心　“有”，邵本作“存”。

【一三】行过乎恭　“行”，邵本作“礼”。

【一四】谓有大美而谦避不居也　“避”，邵本作“逊”。

【一五】明道因论口将言而嗫嚅云　“明道”二字原无，据邵本补。

【一六】明道曰　“明道”二字原无，据邵本补。

【一七】气忿则招拂　“拂”，邵本作“怫”。

【一八】或者理虽明而挟忿气以临之　“临”，邵本作“胜”。

【一九】不考文　“文”原作“古”，今据邵本和中庸本文改。

【二〇】筲竹器容斗二升　“筲”原作“屑”，据邵本改。

【二一】十斛为钟　“斛”，明修本作“釜”。

【二二】只益恭谨便是动了　“便”原作“要”，据明修本、邵本改。

【二三】举世非之而不加沮　“加”，明刊本作“知”；“沮”，邵本作“愠”。

【二四】自“今人有”至“不足也”　此段文字邵本置于本条注文“知道者”上。

【二五】泛论人物　“物”，邵本作“材”。

【二六】客将云　“云”原作“去”，据邵本改。

【二七】常曰　“常”，邵本作“尝”。

【二八】牵系也　“牵”，邵本作“率”。

# 近思录集解卷十一　凡二十一条



此卷论教人之道。盖君子进则推斯道以觉天下,退则明斯道以淑其徒。所谓得英才而教育之,即"新民"之事也。[①]

**濂溪先生曰:刚:善,为义,为直,为断,为严毅,为干固;恶,为猛,为隘,为强梁。柔:善,为慈,为顺,为巽;恶,为懦弱,为无断,为邪佞。**朱子曰:气禀刚柔固阴阳之大分,而其中又各有善恶之分焉。恶者固为非正,而善者亦未必皆得乎中也。**惟中也者,和也,中节也,天下之达道也,圣人之事也。**朱子曰:此以得性之正而言也。然其以和为中,与中庸不合,盖就已发无过不及者而言之,如书所谓"允执厥中"者也。**故圣人立教,俾人自易其恶,自至其中而止矣。**通书。〇朱子曰:易其



① 施璜曰:"朱子于居官处事之后,而以教人之道继之,明乎圣贤之心无所偏倚,出则以行道为主,处则以教人为第一义也。然皆推己以及人,故叶氏曰'即新民之事',学者宜尽心焉。"〇张绍价曰:"此卷以圣人之教、大学之法为主。以易其恶、至其中、由其诚、尽其材、理其心、归之正为总旨。以读书、知道、成德、成材为分意。体似立纲,首节为一篇纲领,下分五段以发明之。"

恶，则刚柔皆善，有严毅慈顺之德，而无强梁懦弱之病矣。至其中，则其或为严毅，或为慈顺也，又皆中节，而无大过不及之偏矣。[①]

**伊川先生曰：古人生子，能食、能言而教之。**古者子生，能食则教之以右手，能言则教之唯诺。**大学之法，以豫为先。**[②]**人之幼也，知思未有所主，便当以格言至论日陈于前，虽未晓知，且当薰聒，使盈耳充腹，久自安习，若固有之，虽以他言惑之，不能入也。**学记曰："禁于未发之谓豫。"此所谓"少成若天性，习惯如自然"者也。**若为之不豫，及乎稍长，私意偏好生于内，众口辩言铄于外，欲其纯完，不可得也。**文集。○教之不早，及其稍长，内为物欲所陷溺，外为流俗所销靡，欲其心德之无偏驳，难矣。

**观之上九曰：**[③]**"观其生，君子无咎。"象曰："观其生，志未平也。"传曰：君子虽不在位，然以人观其德，用为仪法，故当自慎省。观其所生，常不失于君子，则人不失所望而化之矣。**上为无位之地，故曰"不在位"。然当观之时，高而在上，固众人所观瞻而用为法则者。要当谨畏，反观内省己之所为，常不违乎君子之道，而后人心慰满，得所矜式也。[④]**不可以不在于位故，安然放意，无所事也。**易传。○释"志未平"也。言高尚

① 管赞程曰："自'濂溪先生曰刚善'至此为一章，言变化气质之道、圣人之事。张子于学者有问，多告以知礼成性、变化气质之道，学必如圣人而后已。正谓此也。"○张绍价曰："此节为一段，言教人之道，在于使人变化气质。'自易其恶，自至其中'，乃一篇之纲领也。"

② 礼记学记曰："大学之法，禁于未发之谓豫。"○张伯行曰："此言教子贵豫，所以养其纯心为圣功之基也。"

③ 熊刚大曰："观者有以中正示人，为人所仰也。"

④ 江永曰："人所观瞻，而自修之志稍懈，则不足为人望矣。"

之士亦不可以轻意肆志也。[一]

**圣人之道如天然，与众人之识甚殊邈也。门人弟子既亲炙，而后益知其高远。**①**既若不可及，则趋望之心怠矣。故圣人之教，常俯而就之。**圣人教人循循善诱，常俯而就之，盖亦因其资以设教，不使之徒见高远而自沮也。**事上临丧，不敢不勉，君子之常行。不困于酒，尤其近也。而以己处之者，不独使夫资之下者勉思企及，而才之高者亦不敢易乎近矣。**经说。说见论语。○道固不外乎日用常行之间，在圣人无事乎思勉耳。夫子设教，固常人之所可勉，而贤者之所不可忽也。②



**明道先生曰：忧子弟之轻俊者，只教以经学念书，不得令作文字。**志轻才俊者，惮于检束而乐于驰逞。使之习经念书，则心平气定。使作文字，则得以用其才而长其轻俊矣。**子弟凡百玩好皆夺志。至于书札，于儒者事最近，然一向好著，亦自丧志。如王、虞、颜、柳辈，诚为好人则有之，曾见有善书者知道否？平生精力一用于此，非惟徒废时日，于道便有妨处，足知丧志也。**遗书，下同。○王右军羲之，虞永兴世南，颜鲁公真卿，柳河东公权，皆工书札，亦各有风节，表见当世，然终不足以知道。盖专工一艺，岂特徒费时日，妨于学问，而志局于此，已失其操存之本矣。[二]③



① 熊刚大曰："游其门者，既日亲近薰炙，方见愈高愈远而不可及，如子贡谓'仲尼日月也，无得而逾'之焉。"

② 张绍价曰："自'伊川先生'至此为一段，言大学之法，以豫为先。自省不失为君子，而教人则须俯而就之，使可企及。"

③ 张伯行云："平生精力不可误用，一用于此，便妨于彼，不但荒废时日，而舍本逐末，才华日长，浮靡日生，于道必有妨害处。足知志为之丧，不可以其为儒者事，而专治欲精之也。然则教子弟者，急当植其根本，而以立志求道为切务乎！"

**胡安定在湖州，置“治道斋”**①**，学者有欲明治道者，讲之于中，如治民、治兵、水利、算数之类。尝言刘彝善治水利，后累为政，皆兴水利有功。**治民，如政教施设之方。治兵，如战阵部伍之法。水利，如江河渠堰之利。算数，如律历、九章之数[三]。

**凡立言，欲涵蓄意思，不使知德者厌、无德者惑。**知德者玩其意而不厌，无德者守其说而不惑。○朱子曰：近看尹先生论语说，句句有意味，不可以为常谈而忽之也。

**教人未见意趣，必不乐学。欲且教之歌舞，如古诗三百篇，皆古人作之。如关雎之类，正家之始，故用之乡人，用之邦国，日使人闻之。此等诗，其言简奥，今人未易晓。欲别作诗[四]，略言教童子洒扫、应对、事长之节，**②**令朝夕歌之，似当有助。**③

**子厚以礼教学者最善，使学者先有所据守。**礼以恭敬辞逊为本，而有节文度数之详。学者从事乎此，则日用言动之间，皆有依据持守之地[五]。④

**语学者以所见未到之理，不惟所闻不深彻，反将理低看了[六]。**学者见所未到而骤以语之，则彼不惟无深造自得之功，而亦且轻视之矣。





---

① 张伯行曰：“胡安定为湖州教授时，尝设数科，分为数斋，‘治道’其一也。”○江永曰：“安定又有经义斋，专讲明经义。”

② 熊刚大曰：“洒扫如文公诗：‘奉水勤播洒，拥彗周室堂。应对如庸言，戒粗诞时行。谨安详事长，如童蒙贵养。’正逊弟乃其方之句。”

③ 熊刚大曰：“则心声发其性情之和，心德全于歌咏之际，岂不大有益耶？”

④ 张绍价曰：“自‘明道先生’至此为一段，言教人当使之读经书、知道德，歌诗以助其意趣，学礼使有所据守。”

**舞射便见人诚。古之教人，莫非使之成己。**舞者所以导其和，射者所以正其志。要必以诚心为之，诚者所以成己也。①**自洒扫应对上，便可到圣人事。**洒扫应对，即是教之以诚；诚之至，即是圣人事。

**自"幼子常视无诳"以上，便是教以圣人事**【七】。"无"本作"毋"。○说见曲礼。"视"与"示"同。诳，欺妄也。小未有知，常示以正事。此即圣人无妄之道也。②

**"先传"、"后倦"，君子教人有序。先传以小者近者，而后教以大者远者，非是先传以近小，而后不教以远大也。**子游讥子夏之门人，于洒扫应对进退末事则可矣，于道之本原则无如之何。子夏闻而非之，曰："君子之道，孰先传焉？孰后倦焉？"盖君子教人，先后有序，不容躐等而骤进。非谓传以近小者于先，而不教以远大者于后也。○朱子曰：洒扫应对，精义入神，事有大小，而理无大小。事有大小，故其教有序而不可躐；理无大小，故随其所处而皆不可不尽。愚谓：子夏正谓教人小大有别。前段程子之说，却就洒扫应对上发明理无大小，自是一义。

**伊川先生曰：说书必非古意，转使人薄。学者须是潜心积虑，优游涵养，使之自得。今一日说尽，只是教得薄。至如汉时说"下帷讲诵"，犹未必说书。**理贵玩索，至于口耳之传，末矣。下帷讲诵，如董仲舒之徒，说见汉史。③



① 江永曰："舞射必诚，乃可应节命中。"○张绍价曰："此言教人以诚，便可为作圣之基。"

② 茅星来曰："幼子天真未漓，常示之以不可欺诳，使之一言笑、一步履无有不实。不欺幽独，不愧屋漏，亦不过从此充积，以至于极也。故曰'便是教以圣人事'。"

③ 史记董仲舒传："孝景时为博士，下帷诵，弟子传以久次相授业，或莫见其面。盖三年董仲舒不观于舍园，其精如此。"○张绍价曰："自'语学者'至此为一段，言君子教人以诚而有序，使学者潜心自得。"

古者八岁入小学，十五入大学，择其才可教者聚之，不肖者复之农亩。盖仕农不易业[八]，既入学则不治农，然后士农判。古者自国之贵游子弟，及士庶人之子，八岁则皆入小学，十五则入大学，然后择其材之可教者聚之于学[九]，其不可教者复归之农亩。[①]在学之养，若士大夫之子，则不虑无养；虽庶人之子，既入学则亦必有养。古之士者，自十五入学，至四十方仕，中间自有二十五年学，又无利可趋，则所志可知，须去趋善，便自此成德。后之人，自童稚间已有汲汲趋利之意，何由得向善？故古人必使四十而仕，然后志定。只营衣食却无害，惟利禄之诱最害人。本注云：人有养，便方定志于学。○先王设教，养之周而行之久[一〇]，士有定志，专于修己而缓于干禄，故能一意趋善，卒于成德。后世反是，只营衣食者，求于力分之内，未足以夺志，故无害；若诱于利禄，则所学皆非为己，而根本已拨矣，故害最甚。

天下有多少才，只为道不明于天下，故不得有所成就。且古者“兴于诗，立于礼，成于乐”，如今人怎生会得？古人于诗，如今人歌曲一般[一一]，虽闾巷童稚，皆习闻其说而晓其义，故能兴起于诗。后世老师宿儒，尚不能晓其义，怎生责得学者是不得“兴于诗”也。古人歌诗，习熟其说而通达其义，故吟讽之间，足以感发其善心，而惩创其逸志。古礼既废，人伦不明，以至治家皆无法度，是不得“立于礼”也。礼所以叙人伦而施之家国者，皆有法度以为据依，故能有立也。古人有歌

① 朱熹曰：“古者初入小学，只是教之以事，如礼、乐、射、御、书、数及孝、弟、忠、信之事。自十六七入大学，然后教之以理，如致知、格物及所以为忠、信、孝、弟者。”

咏以养其性情，声音以养其耳目，舞蹈以养其血脉，今皆无之，是不得"成于乐"也。歌咏声诗，温柔笃厚，有以养其性情也。五声成文，八音相比，鸿杀疏数，节奏和平，有以养其耳目也。至于手之舞、足之蹈，执其羽籥、干戚之器，习其"屈伸俯仰、缀兆舒疾"之文，是以容貌得庄，行列得正，进退得齐，心志条畅，而血气和平，是有以养其血脉也。古之成材也易，今之成材也难[一二]。

孔子教人，"不愤不启，不悱不发"。盖不待愤悱而发，则知之不固；待愤悱而后发，则沛然矣。学者须是深思之，思之不得[一三]，然后为他说便好。朱子曰：愤者，心求通而未得之意；悱者，口欲言而未能之貌。启，谓开其意；发，谓达其辞。愚谓：不待愤悱而遽启发之，则未尝深思，其受之也必浅，既无所得，其听之也若亡。启发于愤悱之馀，则思深力穷，而倏尔有得，必沛然而通达矣。初学者须是且为他说，不然，非独他不晓，亦止人好问之心也。此又诱进初学之道。①

横渠先生曰："恭敬、撙节、退让以明礼"，仁之至也，爱道之极也。曲礼曰：君子恭敬、撙节、退让以明礼。郑氏曰：撙，犹趋也，谓趋就乎。节，约也。恭敬者，礼之本。撙节退让者，礼之文。诚能从事乎此[一四]，则视听言动之间，天理流行，人欲消尽，而心德全矣，是仁之至也。恭敬则无忽慢[一五]，撙节则无骄溢，退让则无怨争，是皆所以尽仁爱之道者也。②己不勉明，则人无从倡，道无从弘，教无从成矣。正蒙。○明，谓明礼也。人必以礼而

① 管赞程曰："自'古者八岁'至此为一章，言古今教法有盛衰，故成材有难易，因推原孔子教法之良也。"

② 江永曰："此张子言以礼教人，当自勉也。教者能'恭敬、撙节、退让以明礼'，则能率人使成材，是仁之至，能宏道以教人，是爱道之极。"

倡，率道必以礼而宏大，教必以礼而成就。

**学记曰："进而不顾其安，使人不由其诚，教人不尽其材。"**其安、其诚、其材，皆谓受教者。**人未安之，又进之，未喻之，又告之，徒使人生此节目。不尽材，不顾安，不由诚，皆是施之妄也。**此言"进而不顾其安"，"徒使人生此节目"。盖三患实相因而然，皆陵节躐等，不当其可而施之也。**教人至难，必尽人之材，乃不误人。观可及处，然后告之。圣人之教**【一六】**，直若庖丁之解牛，皆知其隙，刃投馀地，无全牛矣。**此言教人必尽其材。圣人随材施教，各当其可，如庖丁解牛，洞见间隙，无全牛矣。事见庄子。**人之才足以有为，但以其不由于诚，则不尽其才。若曰勉率而为之，则岂有由诚哉！**横渠礼记说，下同。○此言"使人不由其诚"，勉强为之，而无诚意，虽材所可为者，亦不能尽之矣。○朱子曰：尝见横渠简与人，谓其子日来诵书不熟，宜教他熟诵，尽其诚与材。①

**古之小儿便能敬事。长者与之提携，则两手奉长者之手，问之，掩口而对。**说见曲礼。捧手，习扶持尊者。掩口而对，习其乡尊者屏气也。**盖稍不敬事，便不忠信。故教小儿，且先安详恭敬。**安详则不躁率，恭敬则不诞慢，此忠信之本也。

**孟子曰："人不足与适也，政不足与间也，唯大人为能格君心之非。"**非惟君心，至于朋游学者之际，彼虽议论异

① 张伯行曰："此章大意，言教人要尽其材，而材非可勉强使之尽。首引学记之言，三句意实一贯；次段正释学记之意，言不顾其安，不由其诚，则不尽其材也；三段言唯圣人施教为能尽其材也；四段言尽其材必由其诚，由其诚必顾其安也。反覆言之，总欲使人随材施教，各当其可耳。"

同，未欲深较，惟整理其心，使归之正，岂小补哉！横渠孟子说。①

**校勘记**

【一】自"不可以不在于位"至"轻意肆志也"，元刊本单列，据邵本当与前文合为一条。

【二】自"子弟凡百"至"存之本矣"，元刊本单列刻印，据邵本当与前文合为一条。

【三】如律历九章之数　"数"，邵本作"类"。

【四】欲别作诗　"欲别"，杨本作"别欲"。

【五】皆有依据持守之地　"持"原作"时"，据邵本改。

【六】反将理低看了　"反"，原作"久"，据杨本、遗书本、邵本改。

【七】便是教以圣人事　"教"下，邵本有"人"字。

【八】盖仕农不易业　"仕"，邵本作"士"。

【九】然后择其材之可教者聚之于学　"材"原作"林"，据邵本改。

【一〇】养之周而行之久　"行"，明修本作"待"。

【一一】如今人歌曲一般　"如"原作"于"，据杨本、明修本、邵本、遗书本、张本、茅本、江本改。

【一二】古之成材也易今之成材也难　两"材"原作"林"，据杨本、邵本、遗书本、张本、茅本、江本改。自"古礼既废"至"成材也难"，元刊本、明修本单列刻印，据邵本当与前文合为一条。

【一三】思之不得　"之"，邵本作"而"。

【一四】诚能从事乎此　"诚能"，邵本作"君子"。

【一五】恭敬则无忽慢　"忽慢"，邵本作"慢忽"。

【一六】圣人之教　"教"，邵本作"明"。

---

① 管赞程曰："自'横渠先生'至此为一章，言以身立教为本，以由诚尽材为法，使以忠信，格其非心，以归于正，为成功也。"

# 近思录集解卷十二　凡三十三条

此卷论戒谨之道。修己治人，常当存警省之意，不然则私欲易萌，善日消而恶日积矣。[①]

**濂溪先生曰：仲由喜闻过，令名无穷焉。今人有过，不喜人规，如护疾而忌医，宁灭其身而无悟也。噫！**通书。○子路有改过迁善之实，故令名无穷焉。[②]

**伊川先生曰：德善[③]日积，则福禄日臻。德逾于禄，则虽盛而非满。自古隆盛，未有不失道而丧败者也。**易传，下同。○泰卦九三传。德胜于禄，则所享者虽厚而不为过。禄过其德，则所享者虽薄且不能胜，况于隆盛乎？隆盛之败丧，必自无德

---

① 茅星来曰："此与第五卷相似而实不同，盖第五卷就其当省察克治者言之，此则就人之不能省察克治者，而摘其疵病以深警而痛戒焉，则其意愈深而语愈加切矣。诚意、正心、修身、齐家、治国、平天下之事皆有之。"○张绍价曰："此卷以改过修德为主，以人心道心为总旨，以理欲公私为分意。体似立纲，首二节为一篇纲领，下分三段以发明之。"

② 蔡清曰："周子谓仲由'令名无穷'者，非谓喜闻过一事令名也。因喜闻过而勇于自修，故有善可称而令名无穷也。"○张绍价曰："首二节承上卷末节之意，以领起通篇。"

③ 熊刚大曰："德善者，福禄之本。"

者致之也。

**人之于豫乐，心说之，故迟迟，遂至于耽恋不能已也。豫之六二，以中正自守，其介如石，其去之速，不俟终日，故贞正而吉也。**人处豫乐，易至耽恋。六二中正，上又无应，持立自守[一]，其节之坚，介然如石，无所转移也。其去之速，不俟终日，无所耽恋也。**处豫不可安且久也，久则溺矣。如二可谓"见几而作"者也。盖中正，故其守坚，而能辩之早、去之速也。**惟其自守之坚，故能见几而作。



**人君致危亡之道非一，而以豫为多。**豫卦六五传。衰世之君，大率以逸豫致危亡，可不深戒哉！

**圣人为戒，必于方盛之时。方其盛而不知戒，①故狃安富则骄侈生，乐舒肆则纪纲坏，忘祸乱则衅孽萌，是以浸淫不知乱之至也。**临卦彖传。骄侈每生于安富之馀，纲纪每废于舒肆之日，衅端祸孽每兆于无虞之中。故方盛之时，实将衰之渐。圣人为戒于早，则可保其长盛矣。

**复之六三，以阴躁处动之极，复之频数而不能固者也。**震下坤上为复。三既阴躁，又处震动之终，其于复善也，躁动而不能固守者也。**复贵安固，频复频失，不安于复也。复善而屡失，危之道也。**有失而后有复，屡复而屡失，不常其德，危之道也[二]。**圣人开其迁善之道，与其复而危其屡失，故云"厉无咎"。不可以频失而戒其复也。频失则为危，屡复何咎？过在失而不在复也。**屡失故危厉，屡复故无咎。无咎者，补过之



---

① 熊刚大曰："处其隆盛而不知监戒。如汤处商之殷阜而铭盘自警，武王处周之隆平而铭席几以示戒，是盛而知戒也。"

称。刘质夫曰：频复不已，遂至迷复。刘绚，字质夫，程子门人也。频复频失而不止，久则玩溺而不能复，必至上九之迷复矣。

伊川先生曰【三】：睽极则咈戾而难合，刚极则躁暴而不详，明极则过察而多疑。睽之上九，有六三之正应，实不孤，而其才性如此，自"睽孤"也。兑下离上为睽。上居睽之终，是睽之极也。以九居上，是刚之极也。居离之终，是明之极也。有是三者，何往而不"睽孤"哉！虽有正应，亦不合矣。如人虽有亲党，而多自疑猜，妄生乖离，虽处骨肉亲党之间【四】，而常孤独也。多自疑猜，过明之患也。妄生乖离，过刚好睽之致也。

解之六三曰："负且乘，致寇至，贞吝。"传曰：小人而窃盛位，虽勉为正事，而气质卑下，本非在上之物，终可吝也。负者，小人之事也。乘者，君子之器也。故为小人窃盛位之象。勉为正事者，贞也。然而阴柔卑下之质，冒居内卦之上，非其所安，是以吝也。若能大正则如何？曰：大正，非阴柔所能也。若能之，则是化为君子矣。【五】

益之上九曰："莫益之，或击之。"传曰：理者，天下之至公；利者，众人所同欲。苟公其心，不失其正理，则与众同利，无侵于人，人亦欲与之。若切于好利，蔽于自私，求自益以损于人，则人亦与之力争。故莫肯益之，而有击夺之者矣。在上者，推至公之理，而与众同其利，则众亦与之同其利。苟怀自私之心，而惟欲利己，则人亦各欲利其己，而夺其所利矣。益之上九，人"莫益之"而"或击之"者，以其求益之过也。

艮之九三曰："艮其限，列其夤，厉薰心。"传曰：夫止道贵乎得宜。行止不能以时，而定于一，其坚强如此，则处世乖戾，与物睽绝，其危甚矣。限，界分也。列，绝也。夤，膂肉也，亦一身上下之限也。三居内卦之上，实内外之分，故取象皆为限止之义。所贵于止者，谓各得其宜止[六]，而无过与不及也。苟不度时中，而一于限止焉，坚执强忍如此，则违世绝物，危厉甚矣。**人之固止一隅，而举世莫与宜者，则艰蹇忿畏焚挠其中，岂有安裕之理？"厉薰心"，谓不安之势薰烁其中也。**

**大率以说而动，安有不失正者？**归妹象传。兑下震上为归妹。兑，悦也。震，动也。心有所好乐，则不得其正，况从欲而忘返者耶！①

**男女有尊卑之序，夫妇有倡随之理，此常理也。若徇情肆欲，唯说是动，男牵欲而失其刚，妇狃说而忘其顺，则凶而无所利矣。**同上。震长男，兑少女。以说而动，则徇情肆欲，必且失其常理而致凶矣。

**虽舜之圣，且畏巧言令色，说之惑人易入而可惧也如此。**兑卦六五传。巧言者工佞之言，令色者善柔之色，皆务以悦人也。人心喜顺恶逆，故巧言令色，易以惑人。凡说之道皆然，不可不戒也。②

**治水，天下之大任也，非其至公之心，能舍己从人，尽天下之议，则不能成其功，岂方命圮族者所能乎？**方，不顺也。命，天理也。圮族，败类也。夫任天下之大事者，非一人之私智所能集，要必合天下之谋而后可也。苟上不顺乎天理，下不依乎群情，恃其才智，任己而行，乌能有济？**鲧虽九年而功弗成，然**

① 张伯行曰："程子推广言之，言大凡以说而动，皆未有不失其正性者，学者所当深戒也。"

② 张绍价曰："自'人之于豫乐'至此为一段，引易传之言，论改过修德及失道丧败之故，详辨理欲公私之界，以使人自治其心。"

其所治，固非他人所及也。惟其功有叙，故其自任益强，咈戾圮类益甚，公议隔而人心离矣，是其恶益显，而功卒不可成也。经说，下同。○公议隔而得失莫闻，人心离而事功莫与共之者矣[七]。①

"君子敬以直内。"微生高所枉虽小，而害直则大[八]。子曰："孰谓微生高直？或乞醯焉，乞诸其邻而与之。"微生，姓；高，名。"君子敬以直内"，不容有一毫之邪枉，所谓"直"也。微生高以无为有，曲意徇人，盖邪枉之态不能掩者。其事虽微，所以害于其直者甚大，故圣人因以立教。

人有欲则无刚，刚则不屈于欲。谢上蔡曰：刚与欲正相反。能胜物之谓刚，故常伸于万物之上；为物掩之谓欲，故常屈于万物之下。②

人之过也，各于其类。君子常失于厚，小人常失于薄；君子过于爱，小人伤于忍。君子小人之分，在于仁与不仁而已。故仁者之过，常在于厚与爱；不仁者之过，常在于薄与忍。③

明道先生曰：富贵骄人固不善，学问骄人害亦不细。遗书，下同。○君子之学，为己而已。以学问骄人，非特其学为务外，而傲惰败德，学亦不进矣。

人以料事为明，便骎骎入逆诈、亿、不信去也。子曰：

---

① 管赞程曰："自篇首至此为一章，言过皆生于悦豫，原于刚愎自用，专以利己为事，而欲改过，必自喜闻过始。"

② 朱熹曰："人之资质，千条万别，自是有许多般。有刚于此而不刚于彼底，亦有刚而多欲，亦有柔而多欲，亦有刚而寡欲，亦有柔而寡欲，自是多般不同，所以只要学问。学问进而见得理明，自是胜得他。若是不学问，只随那资质去，便自是屈于欲，如何胜得他！"

③ 朱熹曰："此段也只是论仁。若论义，则当云：君子过于公，小人过于私；君子过于廉，小人过于贪；君子过于严，小人过于纵。观过斯知义矣，方得。"

"不逆诈,不亿不信。"朱子曰:逆,未至而迎之也。亿,未见而意之也。愚谓:事而无情曰诈,言而无实曰不信。诈者巧,而不信者诞也。扬子云谓"匿行曰诈,易言曰诞"是也。若事未显,而逆料臆度之,则自流于巧而惑于疑,未必得事之情实矣。人以料事为明者,必至于是。周子曰:"谓能疑为明,何啻千里!"①

**人于外物奉身者,事事要好,只有自家一个身与心,却不要好。苟得外面物好时,却不知道自家身与心却已先不好了也。**所谓以"小害大、贱害贵"者也。

**人于天理昏者,是只为嗜欲乱著他。庄子言"其嗜欲深者,其天机浅",此言却最是。**嗜欲多,则志乱气昏,而天理微矣。二者常相为消长。

**伊川先生曰:阅机事之久,机心必生。盖方其阅时,心必喜,既喜,则如种下种子。**庄子曰:有机械者必有机事,有机事者必有机心。②

**疑病者,未有事至时,先有疑端在心。周罗事者,先有周事之端在心。皆病也。**周罗,俚语,犹兜揽也。事未至而有好疑喜事之端,则事至之时有不当疑而疑、不当揽而揽者矣,故治心者必去其端。

**较事大小,其弊为枉尺直寻之病。**事无大小,惟理是视。或者有苟成急就之意,谓道虽少屈,而所伸者大;义虽微害,而所利者博,则有冒而为之者。原其初心,止于权大小,遂至枉尺直寻。

① 江永曰:"喜料事,则逆亿之心熟,虽中,犹为私意小智,况未必皆中乎!"

② 熊刚大曰:"先贤亦以为心犹谷种,正以种之则生也。"○张习孔曰:"病在一'喜'字。孟子以机变之巧为耻,孔子以好行小慧为难,未尝喜也。如此阅机事,自能捐逆亿而先觉矣。"

其末流之弊，乃有不可胜言矣。

**小人、小丈夫，不合小了他，本不是恶。**性无不善，而局于气质、汩于利欲者，自小之耳。①

**虽公天下事，若用私意为之，便是私。**事虽出于公而以私意为之，即是私也。故学者以正心为本，论人者必察其心，不徒考其事。

**做官夺人志。**仕而志于富贵者，固不必言。或驰骛乎是非予夺之境，而此志动于喜怒爱恶之私，或经营于建功立业之间，而此志陷于计度区画之巧。德未成而从政者，未有不夺其志，学者所当深省也。

**骄是气盈，吝是气歉。人若吝时，于财上亦不足，于事上亦不足，凡百事皆不足，必有歉歉之色也。**骄，矜夸。吝，鄙啬也。骄气盈者，常觉其有馀[九]。吝气歉者，常觉其不足。惟君子所志者道，故无时而盈，亦无所不足。②

**未知道者如醉人，方其醉时，无所不至，及其醒也，莫不愧耻。人之未知学者，自视以为无缺，及既知学，反思前日所为，则骇且惧矣。**

**邢恕云[一〇]："一日三点检。"明道先生曰："可哀也哉！其馀时理会甚事？盖仿'三省'之说错了，可见不曾用功，又多逐人面上说一般话。"明道责之，邢曰："无可说。"明道曰："无可说，便不得不说。"**曾子"三省"，谓日以三事自省。





---

① 茅星来曰："此条说者皆作泛论，理甚难通。如大学'小人闲居为不善，无所不至'，岂得谓之不是恶？且又何以必与小丈夫并论耶？学者特习而不察耳。"

② 茅星来曰："遗书则'人若吝时'以下，乃程子因或人以'吝何如则是'为问，而复告之如此，亦以言吝而骄可知也。"

邢仿其言，乃云“一日三次点检”。①

**横渠先生曰：学者舍礼义，则饱食终日，无所猷为，与下民一致，所事不逾衣食之间、燕游之乐尔。**正蒙。

**郑、卫之音悲哀，令人意思留连，又生怠惰之意，从而致骄淫之心，虽珍玩奇货，其始感人也**[一一]**亦不如是切，从而生无限嗜好。故孔子曰必放之，亦是圣人经历过，但圣人能不为物所移耳。**横渠礼乐说。②

**孟子言“反经”，特于“乡原”之后者，以乡原大者不先立，心中初无作**[一二]**，惟是左右看，顺人情，不欲违，一生如此。**横渠孟子说。〇经，常也，古今不易之常道也。是是非非，必有定理，而好善恶恶，必有定见。今乡原浮沉俯仰，无所可否。盖其义理不立，中无所主，惟务悦人，以是终身，乃乱常之尤者。君子反经，复其常道，则是非昭然，而乡原伪言伪行，不得以惑之矣。③

**校勘记**

【一】持立自守　“持”，明修本、邵本作“特”。

【二】不常其德危之道也　“常”，邵本作“当”。

【三】伊川先生曰　此五字原本无，据邵本补。

【四】虽处骨肉亲党之间　“处”原无，据邵本补。

【五】此条，元刊本紧接于上条末刻印，据邵本当单列为一条。

【六】谓各得其宜止　“其”，明修本、邵本作“所”。



① 李文炤曰：“曾子以事言，邢恕乃以时言，明道所以责之也。”〇张绍价曰：“自‘治水天下之大任’至此为一段，引程子之言，详论理欲公私之辨，示人以改过修德之方，在于知道知学，以点检身心，实用其功。”

② 张伯行曰：“欲人戒溺音以养聪而绝嗜也。”“此即非礼勿听之旨也。”

③ 张绍价曰：“此回应首二节之意。乡原邪慝之尤，吾道之异端，为害最甚，此以起下卷之意。价按，横渠先生之言，自为一段，前二节以理欲言，末节以公私言。”

【七】人心离而事功莫与共之者矣　“功”，邵本作“业”。按，此条，元刊本紧接于上条末刻印，据邵本当单列为一条。

【八】而害直则大　“直”字原无，据邵本补。

【九】常觉其有馀　“常”原作“当”，据明修本、邵本改。

【一〇】邢恕云　“恕”，明修本、邵本作“七”。

【一一】其始感人也　“感”，邵本作“惑”。

【一二】心中初无作　“作”，明刊本作“主”，杨本作“怍”。

# 近思录集解卷十三　凡十四条



此卷辨异端。盖君子之学虽已至，然异端之辨尤不可以不明，苟于此有毫厘之未辨，则贻害于人心者甚矣。①

**明道先生曰：杨、墨之害，甚于申、韩；佛、老之害，甚于杨、墨。**杨朱、墨翟，详见孟子。申不害者，郑人，以刑名干韩昭侯，昭侯用以为相。韩非，韩之诸公子，善刑名法术之学。佛者，本西域之胡，为寂灭之学，自汉以来，其说始入中国。老者，周柱下史老聃也，其书言清净无为之道[一]。**杨氏为我疑于仁，墨氏兼爱疑于义，申、韩则浅陋易见，故孟子只辟杨、墨，为其惑世之甚也。**杨氏为我，可谓自私而不仁矣，然而犹疑似于无欲之仁。墨氏兼爱，可谓泛滥而无义矣，然犹疑似于无私之义，故足以惑人也。若申、韩之刑名功利，浅陋而易见，故孟子但辟杨、墨，恐其为



① 茅星来曰："此下二卷亦致知格物之事，即程子所谓'论古今人物，别其是非'是也。异端，凡非圣人之道，而别为一端者皆是，而释氏惑世为深，故辨之独详。老氏次之，神仙又次之。"〇张绍价曰："此卷以佛、老之言近理，惑世之害尤甚为主。以儒者潜心正道，不容有差，本领不是，一齐差却为总旨。以心性、心迹、心气、天人、有无为分意。体似立纲，首二节为一篇纲领，下分二段以发明之。"

人心之害，而申、韩不足辟也。**佛、老其言近理，又非杨、墨之比，此所以为害尤甚。杨、墨之害，亦经孟子辟之，所以廓如也。**遗书，下同。○佛氏言心性[二]，老氏谈道德，皆近于理，又非杨、墨之比，故其为人心之害尤甚。扬子云曰：古者杨、墨塞路，孟子辞而辟之，廓如也。○朱子曰：杨朱即老聃弟子。孟子辟杨、墨，则老、庄在其中矣。①

**伊川先生曰：儒者潜心正道，不容有差，其始甚微，其终则不可救。如"师也过，商也不及"，于圣人中道，师只是过于厚些，商只是不及些。然而厚则渐至于兼爱，不及则便至于为我。其"过"、"不及"同出于儒者，其末遂至杨、墨。至如杨、墨[三]，亦未至于无父无君，孟子推之便至于此，盖其差必至于是也。**师，子张名。商，子夏名。子张才高志广[四]，泛爱兼容，故常过乎中。子夏笃信自守，规模谨密，故常不及乎中。二子于道亦未远也。然师之过，其流必至于墨氏之兼爱。子夏之不及，其后传田子方，子方之后为庄周，是杨氏为我之学也。孟子推杨、墨之极致，则兼爱者至于无父，盖爱其父亦同于路人，是无父也。为我者至于无君，盖自私其身而不知有上下，是无君也。

**明道先生曰：道之外无物，物之外无道，是天地之间，无适而非道也。即父子而父子在所亲，即君臣而君臣在所严，以至为夫妇，为长幼，为朋友，无所为而非道，此道所以"不可须臾离也"。然则毁人伦、去"四大"者，其戾于道也远矣[五]。**物由道而形，故道外无物；道以物而具，故物外无道[六]。

① 张绍价曰："此二节杨、墨、佛、老之害，承上卷末节乡原之害。以佛、老之言近理为害尤甚，学者'潜心于道，不容有差'领起通篇。"

人于天地间不能违物而独立，故无适而非道也。今释氏乃毁弃人伦，灭除四大[七]，其戾于道远矣。释氏以地、水、火、风为四大，谓四大幻假而成人身，寂灭幻根[八]，断除一切。**故"君子之于天下也，无适也，无莫也，义之与比"。若有适有莫，则于道为有间，非天地之全也。**适，可也。莫，不可也。比，从也[九]。君子之于天下，无可无不可，惟义之从也。今释氏可以寂灭无为，而不可以察理应事，必欲断除外相，始见法性，非天地本然全体之性矣。**彼释氏之学，于"敬以直内"则有之矣，"义以方外"则未之有也。**释氏习定，欲得此心收敛虚静，亦若所谓"敬以直内"。然有体而无用，绝灭伦理，何有于义？**故滞固者入于枯槁，疏通者归于恣肆，此佛之教所以为隘也。吾道则不然，"率性"而已。斯理也，圣人于易备言之。**释氏离器以为道，故于日用事物之间，或拘或肆，皆为之病。名为"大自在"，而实则隘陋而一毫不容也。若吾儒率性之道，动静各正，既不病于拘，亦不至于肆。圣人赞易，所谓"知至至之，可与几也。知终终之，可与存义"，"敬以直内，义以方外"，"时止则止，时行则行，动静不失其时"，体用本末，备言之矣。**又曰：佛有一个"觉"之理，可以"敬以直内"矣，然无"义以方外"。其直内者，要之其本亦不是。**佛，学禅者，觉也。觉者，心无倚著，灵觉不昧，所谓"常惺惺法"，若可"敬以直内"矣。然而无制事之义，则其所谓"觉"者，犹无寸之尺、无星之两，其直内之本亦非矣。

**释氏本怖死生为利，岂是公道？**释氏谓"有生必有灭"，故有轮回。今求不生不灭之理，可免轮回之苦，此本出于利己之私意也。**惟务上达而无下学，然则其上达处岂有是也？元不相连属，但有间断，非道也。**绝学而求顿悟，故无下学工夫。道器本不相离，今舍物以明理，泯迹以求心[一〇]，岂知道者哉！孟子曰："尽其心者，知其性也。"彼所谓"识心见性"是也，若存心养性一段则无矣。朱子曰：释氏恍惚之间略见得心性影子，都不见里面许多道理。政使有存养之功，亦只存养得他所见影子，亦不分明[一一]。彼固曰出家独善，便于道体自不足。道本人伦，今曰出家，则于道体亏欠大矣。或曰：释氏地狱之类，皆是为下根之人设此怖，令为善。先生曰：至诚贯天地，人尚有不化，岂有立伪教而人可化乎？以上明道语。

学者于释氏之说，直须如淫声美色以远之，不尔则骎骎然入于其中矣。颜渊问为邦，孔子既告之以二帝、三王之事，而复戒以"放郑声，远佞人"，曰："郑声淫，佞人殆。"彼佞人者，是他一边佞耳，然而于己则危，只是能使人移，故危也。至于禹之言曰："何畏乎巧言令色！"直消言畏，只是须著如此戒慎，犹恐不免。释氏之学，更不消言常戒，到自家自信后，便不能乱得。初学立心未定，必屏远异端之说。信道既笃，乃可考辨其失。①

所以谓万物一体者，皆有此理，只为从那里来。"生生之谓易"，生则一时生，皆完此理。人则能推，物则气昏推不得，不可道他物不与有也。天地之理，流行化生，人之与物，均有是生，则亦均具是理，所谓"万物一体"也。然人所禀之气通，故能推；物所禀之气塞，故不能推。人只为自私，将自家躯壳上头起意，故看得道理小了他底。放这身来，都在万物中一例看，大小大快活。人知万物一体之理，不为私己之见，自然与

① 张伯行曰："此言释教乱人，非信道之笃，未有不为所溺者。"

物各得其所。**释氏以不知此，去他身上起意思，奈何那身不得，故却厌恶，要得去尽根尘，为心源不定，故要得如枯木死灰。然没此理，要有此理，除是死也。**释氏惟不知万物一体，顺理而行本无障碍。顾乃自生私见，为吾身不能不交于物也，遂欲尽去根尘，空诸所有。佛书以耳、目、口、鼻、身、意为六根，以色、声、香、味、触、法为六尘。其说谓幻尘灭【一二】，故幻根亦灭；幻根灭，故幻心亦灭。然心本生道，有体则有用，岂容绝灭哉？**释氏其实是爱身，放不得，故说许多。譬如负贩之虫，已载不起，犹自更取物在身。又如抱石投河，以其重愈沉，终不道放下石头，惟嫌重也。**原释氏之初，本是爱己，妄生计较，欲出离生死【一三】，而不知去私己之念，本无事也。①

**又有语导气者【一四】，问先生曰：君亦有术乎？明道曰【一五】：吾尝"夏葛而冬裘，饥食而渴饮"，"节嗜欲，定心气"，如斯而已矣。**圣贤养生，顺理窒欲而已。岂若偏曲之士，为长生久视之术者哉！

**佛氏不识阴阳、昼夜、死生、古今，安得谓形而上者与圣人同乎？**形而上者，性命也。阴阳、昼夜、死生、古今，乃天命之流行，二气之屈伸。释氏指为轮回、为幻妄，则其所谈性命，亦异乎圣人矣。

**释氏之说，若欲穷其说而去取之，则其说未能穷，固已化而为佛矣。只且于迹上考之，其设教如是，则其心果如何？固难为取其心不取其迹。有是心则有是迹，王通言**

① 张绍价曰："程子始则推原其理，以究释氏之病之所自起；终则勘验其隐，以穷释氏之病之所由成。反覆剖析，其为吾道之干城，至矣！"

“心迹之判”，便是乱说，故不若且于迹上断定不与圣人合。其言有合处，则吾道固已有；有不合者，[1]固所不取。如是立定，却省易。此言虽为初学立心未定者设，然孟子辟杨、墨，亦不过考其迹而推其心，极之于无父无君。此实辩异端之要领也。

问：神仙之说有诸？曰【一六】[2]：若说白日飞升之类则无，若言居山林间，保形炼气，以延年益寿，则有之。譬如一炉火，置之风中则易过，置之密室则难过，有此理也。又问：扬子言“圣人不师仙，厥术异也”，圣人能为此等事否？曰：此是天地间一贼，若非窃造化之机，安能延年？使圣人肯为，周、孔为之矣。人之精气，聚则生，散则死。彼有见于造化之机，窃而用之。使精气固结而不散，故能独寿，此理之所有也。顾其自私小技，圣贤弗为耳。

谢显道历举佛说与吾儒同处，问伊川先生。先生曰：恁地同处虽多，只是本领不是，一齐差却。外书。○大本既差，则其说似同而实异。[3]

横渠先生曰：释氏妄意天性，而不知范围天用【一七】，反以“六根”之微，因缘天地，明不能尽，则诬天地日月为幻妄，范围，犹裁成也。圣人尽性，故能裁成天地之道。释氏欲识性，而不知范围之用，则是未尝知性也。谓“六根”悉本天地，“六根”起灭，无有实相，天地日月，等为幻妄。蔽其用于一身之小，溺其





---

① 熊刚大曰：“如释氏绝灭伦类，吾儒之学在叙人伦。”

② 茅星来曰：“此条见刘元承手编，乃伊川语，旧本并作明道，误。”按，参见校记【一五】。

③ 朱熹曰：“儒、释言性异处，只是释言空，儒言实；释言无，儒言有。”○张绍价曰：“自‘明道先生曰道之外无物’至此为一段，以心性、心迹、心气，辨佛、老近理惑人之说之差。”

志于虚空之大。此所以语大语小，流遁失中。厌此身之小，则蔽其用而不能推，乐虚空之大，则溺其志而不能反。故其语大语小，展转流遁，皆失其中。其过于大也，尘芥六合；其蔽于小也，梦幻人世。谓之穷理可乎？不知穷理，而谓之尽性可乎？谓之无不知可乎？上下四方为六合。谓六合在虚空中，特一微尘芥子耳，所以言虚空之大。一切有为法，如梦幻泡影，所以言人世之微。此皆不能穷理尽性之过。尘芥六合，谓天地为有穷也；梦幻人世，明不能究其所从也。正蒙，下同。○佛说谓虚空无穷，天地有穷，人世起灭，皆为幻妄，莫知所从来也。

大易不言有无。言有无，诸子之陋也。易曰："一阴一阳之谓道。"盖阴阳之运，其所以然者，即道也。体用相因，精粗罔间，不可以有无分。后世异端见道不明，始以道为无，以器为有。有者为幻妄，为土苴。无者为玄妙，为真空。析有无而二之，皆诸子之陋见也。

浮图明鬼，谓有识之死受生循环，遂厌苦求免，可谓知鬼乎？精气聚则为人，散则为鬼。散则澌灭就尽而已。释氏谓神识不散，复寓形而受生，是不明鬼之理也。以人生为妄见，可谓知人乎？人生日用，无非天理之当然。释氏指为浮生幻化，岂为知人乎？天人一物，辄生取舍，可谓知天乎？天人一理，今乃弃人事而求天性，岂为知天乎？孔孟所谓天，彼所谓道，惑者指"游魂为变"为轮回，未之思也。大学当先知天德，知天德则知圣人、知鬼神。今浮图剧论要归[一八]，必谓死生流转非得道不免，谓之悟道可乎？本注云：悟则有义有命，均死生[一九]，一天人，推知昼夜、通阴阳，体之无二。○当生而生，当死而死，是则有义有命。生死均安，何所厌苦[二〇]？天人一致，何所取舍？知昼夜，通阴阳，则知死生之说，何所谓轮回？**自其说炽传中国，儒者未容窥圣学门墙，已为引取，沦胥其间，指为大道。乃其俗达之天下，致善恶知愚、男女臧获，人人著信。使英才间气，生则溺耳目恬习之事，长则师世儒崇尚之言，遂冥然被驱，因谓圣人可不修而至，大道可不学而知。故未识圣人心，已谓不必求其迹；未见君子志，已谓不必事其文。此人伦所以不察，庶物所以不明，治所以忽，德所以乱。**世儒于圣门未有所见，而耳目习熟固已陷溺于异端，乃谓不假修为，立地成佛，不立文字，教外别传。不修而至，故谓“不必求其迹”。不学而知，故谓“不必事其文”。**异言人耳**[二一]**，上无礼以防其伪，下无学以稽其弊。自古诐、淫、邪、遁之辞，翕然并兴，一出于佛氏之门者已五百年**[二二]**。向非独立不惧，精一自信，有大过人之才，何以正立其间，与之较是非、计得失哉！**诡服异行，非修先王之礼，何以防其伪？邪说异教，非通圣人之学，何以稽其弊？①



### 校勘记

【一】其书言清净无为之道　“言”，邵本作“论”。

【二】佛氏言心性　“氏”原作“无”，据邵本改。

【三】至如杨墨　“如”，邵本作“于”。

【四】子张才高志广　“志”，邵本作“意”。

【五】其戾于道也远矣　“戾”，邵本作“外”，杨本作“分”。“其戾”，明



① 张绍价曰：“此节极言佛氏之说近理惑人，为害最甚，以回应首章。以‘圣人可不修而至’二句，起下卷之意。价按，自‘横渠先生’至此为一段，以天人有无心迹，辨佛、老近理惑人之说之差。”

刊本作“大戾”。

【 六 】故物外无道 “故”原作“效”，据明修本、邵本改。

【 七 】灭除四大 “除”，邵本作“绝”。

【 八 】寂灭幻根 “幻”原作“约”，据明修本、邵本改。

【 九 】比从也 “比”原作“此”，据明修本、邵本改。

【一〇】泯迹以求心 “泯”，原作“因”，据邵本改。

【一一】政使有存养之功亦只存养得他所见影子亦不分明 “政”，邵本作“就”；“亦”，邵本作“终”。

【一二】其说谓幻尘灭 “谓”，邵本作“为”。

【一三】欲出离生死 “出”，邵本作“世”。

【一四】又有语导气者 “又”，邵本作“人”。

【一五】明道曰 “曰”上原无“明道”二字，据邵本补。

【一六】“曰”上，邵本有“明道”二字。

【一七】而不知范围天用 “天”，邵本作“之”。

【一八】今浮图剧论要归 “剧”，正蒙乾称篇第十七作“极”。

【一九】均死生 “均”原作“狥”，据明修本、邵本改。

【二〇】何所厌苦 “苦”，原作“若”，据明修本，邵本改。

【二一】异言入耳 “入”，明刊本、杨本作“满”。

【二二】一出于佛氏之门者已五百年 “已”，邵本作“千”。

# 近思录集解卷十四　凡二十六条



此卷论圣贤相传之统，而诸子附焉。断自唐虞尧、舜、禹、汤、文、武、周公，道统相传，至于孔子。孔子传之颜、曾，曾子传之子思，子思传之孟子，遂无传焉。于是楚有荀卿，汉有毛苌、董仲舒、扬雄、诸葛亮，隋有王通，唐有韩愈，虽未能传斯道之统，然其立言立事有补于世教，皆所当考也。逮于本朝，人文再辟，则周子唱之，二程子、张子推广之，而圣学复明，道统复续，故备著之。①

**明道先生曰：尧与舜更无优劣，及至汤武便别。孟子言"性之"、"反之"，自古无人如此说，只孟子分别出来，便知得尧舜是生而知之，汤武是学而能之。文王之德则似尧舜，禹之德则似汤武，要之皆是圣人。**遗书，下同。○"性之"



① 施璜曰："首卷论道体，要人先识个大头脑，则为学庶几乎其不差。末卷论圣贤，要人识个大模范，则为学有所持循，卓然成立真人品。故自尧、舜以至朱子集周、程之大成，圣贤之渊源，支派具在焉。"○张绍价曰："此卷以'性之'、'反之'为主，以学圣人为总旨，以道德为分意。体似顺纲，首四节为纲，下分二目以应之。"

者，生而知之，安而行之，“天性浑全，不待修习”者也。“反之”者，学而知之，利而行之，“修身体道，以复其性”者也。文王“不识不知，顺帝之则”，盖亦生知之性也。禹“克勤克俭，不矜不伐”，盖亦学能之事也。①

**仲尼，元气也；颜子，春生也；孟子，并秋杀尽见。**夫子大圣之资，犹元气周流，浑沦溥博[一]，无有涯涘，罔见间隙。颜子亚圣之才，如春阳块北[二]，发生万物，四时之首，众善之长也。孟子亦亚圣之才，刚烈明辩，整齐严肃，故并秋杀尽见。**仲尼无所不包。颜子示“不违如愚”之学于后世，有自然之和气，不言而化者也。孟子则露其材，盖亦时然而已。**夫子道全德备，故无所不包。颜子“不违如愚”，与圣人合德，后世可想其自然和气，“嘿而成之，不言而信”者也。孟子英材发越，盖亦战国之时，世道益衰，异端益炽，又无夫子主盟于其上，故其卫道之严，辩论之明，不得不然也。**仲尼，天地也；颜子，和风庆云也；孟子，泰山岩岩之气象也。观其言，皆可见之矣。**天地者，高明而博厚也。和风庆云者，协气祥光也。泰山岩岩者，骏极不可逾越也。**仲尼无迹，颜子微有迹，孟子其迹著。**夫子浑然天成，故无迹。颜子“不违如愚”，本亦无迹，然为仁之问，喟然之叹，犹可窥测其微。至于孟子，则发明底蕴，故其迹彰彰。**孔子尽是明快人，颜子尽岂弟，孟子尽雄辨。**夫子“清明在躬”，犹青天白日，故极其明快。颜子“有若无，实若虚，犯而不校”，故极其岂弟。孟子“息邪说，距诐行，放淫辞”，故极其雄辨。○此段反覆形容大圣大贤气象，各臻其妙。古今之言圣贤，未有若斯者也。学者其潜心焉。

---

① 张绍价曰：“此节以‘学而能之’及‘皆是圣人’二句，承上卷末节之意，领起通篇。”

曾子传圣人学,其德后来不可测,安知其不至圣人?如言"吾得正而毙",且休理会文字,只看他气象极好[三],被他所见处大。后人虽有好言语,只被气象卑,终不类道。曾子悟一贯之旨,已传圣人之学矣。至其易箦之言:"吾何求哉?吾得正而毙焉,斯可矣。"自非乐善不倦,安行天理,一息尚存,必归于正,夫岂一时之所能勉强哉!○遗书又曰:曾子疾病,只要以正,不虑死,与武王"杀一不辜[四],行一不义,得天下不为"同心。

传经为难。如圣人之后才百年,传之已差。圣人之学,若非子思、孟子,则几乎息矣。道何尝息,①只是人不由之,"道非亡也,幽厉不由也。"群经定于夫子之手,至孟子时才百年间,微言绝而大义乖矣。犹赖曾子之门有传,子思、孟子之徒相继缵述,提纲挈领,辟邪辅正,以垂万世,如论语、大学、中庸、孟子之书可见矣。②

荀卿才高,其过多;扬雄才短,其过少。荀卿,名况,字卿,为楚兰陵令。扬雄,字子云,为汉光禄卿。荀卿才高,敢为异论,如以人性为恶,以子思、孟子为非,其过多。扬雄才短,如作太玄以拟易,法言以拟论语,皆模仿前圣之遗言,其过少。

荀子极偏驳,只一句"性恶",大本已失。扬子虽少过,然已自不识性,更说甚道。"率性之谓道",荀子"性恶",扬子"善恶混",均之不识本然之性,何以语道?

董仲舒曰:"正其义,不谋其利;明其道,不计其功。"此董子所以度越诸子。自春秋以来,举世皆趋功利。仲舒此言最





---

① 熊刚大曰:"道先天地而生,后天地而存,固无一息亡。"

② 张绍价曰:"自篇首至此为一段,论尧、舜、禹、汤、文、武、孔、颜、曾、思、孟之德。虽有'性'、'反'之不同,皆圣人之学,肩道统之传者也。"

为纯正。○朱子曰：仲舒所立甚高。后世所以不如古人者，以道义功利关不透耳。

**汉儒如毛苌**[①]**、董仲舒，最得圣贤之意，然见道不甚分明。下此即至扬雄，规模又窄狭矣。**毛苌治诗，为河间献王博士。仲舒举贤良对策，为胶西相。二子言治皆以修身齐家为本，先德教而后功利，最为得圣贤意。扬雄以清净寂寞为道，无儒者规模。○或问：伊川谓仲舒见道不分明。朱子曰：如云"性者生之质，性非教化不成"，似不识本然之性。又问：何所主而取毛公？曰：考之诗传，紧要有数处，如关雎所谓"夫妇有别则父子亲，父子亲则君臣敬，君臣敬则朝廷正，朝廷正则王化成"。要之，亦不多见，只是其气象大概好。

**林希谓扬雄为禄隐。扬雄，后人只为见他著书，便须要做他是。怎生做得是？**禄隐，谓浮沉下位，依禄而隐，即禄仕之意也。雄失身事莽【五】，以是禄隐，何辞而可？[②]

**孔明有王佐之心，道则未尽。王者如天地之无私心焉，行一不义而得天下不为。孔明必求有成而取刘璋，圣人宁无成耳，此不可为也。**诸葛亮，字孔明。东汉末，曹操据汉将篡，孔明辅先主，志欲攘除奸凶，兴复汉室，而其规模宏远，操心公平，有王佐之心，然于王道，则有所未尽。盖圣人之道，如天地发育，无有私意，行一不义虽可以得天下而不为。先主以诈取刘璋，孔明不得以无责。盖其志于有成，行不义而不暇顾。若圣人则宁汉无兴，不忍为此也。**若刘表子琮将为曹公所并，取而兴刘**



---

① 熊刚大曰："毛苌治诗传之紧要有数处，如关雎所谓'夫妇有别则父子亲，父子亲则君臣敬，君臣敬则朝廷正，朝廷正则王化成'。"

② 李文炤曰："扬雄为莽大夫，是失节也。而林希以为浮沉下僚，依禄而隐，盖以其著书而傅会之耳。"

**氏可也。**先主依刘表。曹操南侵,会表卒,子琮迎降。孔明说先主取荆州,先主不忍。琮降则地归曹氏矣,取以兴汉,何负于表?较之取刘璋,则曲直有间矣。或谓先主虽得荆州,未必能御曹操。然此又特以利钝言者也。①

**诸葛武侯有儒者气象。**孔明辅汉讨贼,以信义为主【六】,以节制行师,以公诚待人,至于"亲贤臣,远小人","谘诹善道,察纳雅言",有大臣格君之业。○朱子曰:孔明虽尝学申、韩,然资质好,却有正大气象。

**孔明庶几礼乐。**文中子曰:"使孔明而无死,礼乐其有兴乎!""亮之治国,政刑修治【七】,而人心豫附,名正言顺,礼乐其庶几乎!"②

**文中子本是一隐君子,世人往往得其议论,附会成书,其间极有格言,荀、扬道不到处。**文中子,王氏,名通。隋末不仕,教授于河汾。其弟王凝,子福、畤等,收其议论,增益为书,名曰中说。○朱子曰:其书多为人添入,真伪难见,然好处甚多。就中论世变因革处【八】,说得极好。又曰:文中子论治体处,高似仲舒而本领不及,爽似仲舒而纯不及。

**韩愈亦近世豪杰之士,如原道中言语虽有病,然自孟子而后,能将许大见识寻求者,才见此人。至如断曰:"孟氏醇乎醇。"又曰:"荀与扬择焉而不精,语焉而不详。"若不是他见得,岂千馀年后便能断得如此分明?**韩愈,字退之,仕唐为吏部侍郎。尝著原道,其间如"博爱之谓仁",则明其用而未





---

① 朱熹曰:"忠武侯天资高,所为一出于公。若其规模,并写申子之类,则其学只是伯。程先生云:'孔明有王佐之心,然其道则未尽。'其论极当。"

② 张习孔曰:"孔明之相汉,法度修举,而治得大体,忠诚恳至,而人心豫附,其事序而物和也,当无歉矣。宜程子以礼乐许之也。"

尽其体；如"道德为虚位"，则辨其名而不究其实；如言"正心诚意"之学，而遗"格物致知"之功。凡此类皆有疵病，然其扶正学、辟异端，秦汉以来未有及之者。至于论孟氏之与荀、扬，尤其卓然之见也。[九]

**学本是修德，有德然后有言。退之却倒学了，因学文日求所未至，遂有所得。**古之学者务修己而已[一〇]，德之既盛，则发于言辞，有自然之文。退之反因学文而有所见。**如曰："轲之死，不得其传。"似此言语，非是蹈袭前人，又非凿空撰得出，必有所见。若无所见[一一]，不知言所传者何事。**朱子曰：韩文公见得大意已分明，只是不曾向里面省察，不曾就身上细密做工夫[一二]。①

**周茂叔胸中洒落，如光风霁月。**见黄庭坚所作诗序。李延平每诵此言，以为善形容有道者气象。**其为政精密严恕，务尽道理。**通书附录。〇见潘延之所撰墓志。又孔经父祭文云："公年壮盛，玉色金声，从容和毅，一府皆倾。"

**伊川先生撰明道先生行状曰：先生资禀既异，而充养有道。**资禀得于天，充养存于己。**纯粹如精金，**纯粹而不杂。**温润如良玉。**温良而润泽。**宽而有制，**宽大而有规矩。**和而不流，**和易而有撙节。**忠诚贯于金石，**忠诚之至，可贯于金石。**孝悌通于神明。**孝悌之至，可通于鬼神。**视其色，其接物也，如春阳之温；**春阳发达，盎然其和。**听其言，其入人也，如时雨之润。**优游而不迫，沾洽而有馀。**胸怀洞然，彻视无间。测**




① 张绍价曰："自'荀子'至此为一段，论荀、扬、毛、董、武侯、文中、韩子之学，皆未能闻道而造于圣人也。"

**其蕴，则浩乎若沧溟之无际；**胸次洞达，无少隐慝。然测其学识所蕴，则又深博而无涯。**极其德，美言盖不足以形容。**以上一节，言资禀之粹、充养之厚也。**先生行己，内主于敬，而行之以恕，**敬主于身，而恕及于物。敬则其本正而一，恕则其用公而溥。**见善若出诸己，**与人为善也。**不欲勿施于人，**视人犹己也。**居广居而行大道，**居天下之广居，不安于狭陋；行天下之大道，不由于邪僻。**言有物而行有常。**言必有实，故曰物；行必有度，故曰常。○以上一节，言行己之本末也。**先生为学，自十五六时，闻汝南周茂叔论道，遂厌科举之业，慨然有求道之志。未知其要，泛滥于诸家，出入于老、释亦几十年**【一三】**，返求诸六经而后得之。**按，濂溪先生为南安军司理参军时，程公珦摄通守事，视其气貌非常人，与语，知其为学知道也，因与为友，且使其二子受学焉。而程氏遗书有言："再见周茂叔后，吟风弄月以归，有'吾与点也'之意。"明道学于濂溪者，虽得其大意，然其博求精察，益充所闻，以抵于成者，尤多自得之功。**明于庶物，察于人伦。**明则有以识其理，察则加详于明。**知尽性至命，必本于孝悌；穷神知化，由通于礼乐。**孝悌，说见第四卷。乐记曰："天高地下，万物散殊，而礼制行矣。流而不息，合同而化，而乐兴焉【一四】。通乎礼，则知万化散殊之迹；通乎乐，则穷万化同流之妙。"此言明乎天实本乎人也。**辨异端似是之非，开百代未明之惑。**秦汉**而下，未有臻斯理也。谓孟子没而圣学不传，以兴起斯文为己任。其言曰："道之不明，异端害之也。昔之害近而易知，今之害深而难辨；昔之惑人也乘其迷暗，今之入人也因其高明。**昔之害，杨、墨、申、韩是也；今之害，老、佛是也。浅近故迷暗者为所惑，深远故高明者反陷其中。**自谓之穷神知化，而**

不足以开物成务；自谓通达玄妙，实则不可以有为于天下。言为无不周遍，实则外于伦理；自谓性周法界，然实则外乎人伦物理。穷深极微，而不可以入尧舜之道。尧舜之道，大中至正，穷深极微，是过之也。天下之学，非浅陋固滞，则必入于此。自道之不明也，邪诞妖异之说竞起，涂生民之耳目，溺天下于污浊。虽高才明智，胶于见闻，醉生梦死，不自觉也。是皆正路之蓁芜、圣门之蔽塞，辟之而后可以入道。"浅陋固滞者，乃刑名功利之习，训诂词章之士是也[一五]。学者不入于浅陋固滞，则必入于老、佛之空无。先生进将觉斯人，退将明之书，不幸早世，皆未及也。其辨析精微，稍见于世者，学者之所传耳。以上一节，言学道之本末，与其辟异端、正人心之大略也。先生之门，学者多矣。先生之言，平易易知，贤愚皆获其益，如群饮于河，各充其量。先生教人，自致知至于知止，诚意至于平天下，洒扫应对至于穷理尽性，循循有序。病世之学者，舍近而趋远，处下而窥高，所以轻自大而卒无得也。此一节言教人之道，本末备具，而循序渐进，惟恐学者厌卑近而务高远[一六]，轻自肆而无实得也。先生接物，辨而不间，是非虽明，而亦不绝之。感而能通。感而必应。教人而人易从，教人各因其资，而平易明白，故易从。怒人而人不怨，怒所当怒，而心平气和，故不怨。贤愚善恶，咸得其心。爱而公，故咸得其欢心。狡伪者献其诚，待人尽其诚，而人不忍欺之。暴慢者致其恭，待人尽其礼，而人不忍以非礼加之。闻风者诚服，诚服者，真实而非勉强。闻风而服，则无远不格矣。觌德者心醉。盛德所形见者，熏乎至和，如饮醇酎。虽小人以趋向之异，顾于利害，时见排

**斥，退而省其私，未有不以先生为君子也。**先生以议新法不合，遂遭排斥。然当时用事者亦曰伯淳忠信人也。则其言行之懿，有不可诬者。〇以上一节，言接物之道。**先生为政，治恶以宽，**开其自新之路，改而止。**处烦而裕。**得其要领，且顺乎理。**当法令繁密之际，未尝从众为应文逃责之事。人皆病于拘碍，而先生处之绰然；众忧以为甚难，而先生为之沛然。**法令峻密，而先生未尝为苟且应命之事。然而处之有道，故不见其碍；为之有要，故不见其难。**虽当仓卒，不动声色。**理素明而志素定。**方监司竞为严急之时，其待先生率皆宽厚，设施之际，有所赖焉。**忠信恳恻，足以感人。故能不徇时好，而得遂其所为。**先生所为纲条法度，人可效而为也；至其道之而从，动之而和，不求物而物应，未施信而民信，则人不可及也。**政令设施，可仿而行；道化乎感，不可力而致。〇以上一节，言为政之道。①

**明道先生曰：周茂叔窗前草不除**[一七]**，问之，云："与自家意思一般。"**遗书，下同。本注云：子厚观驴鸣，亦谓如此[一八]。〇天地生意流行发育，惟仁者生生之意，充满胸中，故观之有会于其心者。

**张子厚闻生皇子，喜甚；见饿莩者，食便不美。**此即西铭之意。亦其养德之厚，故随所感遇，蹶然动于中而不可遏。初非





---

① 张绍价曰："胡敬斋曰：'明道先生天资高，本领纯，察理精，涵养熟，故不动声色，而天下之事自治；涵育熏陶，而天下之物自化，孔子以下第一人也。'伊川所撰行状，形容明道广大详密，浑化纯全，非工夫积累久地位高者，解会不得也。今分六节，虚心熟读而精思之，宛然如见明道先生矣。"〇陈沆曰："此等皆形容圣贤之文，初学虽望如霄汉，然惟熟读深味，于无事时常体此意于胸中，使鄙吝不萌，久之庶有入处。若徒赞叹羡慕而已，何益之有？"

拟议作意而为之也。

**伯淳尝与子厚在兴国寺讲论终日，而曰：不知旧日曾有甚人于此处讲此事？**吕源明曰[一九]：此处气象，自有合得如此等人说此等话道理。

**谢显道云：明道先生坐如泥塑人，接人则浑是一团和气。**外书，下同。○所谓"望之俨然，即之也温"。①

**侯师圣云：朱公掞见明道于汝，归谓人曰："光庭在春风中坐了一个月。"游、杨初见伊川，伊川瞑目而坐，二子侍立。既觉，顾谓曰："贤辈尚在此乎？日既晚，且休矣。"及出门，门外之雪深一尺。**侯仲良，字师圣。朱光庭，字公掞。皆程子门人也。明道接人和粹，伊川师道尊严，皆盛德所形，但其气质成就有不同耳。明道似颜子，伊川似孟子。②

**刘安礼云[二〇]：明道先生德性充完，粹和之气，盎于面背，乐易多恕，终日怡悦，立之从先生三十年，未尝见其忿厉之容。**附录。○明道先生质之美、养之厚、德之全，故其粹然发见，从容岂弟如此。百世之下闻之者，鄙夫宽，薄夫敦，而况于亲炙之者乎！

**吕与叔撰明道先生哀词云：先生负特立之才，知大学之要，博文强识，躬行力究，察伦明物，极其所止，涣然心释，洞见道体。**识，记也。博文强识，博学也。躬行力究，力行也。察伦明物以下，物格而知至也。**其造于约也，虽事变之感**





---

① 张伯行曰："坐如泥塑人，静而不偏不倚之中也。接人浑是和气，动而中节之和也。总是主敬功深，故其动静之间，非勉强拟合，而人之亲承其下者，自有'望之俨然，即之也温'气象。非上蔡默识于心而有得焉，亦不能若是形容也。"

② 张习孔曰："录此既见游、杨之恭，亦见先生有以化游、杨也。"

不一，知应以是心而不穷；虽天下之理至众，知反之吾身而自足。应感无穷，而实本乎吾心。物理散殊，而皆备乎吾身。言其学虽博而有要也。其致于一也，异端并立而不能移，圣人复起而不与易。致一者，见之明而守之定。故邪说不能移，百世以俟圣人而不惑也[二一]。其养之成也，和气充浃，见于声容，然望之崇深，不可慢也；遇事优为，从容不迫，然诚心恳恻，弗之措也。和易而有涵蓄，宽裕而恳至也。其自任之重也，宁学圣人而未至，不欲以一善成名；宁以一物不被泽为己病，不欲以一时之利为己功。自任之重，所志者远[二二]，不安于小成，不急于近功。其自信之笃也，吾志可行，不苟洁其去就；吾义所安，虽小官有所不屑。志若可行，不洁其去以为高；义择所安，亦不屑于就以自卑。①

吕与叔撰横渠先生行状云：康定用兵之时，先生年十八，慨然以功名自许，上书谒范文正公。公知其远器，欲成就之，乃责之曰："儒者自有名教，何事于兵？"因劝读中庸。先生读其书，虽爱之，犹以为未足，于是又访诸释、老之书，累年尽究其说，知无所得，反而求之六经。嘉祐初，见程伯淳、正叔于京师，共语道学之要。先生涣然自信，曰："吾道自足，何事旁求！"于是尽弃异学，淳如也。本注：尹彦明云：横渠昔在京师，坐虎皮说周易，听从甚众。一夕二程先生至，论易。次日横渠撤去虎皮，曰："吾平日为诸公说者皆乱道。有二程近到，

① 张习孔曰："伊川先生撰明道先生行状曰：'我之道盖与明道同。异时欲知我者，求之于此文可也。'哀词亦当合行状观之，两先生具在是矣。"○张伯行曰："此以推尊称美之词，抒其哀慕迫切之诚，可补行状所不及，而益信先生之优入圣域也。"

深明易道，吾所弗及，汝辈可师之。”〇愚谓：此可以见横渠先生勇于从善，无一毫私吝之意【二三】，非大公至明，孰能如是？① **晚自崇文移疾西归横渠，终日危坐一室，左右简编，俯而读，仰而思，有得则识之。或中夜起坐，取烛以书。其志道精思，未始须臾息，亦未尝须臾忘也。学者有问，多告以知礼成性、变化气质之道，学必如圣人而后已，闻者莫不动心有进。**说并见前。**尝谓门人曰：“吾学既得于心，则修其辞；命辞无差，然后断事；断事无失，吾乃沛然。‘精义入神’者，豫而已矣。”**人于义理，其初得于心者，虽了然无疑，及宣之于口，笔之于牍，则或有差。故命辞无差，则所见已审，以是应酬事物，知明理精，妙用无方矣。是皆穷理致知之功素立，而非勉强拟议于应事之时也。**先生气质刚毅，德盛貌严，然与人居，久而日亲。其治家接物，大要正己以感人，人未之信，反躬自治，不以语人，虽有未谕，安行而无悔。故识与不识，闻风而畏，非其义也，不敢以一毫及之。**德貌严毅，而中诚恳恻，故与人久而益亲。躬自厚而薄责于人，故人心服，而不敢加以非义。

**横渠曰：二程从十四五时，便锐然欲学圣人【二四】。**语录。②





① 张伯行曰：“此状张子为学始末，见其精思力践，进道之勇，大约得气之刚者为多也。”

② 熊刚大曰：“伊川年十八作好学论，明道二十三著定性书，是时游山诸诗皆好，无非洒然尘埃之外，而所学者皆圣人之事。”〇茅星来曰：“二程已见于前，此复引横渠之言以终之者，盖隐以二程接古圣贤相传之统，亦所以俟后圣于无穷也，其旨深矣。”〇张绍价曰：“自‘周茂叔’至此为一段，论周子、二程子、张子之学，皆闻道而造于圣人之域者也。末节以‘学圣人’回应首节，并回应首卷太极图说圣人及君子修之之意，收结完密。与中庸以上天之载回应天命之性，同一机柚。”

## 校勘记

【一】浑沦溥博　“浑”，邵本作“混”。

【二】如春阳坱北　“坱北”，邵本作“盎然”。

【三】只看他气象极好　“气”原作“风”，据明修本、邵本改。

【四】与武王杀一不辜　“一”原作“下”，据明修本、邵本改。

【五】雄失身事莽　“雄”原作“椎”，据明修本、邵本改。

【六】以信义为主　“义”原作“我”，据明修本、邵本改。

【七】政刑修治　“治”，邵本作“举”。

【八】就中论世变因革处　“因”，原作“困”，据明修本、邵本、张本、茅本改。

【九】此条，元刊本紧接于上条末刻印，据邵本当单列为一条。

【一〇】古之学者务修己而已　“己”，邵本作“德”。

【一一】若无所见　此四字原无，据邵本补。

【一二】不曾就身上细密做工夫　“曾”，邵本作“能”。

【一三】出入于老释亦几十年　“亦”，邵本作“者”。

【一四】而乐兴焉　“兴”，原作“生”，据邵本、张本、乐记改。

【一五】训诂词章之士是也　“之士”二字原无，据邵本增。

【一六】惟恐学者厌卑近而务高远　“惟”原作“推”，据明修本、邵本改。

【一七】周茂叔窗前草不除　“除”下，明刊本、杨本有“去”字。

【一八】遗书下同本注云子厚观驴鸣亦谓如此　“遗书下同”四字原位于“如此”下，据邵本而移至此。

【一九】吕源明曰　“源”，邵本作“原”。

【二〇】刘安礼云　“云”原作“去”，据明修本、邵本改。按，据伊洛渊源录卷十四、宋元学案卷三十，“安礼”作“宗礼”。

【二一】百世以俟圣人而不惑也　“惑”原作“感”，据明修本、邵本改。

【二二】所志者远　“志”，邵本作“至”。

【二三】无一毫私吝之意　“私”，邵本作“系”。

【二四】便锐然欲学圣人　“锐”，明刊本、杨本作“脱”。

## 附录一　近思录 明嘉靖六年贾世祥刊本



# 近思录前引

淳熙乙未之夏，东莱吕伯恭来自东阳，过予寒泉精舍，留止旬日，相与读周子、程子、张子之书，叹其广大闳博，若无津涯，而惧夫初学者不知所入也。因共掇取其关于大体而切于日用者，以为此编，总六百二十二条，分十四卷。盖凡学者所以求端、用力、处己、治人，与夫所以辨异端、观圣贤之大略，皆粗见其梗概。以为穷乡晚进、有志于学而无明师良友以先后之者，诚得此而玩心焉，亦足以得其门而入矣。如此，然后求诸四君子之全书，沈潜反覆，优柔厌饫，以致其博而反诸约焉，则其宗庙之美，百官之富，庶乎其有以尽得之。若惮烦劳，安简便，以为取足于此而可，则非今日所以纂集此书之意也。五月五日，朱熹谨识。

# 近思录后引

近思录既成，或疑首卷阴阳变化性命之说，大抵非始学者之事。祖谦窃尝与闻次缉之意，后出晚进于义理之本原，虽未容骤语，苟茫然不识其梗概，则亦何所底止。列之篇端，特使之知其名义，有所向望而已。至于馀卷所载讲学之方、日用躬行之实，具有科级，循是而进，自卑升高，自近及远，庶几不失纂集之指。若乃厌卑近而骛高远，躐等陵节，流于空虚，迄无所依据，则岂所谓"近思"者邪？览者宜详之。淳熙三年四月四日，东莱吕祖谦谨书。

# 近思录目



周子太极通书周子，名惇实，字茂叔，避厚陵藩邸名，改惇颐。世为道州营道人，营道县出郭三十里，有村落曰濂溪，周氏家焉。先生晚年卜居庐阜，筑室临流，寓濂溪之名。

明道先生文集先生姓程氏，名颢，字伯淳，太师文潞公题其墓曰“明道先生”。

伊川先生文集先生名颐，字正叔，明道先生之弟也。家居河南伊水之上。

周易程氏传

程氏经说

程氏遗书

程氏外书

横渠先生正蒙先生姓张氏，名载，字子厚，世大梁人。父迪，知涪州事，卒于官。遂侨寓凤翔郿县横渠镇南大振谷口，晚年居于横渠。

横渠先生文集

横渠先生易说

横渠先生礼乐说

横渠先生论语说

横渠先生孟子说

横渠先生语录

# 近思录卷之一　凡五十一条



## 道体篇

濂溪先生曰：无极而太极。太极动而生阳，动极则静，静而生阴，静极复动。一动一静，互为其根，分阴分阳，两仪立焉。阳变阴合，而生水火木金土。五气顺布，四时行焉。五行，一阴阳也；阴阳，一太极也；太极，本无极也。五行之生也，各一其性。无极之贞，二五之精，妙合而凝，乾道成男，坤道成女。二气交感，化生万物，万物生生，而变化无穷焉。惟人也，得其秀而最灵。形既生矣，神发知矣，五性感动而善恶分，万事出矣。圣人定之以中正仁义，而主静，立人极焉。故圣人与天地合其德，日月合其明，四时合其序，鬼神合其吉凶。君子修之吉，小人悖之凶。故曰："立天之道，曰阴与阳；立地之道，曰柔与刚；立人之道，曰仁与义。"又曰："原始反终，故知死生之说。"大哉易也，斯其至矣！



诚，无为；几，善恶。德：爱曰仁，宜曰义，理曰礼，通曰智，守曰信。性焉安焉之谓圣，复焉执焉之谓贤。发微不可见、充周不可穷之谓神。

伊川先生曰："喜怒哀乐之未发谓之中"，中也者，言"寂然不动"者也，故曰"天下之大本"。"发而皆中节谓之和"，和也者，言"感而遂通"者也，故曰"天下之达道"。

心，一也，有指体而言者，有指用而言者，惟观其所见如何耳。

乾，天也。天者，乾之形体；乾者，天之性情。乾，健也，健而无息之谓乾。夫天，专言之则道也，"天且弗违"是也。分而言之，则以形体谓之天，以主宰谓之帝，以功用谓之鬼神，以妙用谓之神，以性情谓之乾。

四德之元，犹五常之仁。偏言则一事，专言则包四者。

天所赋为命，物所受为性。

鬼神者，造化之迹也。

剥之为卦，诸阳消剥已尽，独有上九一爻尚存，如硕大之果不见食，将有复生之理，上九亦变则纯阴矣。然阳无可尽之理，变于上则生于下，无间可容息也。圣人发明此理，以见阳与君子之道不可亡也。或曰：剥尽则为纯坤，岂复有阳乎？曰：以卦配月，则坤当十月。以气消息言，则阳剥为坤，阳来为复，阳未尝尽也。剥尽于上，则复生于下矣。故十月谓之阳月，恐疑其无阳也。阴亦然，圣人不言耳。

一阳复于下，乃天地生物之心也。先儒皆以静为见天地之心，盖不知动之端乃天地之心也。非知道者，孰能识之？

仁者，天下之公，善之本也。

有感必有应。凡有动皆为感，感则必有应，所应复为感，所感复有应，所以不已也。感通之理，知道者默而观之可也。

天下之理，终而复始，所以恒而不穷。恒非一定之谓也，一定则不能恒矣。唯随时变易，乃常道也。天地常久之道，天下常久之理，非知道者，孰能识之？

人性本善，有不可革者，何也？曰：语其性则皆善也，语其才则有下愚之不移。所谓下愚有二焉：自暴也，自弃也。人苟以善自治，则无不可移者，虽昏愚之至，皆可渐磨而进。唯自暴者拒之以不信，自弃者绝之以不为，虽圣人与居，不能化而入也，仲尼之所谓下愚也。然天下自弃自暴者，非必皆昏愚也，往往强戾而才力有过人者，商辛是也。圣人以其自绝于善，谓之"下愚"，然考其归，则诚愚也。既曰"下愚"，其能革面，何也？曰：心虽绝于善道，其畏威而寡罪，则与人同也。唯其有与人同，所以知其非性之罪也。

在物为理，处物为义。

动静无端，阴阳无始，非知道者，孰能识之？

仁者，天下之正理，失正理则无序而不和。

明道先生曰：天地生物，各无不足之理。常思天下君臣、父子、兄弟、夫妇，有多少不尽分处。

"忠信所以进德"，"终日乾乾"，君子当终日"对越在天”也。盖“上天之载，无声无臭”，其体则谓之易，其理则谓之道，其道则谓之神；其命于人则谓之性，率性则谓之道，修道则谓之教。孟子于其中又发挥出浩然之气，可谓尽矣。故说神“如在其上，如在其左右”，大小大事，而只曰“诚之不可掩如此夫”。彻上彻下，不过如此。形而上为道，形而下为器，须著如此说，器亦道，道亦器，但得道在，不系今与后，己与人。

医书言手足痿痹为不仁，此言最善名状。仁者以天地万物为一体，莫非己也。认得为己，何所不至？若不“有诸己”，自不与己相干。如手足不仁，气已不贯，皆不属己。故博施济众，乃圣之功用。仁至难言，故止曰：“己欲立而立人，己欲达而达人，能近取譬，可谓仁之方也已。”欲令如是观仁，可以得仁之体。

“生之谓性”。性即气，气即性，生之谓也。人生气禀，理有善恶，然不是性中元有此两物相对而生也。有自幼而善，有自幼而恶，是气禀有然也。善固性也，然恶亦不可不谓之性也。盖“生之谓性”，“人生而静”以上不容说，才说性时，便已不是性也。凡人说性，只是说“继之者善也”，孟子言性善是也。夫所谓“继之者善也”者，犹水流而就下也。皆水也，有流而至海，终无所污，此何烦人力之为也。有流而未远，固已渐浊；有出而甚远，方有所浊。有浊之多者，有浊之少者。清浊虽不同，然不可以浊者不为水也。如此，则人不可以不加澄治之功。故用力敏勇则疾清，用力缓怠则迟清。及其清也，则却只是元初水也，不是将清来换却浊，亦不是取出浊来置在一隅也。水之清，则性善之谓也。故不是善与恶在性中为两物相对，各自出来。此理，天命也。顺而循之，则道也。循此而修之，各得其分，则教也。自天命以至于教，我无加损焉，此舜“有天下而不与焉”者也。

观天地生物气象。

万物之生意最可观，此“元者，善之长也”，斯所谓仁也。

满腔子是恻隐之心。

天地万物之理，无独必有对，皆自然而然，非有安排也。每中夜以思，不知手之舞之，足之蹈之也。

中者，天下之大本，天地之间，亭亭当当、直上直下之正理。出则不是，惟“敬而无失”最尽。

伊川先生曰：公则一，私则万殊。人心不同如面，只是私心。

凡物有本末，不可分本末为两段事。洒扫应对是其然，必有所以然。

杨子拔一毛不为，墨子又摩顶放踵为之，此皆是不得中。至如“子莫执中”，欲执此二者之中，不知怎么执得。识得则事事物物上皆天然有个中在那上，不待人安排也，安排著则不中矣。

问：时中如何？曰：“中”字最难识，须是默识心通。且试言一厅则中央为中，一家则厅中非中而堂为中，言一国则堂非中而国之中为中。推此类可见矣。如三过其门不入，在禹、稷之世为中，若居陋巷，则非中也。居陋巷，在颜子之时为中，若三过其门不入，则非中也。

无妄之谓诚，不欺其次矣。

冲漠无朕，万象森然已具，未应不是先，已应不是后。如百尺之木，自根本至枝叶皆是一贯，不可道上面一段事无形无兆，却待人旋安排引入来教入途辙。既是途辙，却只是一个途辙。

近取诸身，百理皆具。屈伸往来之义，只于鼻息之间见之。屈伸往来只是理，不必将既屈之气复为方伸之气。生生之理，自然不息。如复卦言"七日来复"，其间元不断续。阳已复生，物极必返，其理须如此。有生便有死，有始便有终。

明道先生曰：天地之间只有一个感与应而已，更有甚事？

问仁，伊川先生曰：此在诸公自思之，将圣贤所言仁处类聚观之，体认出来。孟子曰："恻隐之心，仁也。"后人遂以爱为仁。爱自是情，仁自是性，岂可专以爱为仁？孟子言"恻隐之心，仁之端也"，既曰仁之端，则不可便谓之仁。退之言"博爱之谓仁"，非也。仁者固博爱，然便以博爱为仁则不可。

问：仁与心何异？曰：心譬如谷种，生之性便是仁，阳气发处乃情也。

义训宜，礼训别，智训知，仁当何训？说者谓训觉、训人，皆非也。当合孔孟言仁处大概研穷之，二三岁得之，未晚也。

性即理也。天下之理,原其所自,未有不善。喜怒哀乐未发,何尝不善?发而中节,则无往而不善。凡言善恶,皆先善而后恶;言吉凶,皆先吉而后凶;言是非,皆先是而后非。

问:心有善恶否?曰:在天为命,在义为理,在人为性,主于身为心,其实一也。心本善,发于思虑,则有善有不善。若既发,则可谓之情,不可谓之心。譬如水,只可谓之水,至如流而为派,或行于东,或行于西,却谓之流也。

性出于天,才出于气。气清则才清,气浊则才浊。才则有善有不善,性则无不善。

性者自然完具,信只是有此者也。故“四端”不言信。

心,生道也。有是心,斯具是形以生。恻隐之心,人之生道也。

横渠先生曰:气坱然太虚,升降飞扬,未尝止息。此虚实动静之机,阴阳刚柔之始。浮而上者阳之清,降而下者阴之浊,其感遇聚散,为风雨,为霜雪,万物之流形,山川之融结,糟粕煨烬,无非教也。

游气纷扰合而成质者,生人物之万殊;其阴阳两端循环不已者,立天地之大义。

天体物不遗,犹仁体事而无不在也。“礼仪三百,威仪三千”,无一物而非仁也。“昊天曰明,及尔出王。昊天曰旦,及尔游衍”,无一物之不体也。

鬼神者,二气之良能也。

物之初生，气日至而滋息；物生既盈，气日反而游散。至之谓神，以其伸也；反之谓鬼，以其归也。

性者，万物之一源，非有我之得私也。惟大人为能尽其道，是故立必俱立，知必周知，爱必兼爱，成不独成。彼自蔽塞而不知顺吾理者，则亦末如之何矣。

一故神。譬之人身，四体皆一物，故触之而无不觉，不待心使至此而后觉也。此所谓"感而遂通"，"不行而至，不疾而速"也。

心，统情性者也。

凡物莫不有是性。由通蔽开塞，所以有人物之别；由蔽有厚薄，故有智愚之别。塞者牢不可开，厚者可以开，而开之也难，薄者开之也易，开则达于天道，与圣人一。

## 近思录卷之二　凡百十一条



### 为学篇

濂溪先生曰：圣希天，贤希圣，士希贤。伊尹、颜渊，大贤也。伊尹耻其君不为尧舜，一夫不得其所，若挞于市。颜渊"不迁怒，不贰过"，"三月不违仁"。志伊尹之所志，学颜子之所学，过则圣，及则贤，不及则亦不失于令名。

圣人之道，入乎耳，存乎心，蕴之为德行，行之为事业。彼以文辞而已者，陋矣。

或问：圣人之门，其徒三千，独称颜子为好学。夫诗书六艺，三千子非不习而通也，然则颜子所独好者何学也？伊川先生曰：学以至圣人之道也。圣人可学而至欤？曰：然。学之道如何？曰：天地储精，得五行之秀者为人。其本也真而静，其未发也五性具焉，曰仁、义、礼、智、信。形既生矣，外物触其形而动其中矣，其中动而七情出焉，曰喜、怒、哀、乐、爱、恶、欲。情既炽而益荡，其性凿矣。是故觉者约其情使合于中，正其心，养其性；愚者则不知制之，纵其情而至于邪僻，梏其性而亡之。然学之道，必先明诸心，知所养，然后力行以求至，所谓“自明而诚”也。诚之之道，在乎信道笃。信道笃则行之果，行之果则守之固。仁义忠信不离乎心，“造次必于是，颠沛必于是”，出处语默必于是，久而弗失，则“居之安”，“动容周旋中礼”，而邪僻之心无自生矣。故颜子所事，则曰：“非礼勿视，非礼勿听，非礼勿言，非礼勿动。”仲尼称之，则曰：“得一善，则拳拳服膺而弗失之矣。”又曰：“不迁怒，不贰过。”“有不善未尝不知，知之未尝复行也。”此其好之、笃学之之道也。然圣人则不思而得，不勉而中，颜子则必思而后得，必勉而后中。其与圣人相去一息，所未至者，守之也，非化之也。以其好学之心，假之以年，则不日而化矣。后人不达，以谓圣本生知，非学可至，而为学之道遂失。不求诸己而求诸外，以博闻强记、巧文丽辞为工，荣华其言，鲜有至于道者。则今之学与颜子所好异矣。

横渠先生问于明道先生曰：定性未能不动，犹累于外物，何如？明道先生曰：所谓定者，动亦定，静亦定，无将迎，无内外。苟以外物为外，牵己而从之，是以己性为有内外也。且以性为随物于外，则当其在外时，何者为在内？是有意于绝外诱，而不知性之无内外也。既以内外为二本，则又乌可遽语定哉？夫天地之常，以其心普万物而无心；圣人之常，以其情顺万事而无情。故君子之学，莫若扩然而大公，物来而顺应。易曰：“贞吉悔亡。憧憧往来，朋从尔思。”苟规规于外诱之除，将见灭于东而生于西也。非惟日之不足，顾其端无穷，不可得而除也。人之情各有所蔽，故不能适道，大率患在于自私而用智。自私则不能以有为为应迹，用智则不能以明觉为自然。今以恶外物之心，而求照无物之地，是反鉴而索照也。易曰："艮其背，不获其身；行其庭，不见其人。”孟氏亦曰："所恶于智者，为其凿也。”与其非外而是内，不若内外之两忘也。两忘则澄然无事矣，无事则定，定则明，明则尚何应物之为累哉！圣人之喜，以物之当喜；圣人之怒，以物之当怒。是圣人之喜怒，不系于心而系于物也。是则圣人岂不应于物哉？乌得以从外者为非，而更求在内者为是也？今以自私用智之喜怒，而视圣人喜怒之正为何如哉？夫人之情，易发而难制者，惟怒为甚。第能于怒时遽忘其怒，而观理之是非，亦可见外诱之不足恶，而于道亦思过半矣。

伊川先生答朱长文书曰：圣贤之言，不得已也。盖有是言则是理明，无是言则天下之理有阙焉。如彼耒耜陶冶之器，一不制则生人之道有不足矣。圣贤之言虽欲已，得乎？然其包涵尽天下之理，亦甚约也。后之人始执卷，则以文章为先，平生所为，动多于圣人。然有之无所补，无之靡所阙，乃无用之赘言也。不止赘而已，既不得其要，则离真失正，反害于道必矣。来书所谓欲使后人见其不忘乎善，此乃世人之私心也。夫子“疾没世而名不称焉”者，疾没身无善可称云尔，非谓疾无名也。名者可以厉中人，君子所存，非所汲汲。

内积忠信，“所以进德也”；择言笃志，“所以居业也”。“知至至之”，“致知”也，求知所至而后至之，知之在先，故“可与几”，所谓“始条理者，知之事也”。“知终终之”，“力行”也。既知所终，则力进而终之，守之在后，故“可与存义”，所谓“终条理者，圣之事也”。此学之始终也。

君子主敬以直其内，守义以方其外。敬立而内直，义形而外方。义形于外，非在外也。敬义既立，其德盛矣，不期大而大矣，“德不孤”也。无所用而不周，无所施而不利，孰为疑乎？

动以天为无妄，动以人欲则妄矣。无妄之义大矣哉！虽无邪心，苟不合正理，则妄也，乃邪心也。既已无妄，不宜有往，往则妄也。故无妄之象曰：“其匪正有眚，不利有攸往。”

人之蕴蓄，由学而大，在多闻前古圣贤之言与行。考迹以观其用，察言以求其心，识而得之，以蓄成其德。

咸之象曰：“君子以虚受人。”传曰：中无私主，则无感不通。以量而容之，择合而受之，非圣人有感必通之道也。其九四曰：“贞吉悔亡，憧憧往来，朋从尔思。”传曰：感者，人之动也，故咸皆就人身取象。四当心位而不言咸其心，感乃心也。感之道无所不通，有所私系则害于感通，所谓悔也。圣人感天下之心，如寒暑雨旸，无不通无不应者，亦贞而已矣。贞者，虚中无我之谓也。若往来憧憧然，用其私心以感物，则思之所及者有能感而动，所不及者不能感也。以有系之私心，既主于一隅一事，岂能廓然无所不通乎？

君子之遇艰阻，必自省于身，有失而致之乎？有所未善则改之，无歉于心则加勉，乃自修其德也。

非明则动无所之，非动则明无所用。

习，重习也。时复思绎，浃洽于中，则说也。以善及人，而信从者众，故可乐也。虽乐于及人，不见是而无闷，乃所谓君子。

“古之学者为己”，欲得之于己也；“今之学者为人”，欲见知于人也。

伊川先生谓方道辅曰：圣人之道，坦如大路，学者病不得其门耳。得其门，无远之不可到也。求入其门，不由于经乎？今之治经者亦众矣，然而买椟还珠之蔽，人人皆是。经所以载道也，诵其言辞，解其训诂，而不及道，乃无用之糟粕耳。觊足下由经以求道，勉之又勉，异日见卓尔有立于前，然后不知手之舞、足之蹈，不加勉而不能自止矣。

明道先生曰：“修辞立其诚”，不可不仔细理会。言能修省言辞，便是要立诚。若只是修饰言辞为心，只是为伪也。若修其言辞，正为立己之诚意，乃是体当自家“敬以直内、义以方外”之实事。道之浩浩，何处下手？惟立诚才有可居之处。有可居之处，则可以修业也。“终日乾乾”，大小大事，却只是“忠信所以进德”为实下手处，“修辞立其诚”为实修业处。

伊川先生曰：志道恳切，固是诚意，若迫切不中理，则反为不诚。盖实理中自有缓急,不容如是之迫。观天地之化乃可知。

孟子才高,学之无可依据。学者当学颜子,入圣人为近,有用力处。又曰:学者要学得不错,须是学颜子。

明道先生曰:且省外事,但明乎善,惟进诚心,其文章虽不中不远矣。所守不约,泛滥无功。

学者识得仁体,实有诸己,只要义理栽培。如求经义,皆栽培之意。

昔受学于周茂叔,每令寻颜子、仲尼乐处,所乐何事。

所见所期不可不远且大,然行之亦须量力有渐。志大心劳,力小任重,恐终败事。

朋友讲习,更莫如"相观而善"工夫多。

须是大其心使开阔,譬如为九层之台,须大做脚须得。

明道先生曰:自"舜发于畎亩之中"至"孙叔敖举于海",若要熟,也须从这里过。

参也,竟以鲁得之。

明道先生以记诵博识为"玩物丧志"。

礼乐只在进反之间,便得性情之正。

父子君臣,天下之定理,无所逃于天地之间。安得天分,不有私心,则行一不义,杀一不辜,有所不为。有分毫私,便不是王者事。

论性不论气不备,论气不论性不明,二之则不是。

论学便要明理,论治便须识体。

曾点、漆雕开已见大意,故圣人与之。

根本须是先培壅，然后可立趋向也。趋向既正，所造浅深则由勉与不勉也。

敬义夹持直上，"达天德"自此。

懈意一生，便是自弃自暴。

不学便老而衰。

人之学不进，只是不勇。

学者为气所胜，习所夺，只可责志。

内重则可以胜外之轻，得深则可以见诱之小。

董仲舒谓："正其义，不谋其利；明其道，不计其功。"孙思邈曰："胆欲大而心欲小，智欲圆而行欲方。"可以为法矣。

大抵学不言而自得者，乃自得也。有安排布置者，皆非自得也。

视听、思虑、动作，皆天也，人但于其中要识得真与妄尔。

明道先生曰：学只要鞭辟近里，著己而已。故"切问而近思"，则"仁在其中矣"。"言忠信，行笃敬，虽蛮貊之邦行矣。言不忠信，行不笃敬，虽州里行乎哉？立则见其参于前也，在舆则见其倚于衡也，夫然后行。"只此是学。质美者明得尽，查滓便浑化，却与天地同体。其次惟庄敬持养，及其至则一也。

"忠信所以进德，修辞立其诚，所以居业"者，乾道也。"敬以直内，义以方外"者，坤道也。

凡人才学便须知著力处，既学便须知得力处。

有人治园圃，役知力甚劳。先生曰：蛊之象“君子以振民育德”，君子之事，唯有此二者，馀无他焉。二者，为己、为人之道也。

“博学而笃志，切问而近思”，何以言“仁在其中矣”？学者要思得之，了此便是彻上彻下之道。

弘而不毅，则难立；毅而不弘，则无以居之。

伊川先生曰：古之学者优柔厌饫，有先后次序。今之学者，却只做一场话说，务高而已。常爱杜元凯语：“若江海之浸，膏泽之润，涣然冰释，怡然理顺，然后为得也。”今之学者，往往以游夏为小，不足学。然游夏一言一事，却总是实。后之学者好高，如人游心于千里之外，然自身却只在此。

修养之所以引年，国祚之所以祈天永命，常人之至于圣贤，皆工夫到这里，则有此应。

忠恕所以公平。造德则自忠恕，其致则公平。

仁之道，要之只消道一公字。公只是仁之理，不可将公便唤做仁。公而以人体之，故为仁。只为公则物我兼照，故仁，所以能恕，所以能爱。恕则仁之施，爱则仁之用也。

今之为学者，如登山麓，方其迤逦，莫不阔步，及到峻处便止。须是要刚决果敢以进。

人谓要力行，亦只是浅近语。人既能知，见一切事皆所当为，不必待著意，才著意便是有个私心。这一点意气，能得几时子？

知之必好之，好之必求之，求之必得之。古人此个学是终身事。果能颠沛造次必于是，岂有不得道理？

古之学者一，今之学者三，异端不与焉。一曰文章之学，二曰训诂之学，三曰儒者之学。欲趋道，舍儒者之学不可。

问：作文害道否？曰：害也。凡为文不专意则不工，若专意则志局于此，又安能与天地同其大也？书曰"玩物丧志"，为文亦玩物也。吕与叔有诗云："学如元凯方成癖，文似相如始类俳。独立孔门无一事，只输颜氏得心斋。"古之学者惟务养情性，其他则不学。今为文者，专务章句悦人耳目。既务悦人，非俳优而何？曰：古者学为文否？曰：人见六经，便以谓圣人亦作文，不知圣人亦摅发胸中所蕴，自成文耳。所谓"有德者必有言"也。曰：游夏称文学，何也？曰：游夏亦何尝秉笔学为词章也？且如"观乎天文以察时变，观乎人文以化成天下"，此岂词章之文也？

涵养须用敬，进学则在致知。

莫说道将第一等让与别人，且做第二等。才如此说，便是自弃。虽与"不能居仁由义"者差等不同，其自小一也。言学便以道为志，言人便以圣为志。

问："必有事焉"，当用敬否？曰：敬是涵养一事，"必有事焉"，须用集义。只知用敬，不知集义，却是都无事也。又问：义莫是中理否？曰：中理在事，义在心。

问：敬、义何别？曰：敬只是持己之道，义便知有是有非。顺理而行，是为义也。若只守一个敬，不知集义，却是都无事也。且如欲为孝，不成只守著一个孝字。须是知所以为孝之道，所以侍奉当如何，温凊当如何，然后能尽孝道也。

学者须是务实，不要近名方是。有意近名，则为伪也。大本已失，更学何事？为名与为利，清浊虽不同，然其利心则一也。

"回也，其心三月不违仁"，只是无纤毫私意，有少私意便是不仁。

"仁者先难后获"，有为而作，皆先获也。古人惟知为仁而已，今人皆先获也。

有求为圣人之志，然后可与共学；学而善思，然后可与适道；思而有所得，则可与立；立而化之，则可与权。

古之学者为己，其终至于成物；今之学者为物，其终至于丧己。

君子之学必日新。日新者，日进也。不日新者必日退，未有不进而不退者。唯圣人之道无所进退，以其所造者极也。

明道先生曰：性静者可以为学。

弘而不毅，则无规矩；毅而不弘，则隘陋。

知性善以忠信为本，此先立其大者。

伊川先生曰：人安重则学坚固。

"博学之，审问之，慎思之，明辨之，笃行之"，五者废其一，非学也。

张思叔请问，其论或太高，伊川不答，良久曰："累高必自下。”

明道先生曰:人之为学,忌先立标准。若循循不已,自有所至矣。

尹彦明见伊川后,半年方得大学、西铭看。

有人说无心便不是,只当云无私心。

谢显道见伊川,伊川曰:近日事如何?对曰:天下何思何虑?伊川曰:是则是有此理,贤却发得太早在。伊川直是会锻炼得人,说了又道:恰好著工夫也。

谢显道云:昔伯淳教诲,只管著他言语。伯淳曰:“与贤说话,却似扶醉汉,救得一边,倒了一边。”只怕人执著一边。

横渠先生曰:“精义入神”,事豫吾内,求利吾外也。“利用安身”,素利吾外,致养吾内也。“穷神知化”,乃养盛自至,非思勉之能强。故崇德而外,君子未或致知也。

形而后有气质之性,善反之则天地之性存焉。故气质之性,君子有弗性者焉。

德不胜气,性命于气;德胜其气,性命于德。穷理尽性,则性天德,命天理。气之不可变者,独死生修夭而已。

莫非天也,阳明胜则德性用,阴浊胜则物欲行。“领恶而全好”者,其必由学乎?

大其心则能体天下之物,物有未体,则心为有外。世人之心,止于见闻之狭。圣人尽性,不以见闻梏其心,其视天下无一物非我。孟子谓尽心则知性知天,以此。天大无外,故有外之心,不足以合天心。

仲尼绝四，自始学至成德，竭两端之教也。意，有思也；必，有待也；固，不化也；我，有方也。四者有一焉，则与天地为不相似矣。

上达反天理，下达徇人欲者欤！

知崇，天也，形而上也。通昼夜而知，其知崇矣。知及之，而不以礼性之，非己有也。故知礼成性而道义出，如天地位而易行。

困之进人也，为德辨，为感速。孟子谓"人有德慧术智者，常存乎疢疾"，以此。

言有教，动有法。昼有为，宵有得。息有养，瞬有存。

横渠先生作订顽曰：乾称父，坤称母。予兹藐焉，乃混然中处。故天地之塞，吾其体；天地之帅，吾其性。民吾同胞，物吾与也。大君者，吾父母宗子；其大臣，宗子之家相也。尊高年，所以长其长；慈孤弱，所以幼吾幼。圣其合德，贤其秀也。凡天下疲癃残疾、茕独鳏寡，皆吾兄弟之颠连而无告者也。于时保之，子之翼也；乐且不忧，纯乎孝者也。违曰悖德，害仁曰贼，济恶者不才，其践形惟肖者也。知化则善述其事，穷神则善继其志。不愧屋漏为"无忝"，存心养性为"匪懈"。恶旨酒，崇伯子之顾养；育英材，颍封人之锡类。不弛劳而底豫，舜其功也；无所逃而待烹，申生其恭也。体其受而归全者，参乎？勇于从而顺令者，伯奇也。富贵福泽，将厚吾之生也；贫贱忧戚，庸玉汝于成也。存，吾顺事；没，吾宁也。明道先生曰：订顽之言，极醇无杂，秦汉以来学者所未到。又曰：订顽一篇，意极完备，乃仁之体也。学者其体此意，令有诸己，其地位已高。到此地位，自别有见处，不可穷高极远，恐于道无补也。又曰：订顽立心，便达得天德。又曰：游酢得西铭读之，即涣然不逆于心，曰：此中庸之理也，能求于言语之外者也。杨中立问曰：西铭言体而不及用，恐其流遂至于兼爱，何如？伊川先生曰：横渠立言诚有过者，乃在正蒙。西铭之书，推理以存义，扩前圣所未发，与孟子性善、养气之论同功，岂墨氏之比哉！西铭明理一而分殊，墨氏则二本而无分。分殊之蔽，私胜而失仁；无分之罪，兼爱而无义。分立而推理一，以止私胜之流，仁之方也。无别而迷兼爱，以至于无父之极，义之贼也。子比而同之，过矣。且彼欲使人推而行之，本为用也，反谓不及，不亦异乎？又作砭愚曰：戏言出于思也，戏动作于谋也。发于声，见乎四支，谓非己心，不明也。欲人无己疑，不能也。过言非心也，过动非诚也。失于声，缪迷其四体，谓己当然，自诬也。欲他人己从，诬人也。或者谓出于心者，归咎为己戏；失于思者，自诬为己诚。不知戒其出汝者，归咎其不出汝者。长傲且遂非，不智孰甚焉？横渠学堂双牖，右书订顽，左书砭愚。伊川先生曰："是起争端。"改订顽曰西铭，砭愚曰东铭。

将修己，必先厚重以自持。厚重知学，德乃进而不固矣。忠信进德，惟尚友而急贤。欲胜己者亲，无如改过之不吝。

横渠先生谓范巽之曰：吾辈不及古人，病源何在？巽之请问。先生曰：此非难悟。设此语者，盖欲学者存意之不忘，庶游心浸熟，有一日脱然如大寐之得醒耳。

横渠曰：未知立心，恶思多之致疑；既知所立，恶讲治之不精。讲治之思，莫非术内，虽勤而何厌？所以急于可欲者，求立吾心于不疑之地，然后若决江河以利吾往。逊此志，务时敏，厥修乃来。故虽仲尼之才之美，然且敏以求之。今持不逮之资，而欲徐徐以听其自适，非所闻也。

明善为本，固执之乃立，扩充之则大，易视之则小，在人能弘之而已。

今且只将"尊德性而道问学"为心，日自求于问学者有所背否，于德性有所懈否。此义亦是博文约礼，下学上达。以此警策一年，安得不长？每日须求多少为益。知所亡，改得少不善，此德性上之益；读书求义理，编书须理会有所归著，勿徒写过，又多识前言往行，此问学上益也。勿使有俄顷闲度，逐日似此三年，庶几有进。

为天地立心，为生民立道，为去圣继绝学，为万世开太平。

载所以使学者先学礼者，只为学礼则便除去了世俗一副当习熟缠绕。譬之延蔓之物，解缠绕即止去。苟能除去了一副当世习，便自然脱洒也。又学礼则可以守得定。

须放心宽快公平以求之，乃可见道，况德性自广大。易曰"穷神知化，德之盛也"，岂浅心可得？

人多以老成则不肯下问，故终身不知。又为人以道义先觉处之，不可复谓有所不知，故亦不肯下问。从不肯问，遂生百端，欺妄人我，宁终身不知。

多闻不足以尽天下之故。苟以多闻而待天下之变，则道足以酬其所尝知。若劫之不测，则遂穷矣。

为学大益，在自求变化气质。不尔，皆为人之弊，卒无所发明，不得见圣人之奥。

文要密察，心要洪放。

不知疑者，只是不便实作，则须有疑。心有不行处，是疑也。

心大则百物皆通，心小则百物皆病。

人虽有功，不及于学，心亦不宜忘。心苟不忘，则虽接人事，即是实行，莫非道也。心若忘之，则终身由之，只是俗事。

合内外，平物我，此见道之大端。

既学而先有以功业为意者，于学便相害。既有意，必穿凿创意，作起事端也。德未成而先以功业为事，是代大匠斫，希不伤手也。

窃尝病孔孟既没，诸儒嚣然，不知反约穷源，勇于苟作，持不逮之资，而急知后世。明者一览，如见肺肝然，多见其不知量也。方且创艾其弊，默养吾诚，顾所患日力不足，而未果他为也。

学未至而好语变者，必知终有患。盖变不可轻议，若骤然语变，则知操术已不正。

凡事蔽，盖不见底，只是不求益。有人不肯言其道义所得所至，不得见底，又非“于吾言无所不说”。

耳目役于外，揽外事者，其实是自堕，不肯自治，只言短长，不能反躬者也。

学者大不宜志小气轻。志小则易足，易足则无由进；气轻则以未知为已知，未学为已学。

# 近思录卷之三　凡七十八条



## 致知篇

伊川先生答朱长文书曰：心通乎道，然后能辨是非，如持权衡以较轻重，孟子所谓“知言”是也。心不通于道，而较古人之是非，犹不持权衡而酌轻重，竭其目力，劳其心智，虽使时中，亦古人所谓“亿则屡中”，君子不贵也。

伊川先生答门人曰：孔孟之门，岂皆贤哲，固多众人。以众人观圣贤，弗识者多矣，惟其不敢信己而信其师，是故求而后得。今诸君与颐言才不合，则置不复思，所以终异也。不可便放下，更且思之，致知之方也。

伊川答横渠先生曰：所论大概，有苦心极力之象，而无宽裕温厚之气，非明睿所照，而考索至此，故意屡偏而言多窒，小出入时有之。更愿完养思虑，涵泳义理，他日自当条畅。

欲知得与不得，于心气上验之。思虑有得，中心悦豫，沛然有裕者，实得也。思虑有得，心气劳耗者，实未得也，强揣度耳。尝有人言:比因学道,思虑心虚。曰:人之血气固有虚实,疾病之来,圣贤所不免,然未闻自古圣贤因学而致心疾者。

今日杂信鬼怪异说者,只是不先烛理。若于事上一一理会,则有甚尽期?须只于学上理会。

学原于思。

所谓"日月至焉"与久而"不息"者,所见规模虽略相似,其意味气象迥别。须潜心默识,玩索久之,庶几自得。学者不学圣人则已,欲学之,须熟玩味圣人之气象,不可只于名上理会,如此只是讲论文字。

问:忠信进德之事,固可勉强,然致知甚难。伊川先生曰:学者固当勉强,然须是知了方行得。若不知,只是觑却尧,学他行事,无尧许多聪明睿智,怎生得如他"动容周旋中礼"?如子所言,是笃信而固守之,非固有之也。未致知,便欲诚意,是躐等也。勉强行者,安能持久?除非烛理明,自然乐循理。性本善,循理而行,是顺理事,本亦不难,但为人不知,旋安排著,便道难也。知有多少般数,煞有深浅。学者须是真知。才知得是,便泰然行将去也。某年二十时,解释经义与今无异。然思今日,觉得意味与少时自别。

凡一物上有一理,须是穷致其理。穷理亦多端:或读书讲明义理,或论古今人物别其是非;或应接事物而处其当。皆穷理也。或问:格物须物物格之,还只格一物而万理皆通?曰:怎得便会贯通?若只格一物便通众理,虽颜子亦不敢如此道。须是今日格一件，明日又格一件，积习既多，然后脱然自有贯通处。又曰：所务于穷理者，非道尽穷了天下万物之理，又不道是穷得一理便到。只要积累多后，自然见去。

"思曰睿"，思虑久后，睿自然生。若于一事上思未得，且别换一事思之，不可专守著这一事。盖人之知识于这里蔽著，虽强思亦不通也。



问：人有志于学，然知识蔽固，力量不至，则如之何？曰：只是致知。若智识明，则力量自进。

问：观物察己，还因见物反求诸身否？曰：不必如此说。物我一理，才明彼即晓此，此合内外之道也。又问：致知先求之四端如何？曰：求之情性，固是切于身。然一草一木皆有理，须是察。又曰：自一身之中，以至万物之理，但理会得多，胸次自然豁然有觉处。

"思曰睿"，"睿作圣"。致思如掘井，初有浑水，久后稍引动得清者出来。人思虑始皆混浊，久自明快。

问：如何是"近思"？曰：以类而推。

学者先要会疑。

横渠先生答范巽之曰：所访物怪神奸，此非难语，顾语未必信耳。孟子所论知性、知天，学至于知天，则物所从出当源源自见。知所从出，则物之当有当无，莫不心谕，亦不待语而后知。诸公所论，但守之不失，不为异端所劫，进进不已，则物怪不须辩，异端不必攻，不逾期年，吾道胜矣。若欲委之无穷，付之以不可知，则学为疑挠，智为物昏，交来无间，卒无以自存，而溺于怪妄必矣。

子贡谓“夫子之言性与天道，不可得而闻”，既言“夫子之言”，则是居常语之矣。圣门学者以仁为己任，不以苟知为得，必以了悟为闻，因有是说。

义理之学，亦须深沉方有造，非浅易轻浮之可得也。

学不能推究事理，只是心粗。至如颜子未至于圣人处，犹是心粗。

“博学于文”者，只要得习坎“心亨”。盖人经历险阻艰难，然后其心亨通。

义理有疑，则濯去旧见，以来新意。心中有所开，即便札记，不思则还塞之矣。更须得朋友之助，一日间意思差别。须日日如此讲论，久则自觉进也。

凡致思到说不得处，始复审思明辨，乃为善学也。若告子则到说不得处遂已，更不复求。

伊川先生曰：凡看文字，先须晓其文义，然后可求其意。未有文义不晓而见意者也。

学者要自得。六经浩渺，乍来难尽晓，且见得路径后，各自立得一个门庭，归而求之可矣。

凡解文字，但易其心，自见理。理只是人理，甚分明，如一条平坦底道路。诗曰“周道如砥，其直如矢”，此之谓也。或曰：圣人之言，恐不可以浅近看他。曰：圣人之言，自有近处，自有深远处。如近处怎生强要凿教深远得？扬子曰：“圣人之言远如天，贤人之言近如地。”颐与改之曰：“圣人之言，其远如天，其近如地。”

学者不泥文义者，又全背却远去；理会文义者，又滞泥不通。如子濯孺子为将之事，孟子只取其不背师之意，人须就上面理会事君之道如何也。又如万章问舜完廪浚井事，孟子只答他大意，人须要理会浚井如何出得来，完廪又怎生下得来。若此之学，徒费心力。

凡观书不可以相类泥其义，不尔，则字字相梗。当观其文势上下之意，如“充实之谓美”与诗之美不同。

问：莹中尝爱文中子“或问学易，子曰：‘终日乾乾可也。’”此语最尽。文王所以圣，亦只是个不已。先生曰：凡说经义，如只管节节推上去，可知是尽。夫“终日乾乾”，未尽得易，据此一句，只做得九三使。若谓“乾乾”是不已，不已又是道，渐渐推去，自然是尽，只是理不如此。

“子在川上曰：逝者如斯夫！”言道之体如此，这里须是自见得。张绎曰：此便是无穷。先生曰：固是道无穷，然怎生一个“无穷”便道了得他？

今人不会读书。如“诵诗三百，授之以政不达，使于四方不能专对。虽多，亦奚以为？”须是未读诗时不达于政，不能专对，既读诗后便达于政，能专对四方，始是读诗。“人而不为周南、召南，其犹正墙面。”须是未读诗时如面墙，到读了后便不面墙，方是有验。大抵读书只此便是法。如读论语，旧时未读是这个人，及读了后来又只是这个人，便是不曾读也。

凡看文字，如“七年”、“一世”、“百年”之事，皆当思其如何作为，乃有益。

凡解经不同无害,但紧要处不可不同尔。

焞初到,问为学之方。先生曰:公要知为学,须是读书。书不必多看,要知其约。多看而不知其约,书肆耳。颐缘少时读书贪多,如今多忘了。须是将圣人言语玩味,入心记著,然后力去行之,自有所得。

初学入德之门,无如大学,其他莫如语、孟。

学者先须读论、孟。穷得语、孟,自有要约处,以此观他经甚省力。论、孟如丈尺权衡相似,以此去量度事物,自然见得长短轻重。

读论语者,但将诸弟子问处便作己问,将圣人答处便作今日耳闻,自然有得。若能于论、孟中深求玩味,将来涵养成甚生气质!

凡看语、孟,且须熟玩味,将圣人之言语切己,不可只作一场话说。人只看得此二书切己,终身尽多也。

论语有读了后全无事者,有读了后其中得一两句喜者,有读了后知好之者,有读了后不知手之舞之、足之蹈之者。

学者当以论语、孟子为本。论语、孟子既治,则六经可不治而明矣。读书者当观圣人所以作经之意,与圣人所以用心,与圣人所以至圣人,而吾之所以未至者,所以未得者。句句而求之,昼诵而味之,中夜而思之,平其心,易其气,阙其疑,则圣人之意见矣。

读论语、孟子而不知道,所谓"虽多,亦奚以为"。

论语、孟子只剩读著,便自意足。学者须是玩味,若以语言解著，意便不足。某始作二书文字，既而思之又似剩，只有些先儒错会处，却待与整理过。

问：且将语、孟紧要处看，如何？伊川曰：固是好，然若有得，终不浃洽。盖吾道非如释氏，一见了便从空寂去。

"兴于诗"者，吟咏情性，涵畅道德之中而歆动之，有"吾与点"之气象。又云："兴于诗"，是兴起人善意，汪洋浩大，皆是此意。

谢显道云：明道先生善言诗。他又浑不曾章解句释，但优游玩味，吟哦上下，便使人有得处。"瞻彼日月，悠悠我思。道之云远，曷云能来？"思之切矣。终曰："百尔君子，不知德行。不忮不求，何用不臧？"归于正也。又云：伯淳常谈诗，并不下一字训诂，有时只转却一两字，点掇他念过，便教人省悟。又曰：古人所以贵亲炙之也。

明道先生曰：学者不可以不看诗，看诗便使人长一格价。

"不以文害辞"，文，文字之文，举一字则是文，成句是辞。诗为解一字不行，却迁就他说，如"有周不显"，自是作文当如此。

看书须要见二帝、三王之道。如二典，即求尧所以治民，舜所以事君。

中庸之书，是孔门传授，成于子思、孟子。其书虽是杂记，更不分精粗，一衮说了。今人语道，多说高便遗却卑，说本便遗却末。

伊川先生易传序曰：易，变易也，随时变易以从道也。

其为书也，广大悉备，将以顺性命之理，通幽明之故，尽事物之情，而示"开物成务"之道也。圣人之忧患后世，可谓至矣。去古虽远，遗经尚存，然而前儒失意以传言，后学诵言而忘味，自秦而下，盖无传矣。予生千载之后，悼斯文之湮晦，将俾后人沿流而求源，此传所以作也。"易有圣人之道四焉：以言者尚其辞，以动者尚其变，以制器者尚其象，以卜筮者尚其占。"吉凶消长之理，进退存亡之道备于辞。推辞考卦，可以知变、象与占在其中矣。"君子居则观其象而玩其辞，动则观其变而玩其占。"得于辞不达其意者有矣，未有不得于辞而能通其意者也。至微者理也，至著者象也，体用一源，显微无间。"观会通以行其典礼"，则辞无所不备。故善学者求言必自近，易于近者，非知言者也。予所传者辞也，由辞以得意，则在乎人焉。

伊川先生答张闳中书曰：易传未传，自量精力未衰，尚觊有少进尔。来书云"易之义本起于数"，则非也。有理而后有象，有象而后有数。易因象以明理，由象以知数，得其义则象数在其中矣。必欲穷象之隐微，尽数之毫忽，乃寻流逐末，术家之所尚，非儒者之所务也。

知时识势，学易之大方也。

大畜初、二，乾体刚健而不足以进，四、五阴柔而能止。时之盛衰，势之强弱，学易者所宜深识也。

诸卦二、五虽不当位，多以中为美；三、四虽当位，或以不中为过。中常重于正也。盖中则不违于正，正不必中也。天下之理莫善于中，于九二、六五可见。

问:胡先生解九四作太子,恐不是卦义。先生云:亦不妨,只看如何用。当储贰则做储贰。使九四近君,便作储贰亦不害。但不要拘一,若执一事,则三百八十四爻,只作得三百八十四件事便休了。

看易且要知时。凡六爻人人有用,圣人自有圣人用,贤人自有贤人用,众人自有众人用,学者自有学者用,君有君用,臣有臣用,无所不通。因问:坤卦是臣之事,人君有用处否?先生曰:是何无用?如"厚德载物",人君安可不用?

易中只是言反复往来上下。

作易,自天地幽明,至于昆虫草木微物,无不合。

今时人看易,皆不识得易是何物,只就上穿凿。若念得不熟,与就上添一德亦不觉多,就上减一德亦不觉少。譬如不识此兀子,若减一只脚亦不知是少,若添一只亦不知是多。若识则自添减不得也。

游定夫问伊川"阴阳不测之谓神",伊川曰:贤是疑了问,是拣难底问?

伊川以易传示门人,曰:只说得七分,后人更须自体究。

伊川先生春秋传序曰:天之生民,必有出类之才起而君长之。治之而争夺息,导之而生养遂,教之而伦理明,然后人道立,天道成,地道平。二帝而上,圣贤世出,随时有作,顺乎风气之宜,不先天以开人,各因时而立政。暨乎三王迭兴,三重既备,子丑寅之建正,忠质文之更尚,人道备矣，天运周矣。圣王既不复作，有天下者虽欲仿古之迹，亦私意妄为而已。事之缪，秦至以建亥为正；道之悖，汉专以智力持世。岂复知先王之道也？夫子当周之末，以圣人不复作也，顺天应时之治不复有也，于是作春秋，为百王不易之大法。所谓“考诸三王而不谬，建诸天地而不悖，质诸鬼神而无疑，百世以俟圣人而不惑”者也。先儒之传曰：“游、夏不能赞一辞。”不待赞也，言不能与于斯耳。斯道也，惟颜子尝闻之矣：“行夏之时，乘殷之辂，服周之冕，乐则韶舞。”此其准的也。后世以史视春秋，谓褒善贬恶而已，至于经世之大法，则不知也。春秋大义数十，其义虽大，炳如日星，乃易见也。惟其微辞隐义，时措从宜者，为难知也。或抑或纵，或与或夺，或进或退，或微或显，而得乎义理之安，文质之中，宽猛之宜，是非之公，乃制事之权衡、揆道之模范也。夫观百物然后识化工之神，聚众材然后知作室之用。于一事一义而欲窥圣人之用心，非上智不能也。故学春秋者，必优游涵泳，默识心通，然后能造其微也。后王知春秋之义，则虽德非禹汤，尚可以法三代之治。自秦而下，其学不传。予悼夫圣人之志不明于后世也，故作传以明之，俾后之人通其文而求其义，得其义而法其用，则三代可复也。是传也，虽未能极圣人之蕴奥，庶几学者得其门而入矣。

诗、书载道之文，春秋圣人之用。诗、书如药方，春秋如用药治病。圣人之用，全在此书，所谓“不如载之行事深切著明”者也。有重叠言者，如征伐、盟会之类，盖欲成书，势须如此。不可事事各求异义，但一字有异，或上下文异，则义须别。

五经之有春秋，犹法律之有断例也。律令唯言其法，至于断例，则始见其法之用也。

学春秋亦善，一句是一事，是非便见于此。此亦穷理之要，然他经岂不可以穷理？但他经论其义，春秋因其行事，是非较著，故穷理为要。尝语学者且先读论语、孟子，更读一经，然后看春秋。先识得个义理，方可看春秋。春秋以何为准？无如中庸。欲知中庸，无如权。须是时而为中，若以手足胼胝、闭户不出二者之间取中，便不是中。若当手足胼胝，则于此为中；当闭户不出，则于此为中。权之为言，秤锤之义也。何物为权？义也，时也。只是说得到义，义以上更难说，在人自看如何。

春秋传为按，经为断。

凡读史不徒要记事迹，须要识其治乱安危、兴废存亡之理。且如读高帝纪，便须识得汉家四百年终始治乱当如何。是亦学也。

先生每读史到一半，便掩卷思量，料其成败，然后却看，有不合处，又更精思，其间多有幸而成，不幸而败。今人只见成者便以为是，败者便以为非，不知成者煞有不是，败者煞有是底。

读史须见圣贤所存治乱之机，贤人君子出处进退，便是格物。

元祐中，客有见伊川者，几案间无他书，惟印行唐鉴一部。先生曰:近方见此书。三代以后,无此议论。

横渠先生曰:序卦不可谓非圣人之缊。今欲安置一物,犹求审处,况圣人之于易,其间虽无极至精义,大概皆有意思。观圣人之书,须遍布细密如是。大匠岂以一斧可知哉?

天官之职,须襟怀洪大方看得。盖其规模至大,若不得此心,欲事事上致曲穷究,凑合此心如是之大,必不能得也。释氏锱铢天地,可谓至大,然不尝为大,则为事不得。若畀之一钱,则必乱矣。又曰:太宰之职难看,盖无许大心胸包罗,记得此,复忘彼。其混混天下之事,当如捕龙蛇,搏虎豹,用心力看方可。其他五官便易看,止一职也。

古人能知诗者唯孟子,为其"以意逆志"也。夫诗人之志至平易,不必为艰险求之。今以艰险求诗,则已丧其本心,何由见诗人之志?诗人之情性温厚,平易老成,本平地上道著言语,今须以崎岖求之,先其心已狭隘了,则无由见得。诗人之情本乐易,只为时事拂著他乐易之性,故以诗道其志。

尚书难看,盖难得胸臆如此之大。只欲解义,则无难也。

读书少,则无由考校得义精。盖书以维持此心,一时放下,则一时德性有懈。读书则此心常在,不读书则终看义理不见。

书须成诵。精思多在夜中,或静坐得之。不记则思不起,但通贯得大原后,书亦易记。所以观书者释己之疑,明己之未达，每见每知新益，则学进矣。于不疑处有疑，方是进矣。

六经须循环理会，义理尽无穷。待自家长得一格，则又见得别。

如中庸文字辈，直须句句理会过，使其言互相发明。

春秋之书，在古无有，乃仲尼所自作，惟孟子能知之。非理明义精，殆未可学。先儒未及此而治之，故其说多凿。

# 近思录卷之四　凡七十条



## 存养篇

或问:圣可学乎?濂溪先生曰:可。有要乎?曰:有。请问焉。曰:一为要。一者无欲也,无欲则静虚动直。静虚则明,明则通;动直则公,公则溥。明通公溥,庶矣乎!

伊川先生曰:阳始生甚微,安静而后能长。故复之象曰:"先王以至日闭关。"

动息节宣,以养生也;饮食衣服,以养形也;威仪行义,以养德也;推己及物,以养人也。

"慎言语"以养其德,"节饮食"以养其体。事之至近而所系至大者,莫过于言语饮食也。

"震惊百里,不丧匕鬯。"临大震惧,能安而不自失者,唯诚敬而已。此处震之道也。

人之所以不能安其止者,动于欲也。欲牵于前而求其止,不可得也。故艮之道,当"艮其背",所见者在前,而背乃背之,是所不见也。止于所不见,则无欲以乱其心,而止乃安。“不获其身”，不见其身也，谓忘我也，无我则止矣，不能忘我，无可止之道。“行其庭不见其人”，庭除之间至近也，在背则虽至近不见，谓不交于物也。外物不接，内欲不萌，如是而止，乃得止之道，于止为无咎也。

明道先生曰：若不能存养，只是说话。

圣贤千言万语，只是欲人将已放之心，约之使反复入身来，自能寻向上去，“下学而上达”也。

李籲问：每常遇事，即能知操存之意，无事时如何存养得熟？曰：古之人，耳之于乐，目之于礼，左右起居，盘杆几杖，有铭有戒，动息皆有所养。今皆废此，独有理义之养心耳。但存此涵养意，久则自熟矣。“敬以直内”，是涵养意。

吕与叔尝言患思虑多，不能驱除。曰：此正如破屋中御寇，东面一人来未逐得，西面又一人至矣，左右前后，驱逐不暇。盖其四面空疏，盗固易入，无缘作得主定。又如虚器入水，水自然入。若以一器实之以水，置之水中，水何能入来？盖中有主则实，实则外患不能入，自然无事。

邢和叔言：吾曹常须爱养精力，精力稍不足则倦，所临事皆勉强而无诚意。接宾客语言尚可见，况临大事乎？

明道先生曰：学者全体此心。学虽未尽，若事物之来，不可不应，但随分限应之，虽不中，不远矣。

“居处恭，执事敬，与人忠”，此是彻上彻下语。圣人元无二语。

伊川先生曰：学者须敬守此心，不可急迫，当栽培深厚，涵泳于其间，然后可以自得。但急迫求之，只是私己，终不足以达道。

明道先生曰："思无邪"，"毋不敬"，只此二句循而行之，安得有差？有差者，皆由不敬不正也。

今学者敬而不自得，又不安者，只是心生，亦是太以敬来做事得重，此"恭而无礼则劳"也。恭者，私为恭之恭也。礼者，非体之礼，是自然底道理也。只恭而不为自然底道理，故不自在也，须是"恭而安"。今容貌必端、言语必正者，非是道独善其身，要人道如何，只是天理合如此，本无私意，只是个循理而已。

今志于义理而心不安乐者何也？此则正是剩一个"助之长"。虽则心"操之则存，舍之则亡"，然而持之太甚，便是"必有事焉"而正之也。亦须且恁去，如此者只是德孤。"德不孤，必有邻"，到德盛后，自无窒碍，左右逢其原也。

敬而无失，便是"喜怒哀乐未发谓之中"。敬不可谓中，但敬而无失，即所以中也。

司马子微尝作坐忘论，是所谓"坐驰"也。

伯淳昔在长安仓中闲坐，见长廊柱，以意数之，已尚不疑。再数之不合，不免令人一一声言数之，乃与初数者无差。则知越著心把捉，越不定。

人心作主不定，正如一个翻车，流转动摇，无须臾停，所感万端。若不做一个主，怎生奈何？张天祺昔尝言自约数年，自上著床便不得思量事。不思量事后，须强把他这心来制缚，亦须寄寓在一个形象，皆非自然。君实自谓吾得术矣，只管念个"中"字。此又为"中"所系缚，且"中"亦何形象？有人胸中常若有两人焉：欲为善，如有恶以为之间；欲为不善，又若有羞恶之心者。本无二人，此正交战之验也。持其志，使气不能乱，此大可验。要之，圣贤必不害心疾。

明道先生曰：某写字时甚敬，非是要字好，只此是学。

伊川先生曰：圣人不记事，所以常记得。今人忘事，以其记事。不能记事，处事不精，皆出于养之不完固。

明道先生在澶州日，修桥少一长梁，曾博求之民间。后因出入，见林木之佳者，必起计度之心。因语以戒学者：心不可有一事。

伊川先生曰：入道莫如敬，未有能致知而不在敬者。今人主心不定，视心如寇贼而不可制，不是事累心，乃是心累事。当知天下无一物是合少得者，不可恶也。

人只有一个天理，却不能存得，更做甚人也！

人多思虑，不能自宁，只是做他心主不定。要作得心主定，惟是止于事，"为人君，止于仁"之类。如舜之诛四凶，四凶已作恶，舜从而诛之，舜何与焉？人不止于事，只是揽他事，不能使物各付物。物各付物，则是役物；为物所役，则是役于物。有物必有则，须是止于事。

不能动人，只是诚不至。于事厌倦，皆是无诚处。

静后见万物自然皆有春意。

孔子言仁，只说"出门如见大宾，使民如承大祭"。看其气象，便须"心广体胖"，"动容周旋中礼"，慎独便是守之之法。圣人"修己以敬"，"以安百姓"，"笃恭而天下平”。惟上下一于恭敬，则天地自位，万物自育，气无不和，四灵何有不至？此“体信”“达顺”之道，聪明睿智皆由是出，以此事天飨帝。

存养熟后，泰然行将去，便有进。

不愧屋漏，则心安而体舒。

心要在腔子里。

只外面有些隙罅，便走了。

人心常要活，则周流无穷，而不滞于一隅。

明道先生曰：“天地设位，而易行乎其中”，只是敬也。敬则无间断。

“毋不敬”，可以对越上帝。

敬胜百邪。

“敬以直内，义以方外”，仁也。若以敬直内，则便不直矣。“必有事焉，而勿正”，则直也。

涵养吾一。

“子在川上曰：‘逝者如斯夫！不舍昼夜。’”自汉以来儒者皆不识此义。此见圣人之心“纯亦不已”也。“纯亦不已”，天德也。有天德便可语王道，其要只在慎独。

“不有躬，无攸利。”不立己，后虽向好事，犹为化物不得，以天下万物挠己；己立后，自能了当得天下万物。

伊川先生曰：学者患心虑纷乱，不能宁静，此则天下公病。学者只要立个心，此上头尽有商量。

闲邪则诚自存，不是外面捉一个诚将来存著。今人外面役役于不善，于不善中寻个善来存著，如此则岂有入善之理？只是闲邪则诚自存。故孟子言性善皆由内出，只为诚便存。闲邪更著甚工夫？但惟是动容貌，整思虑，则自然生敬。敬只是主一也。主一则既不之东，又不之西，如是则只是中；既不之此，又不之彼，如是则只是内。存此则自然天理明。学者须是将“敬以直内”涵养此意，直内是本。

闲邪则固一矣，然主一则不消言闲邪。有以一为难见，不可下工夫，如何？一者无他，只是整齐严肃，则心便一。一则自是无非僻之干，此意但涵养久之，则天理自然明。

有言未感时知何所寓？曰：“操则存，舍则亡，出入无时，莫知其乡”，更怎生寻所寓？只是有操而已。操之之道，“敬以直内”也。

敬则自虚静，不可把虚静唤做敬。

学者先务，固在心志，然有谓欲屏去闻见知思，则是“绝圣弃智”。有欲屏去思虑，患其纷乱，则须坐禅入定。如明鉴在此，万物毕照，是鉴之常，难为使之不照。人心不能不交感万物，难为使之不思虑。若欲免此，惟是心有主。如何为主？敬而已矣。有主则虚，虚谓邪不能入；无主则实，实谓物来夺之。大凡人心不可二用，用于一事，则他事更不能入者，事为之主也。事为之主，尚无思虑纷扰之患，若主于敬，又焉有此患乎？所谓敬者，主一之谓敬；所谓一者，无适之谓一。且欲涵泳主一之义，不一则二三矣。至于不敢欺，不敢慢，“尚不愧于屋漏”，皆是敬之事也。

严威俨恪，非敬之道，但致敬须自此入。

"舜孳孳为善"，若未接物，如何为善？只是主于敬，便是为善也。以此观之，圣人之道，不是但嘿然无言。

问：人之燕居，形体怠惰，心不慢，可否？曰：安有箕踞而心不慢者？昔吕与叔六月中来缑氏，闲居中某尝窥之，必见其俨然危坐，可谓敦笃矣。学者须恭敬，但不可令拘迫，拘迫则难久。

思虑虽多，果出于正，亦无害否？曰：且如在宗庙则主敬，朝廷主庄，军旅主严，此是也。如发不以时，纷然无度，虽正亦邪。

苏季明问：喜怒哀乐未发之前求中，可否？曰：不可。既思于喜怒哀乐未发之前求之，又却是思也。既思即是已发，才发便谓之和，不可谓之中也。又问：吕学士言当求于喜怒哀乐未发之前，如何？曰：若言存养于喜怒哀乐未发之前则可，若言求中于喜怒哀乐未发之前则不可。又问：学者于喜怒哀乐发时，固当勉强裁抑，于未发之前，当如何用功？曰：于喜怒哀乐未发之前，更怎生求？只平日涵养便是。涵养久，则喜怒哀乐发自中节。曰：当中之时，耳无闻，目无见否？曰：虽耳无闻，目无见，然见闻之理在始得。贤且说静时如何。曰：谓之无物则不可，然自有知觉处。曰：既有知觉，却是动也，怎生言静？人说"复其见天地之心"，皆以谓至静能见天地之心，非也。复之卦下面一画便是动也，安得谓之静？或曰：莫是于动上求静否？曰：固是，然最难。释氏多言定，圣人便言止。如"为人君，止于仁；为人臣，止于敬”之类是也。易之艮言止之义曰：“艮其止，止其所也。”人多不能止，盖人万物皆备，遇事时各因其心之所重者更互而出。才见得这事重，便有这事出。若能物各付物，便自不出来也。或曰：先生于喜怒哀乐未发之前，下“动”字，下“静”字？曰：谓之静则可，然静中须有物始得。这里便是难处。学者莫若且先理会得敬，能敬则知此矣。或曰：敬何以用功？曰：莫若主一。季明曰：昞尝患思虑不定，或曰：一事未了，他事如麻又生，如何？曰：不可，此不诚之本也。须是事事能专一时便好。不拘思虑与应事，皆要求一。

人于梦寐间，亦可以卜自家所学之浅深。如梦寐颠倒，即是心志不定，操存不固。

问：人心所系著之事果善，夜梦见之，莫不害否？曰：虽是善事，心亦是动。凡事有兆朕入梦者却无害，舍此皆是妄动。人心须要定，使他思时方思乃是。今人都由心。曰：心谁使之？曰：以心使心则可。人心自由，便放去也。

“持其志，无暴其气”，内外交相养也。

问：“出辞气”，莫是于言语上用工夫否？曰：须是养乎中，自然言语顺理。若是慎言语不妄发，此却可著力。

先生谓绎曰：吾受气甚薄，三十而浸盛，四十、五十而后完。今生七十二年矣，校其筋骨，于盛年无损也。绎曰：先生岂以受气之薄，而厚为保生邪？夫子默然，曰：吾以忘生徇欲为深耻。

大率把捉不定，皆是不仁。

伊川先生曰：致知在所养，养知莫过于“寡欲”二字。

心定者其言重以舒，不定者其言轻以疾。

明道先生曰：人有四百四病，皆不由自家，则是心须教由自家。

谢显道从明道先生于扶沟，明道一日谓之曰：尔辈在此相从，只是学颢言语，故其学心口不相应，盍若行之？请问焉。曰：且静坐。伊川每见人静坐，便叹其善学。

横渠先生曰：始学之要，当知“三月不违”与“日月至焉”内外宾主之辨，使心意勉勉循循而不能已，过此几非在我者。

心清时少，乱时常多。其清时视明听聪，四体不待羁束，而自然恭谨，其乱时反是。如此何也？盖用心未熟，客虑多而常心少也，习俗之心未去，而实心未完也。人又要得刚，太柔则入于不立。亦有人生无喜怒者，则又要得刚，刚则守得定不回，进道勇敢。载则比他人自是勇处多。

戏谑不惟害事，志亦为气所流。不戏谑亦是持气之一端。

正心之始，当以己心为严师。凡所动作，则知所惧。如此一二年守得牢固，则自然心正矣。

定然后始有光明，若常移易不定，何求光明？易大抵以艮为止，止乃光明。故大学“定”而至于“能虑”。人心多则无由光明。

“动静不失其时，其道光明。”学者必时其动静，则其道乃不蔽昧而明白。今人从学之久，不见进长，正以莫识动静，见他人扰扰，非干已事，而所修亦废。由圣学观之，冥冥悠悠，以是终身，谓之“光明”可乎？

敦笃虚静者，仁之本。不轻妄，则是敦厚也；无所系阂昏塞，则是虚静也。此难以顿悟，苟知之，须久于道实体之，方知其味。夫仁亦在乎熟之而已。

# 近思录卷之五　凡四十一条

## 克己篇

濂溪先生曰：君子"乾乾""不息"于诚，然必"惩忿窒欲"、"迁善改过"而后至。乾之用，其善是，损益之大，莫是过。圣人之旨深哉！"吉、凶、悔、吝生乎动。"噫！吉一而已，动可不慎乎？

濂溪先生曰：孟子曰："养心莫善于寡欲。"予谓养心不止于寡而存耳。盖寡焉以至于无，无则诚立明通。诚立，贤也；明通，圣也。

伊川先生曰：颜渊问克己复礼之目，夫子曰："非礼勿视，非礼勿听，非礼勿言，非礼勿动。"四者身之用也，由乎中而应乎外，制于外所以养其中也。颜渊"请事斯语"，所以进于圣人。后之学圣人者，宜服膺而勿失也。因箴以自警。视箴曰："心兮本虚，应物无迹。操之有要，视为之则。蔽交于前，其中则迁。制之于外，以安其内。克己复礼，久而诚矣。"听箴曰："人有秉彝，本乎天性。知诱物化，遂亡其正。卓彼先觉,知止有定。闲邪存诚,非礼勿听。”言箴曰:“人心之动,因言以宣。发禁躁妄,内斯静专。矧是枢机,兴戎出好。吉凶荣辱,惟其所召。伤易则诞,伤烦则支。己肆物忤,出悖来违。非法不道,钦哉训辞。”动箴曰:“哲人知几,诚之于思。志士励行,守之于为。顺理则裕,从欲惟危。造次克念,战兢自持。习与性成,圣贤同归。”

复之初九曰:“不远复,无只悔,元吉。”传曰:阳,君子之道,故复为反善之义。初,复之最先者也,是不远而复也。失而后有复,不失则何复之有?唯失之不远而复,则不至于悔,大善而吉也。颜子无形显之过,夫子谓其庶几,乃“无只悔”也。过既未形而改,何悔之有?既未能不勉而中,所欲不逾矩,是有过也。然其明而刚,故一有不善,未尝不知,既知,未尝不遽改,故不至于悔,乃“不远复”也。学问之道无他也,唯其知不善,则速改以从善而已。

晋之上九:“晋其角,维用伐邑,厉吉,无咎,贞吝。”传曰:人之自治,刚极则守道愈固,进极则迁善愈速。如上九者,以之自治,则虽伤于厉而吉且无咎也。严厉非安和之道,而于自治则有功也。虽自治有功,然非中和之德,所以贞吝之道为可吝也。





损者,损过而就中,损浮末而就本实也。天下之害,无不由末之胜也。峻宇雕墙,本于宫室;酒池肉林,本于饮食;淫酷残忍,本于刑罚;穷兵黩武,本于征讨。凡人欲之过者,皆本于奉养,其流之远,则为害矣。先王制其本者,天理也;后人流于末者,人欲也。损之义,损人欲以复天理而已。

夬九五曰:“苋陆夬夬,中行无咎。”象曰:“中行无咎,中未光也。”传曰:夫人心正意诚,乃能极中正之道,而充实光辉。若心有所比,以义之不可而决之,虽行于外,不失其中正之义,可以无咎,然于中道未得为光大也。盖人心一有所欲,则离道矣。夫子于此,示人之意深矣。

方说而止,节之义也。

节之九二,不正之节也。以刚中正为节,如“惩忿窒欲”,损过抑有馀是也。不正之节,如啬节于用、懦节于行是也。

人而无克、伐、怨、欲,惟仁者能之。有之而能制其情不行焉,斯亦难能也,谓之仁则未可也。此原宪之问,夫子答以知其为难,而不知其为仁。此圣人开示之深也。

明道先生曰:义理与客气常相胜,只看消长分数多少,为君子小人之别。义理所得渐多,则自然知得客气消散得渐少,消尽者是大贤。

或谓人莫不知和柔宽缓,然临事则反至于暴厉。曰:只是志不胜气,气反动其心也。

人不能祛思虑,只是吝。吝故无浩然之气。

治怒为难,治惧亦难。克己可以治怒,明理可以治惧。

尧夫解“他山之石,可以攻玉”:玉者温润之物,若将两块玉来相磨,必磨不成,须是得他个粗砺底物,方磨得出。譬如君子与小人处,为小人侵陵,则修省畏避,动心忍性,增益预防,如此便道理出来。

目畏尖物，此事不得放过，便与克下。室中率置尖物，须以理胜他，尖必不刺人也，何畏之有？

明道先生曰：责上责下，而中自恕己，岂可任职分？

“舍己从人”，最为难事。己者我之所有，虽痛舍之，犹惧守己者固而从人者轻也。

“九德”最好。

饥食渴饮，冬裘夏葛，若致些私吝心在，便是废天职。

猎，自谓今无此好。周茂叔曰：“何言之易也？但此心潜隐未发，一日萌动，复如前矣。”后十二年因见，果知未也。

伊川先生曰：大抵人有身，便有私之理，宜其与道难一。

罪己责躬不可无，然亦不当长留在心胸为悔。

所欲不必沉溺，只有所向，便是欲。

明道先生曰：子路亦百世之师。

人语言紧急，莫是气不定否？曰：此亦当习，习到言语自然缓时，便是气质变也。学至气质变，方是有功。

问：“不迁怒，不贰过”，何也？语录有怒甲不迁乙之说，是否？伊川先生曰：是。曰：若此则甚易，何待颜子而后能？曰：只被说得粗了，诸君便道易。此莫是最难，须是理会得因何不迁怒。如舜之诛四凶，怒在四凶，舜何与焉？盖因是人有可怒之事而怒之，圣人之心本无怒也。譬如明镜，好物来时便见是好，恶物来时便见是恶，镜何尝有好恶也？世之人固有怒于室而色于市，且如怒一人，对那人说话能无怒色否？有能怒一人而不怒别人者，能忍得如此，已是煞知义理。若圣人因物而未尝有怒，此莫是甚难。君子役物，小人役于物。今见可喜可怒之事，自家著一分陪奉他，此亦劳矣。圣人之心如止水。

人之视最先，非礼而视，则所谓开目便错了。次听次言次动，有先后之序。人能克己，则心广体胖，仰不愧，俯不怍，其乐可知。有息则馁矣。

圣人责己感也处多，责人应也处少。

谢子与伊川别一年，往见之。伊川曰："相别一年，做得甚工夫？"谢曰："也只去个'矜'字。"曰："何故？"曰："子细点检得来，病痛尽在这里。若按伏得这个罪过，方有向进处。"伊川点头，因语在坐同志者曰："此人为学，切问近思者也。"

思叔诟詈仆夫，伊川曰："何不'动心忍性'？"思叔惭谢。

"见贤"便"思齐"，有为者亦若是。"见不贤而内自省"，盖莫不在己。

横渠先生曰：湛一，气之本；攻取，气之欲。口腹于饮食，鼻口于臭味，皆攻取之性也。知德者属厌而已，不以嗜欲累其心，不以小害大、末丧本焉尔。

纤恶必除，善斯成性矣；察恶未尽，虽善必粗矣。

恶不仁，故不善未尝不知。徒好仁而不恶不仁，则习不察，行不著。是故徒善未必尽义，徒是未必尽仁。好仁而恶不仁，然后尽仁义之道。

责己者当知无天下国家皆非之理，故学至于“不尤人”，学之至也。

有潜心于道，忽忽为他虑引去者，此气之旧习缠绕，未能脱洒，毕竟无益，但乐于旧习耳。古人欲得朋友与琴瑟简编，常使心在于此。惟圣人知朋友之取益为多，故乐得朋友之来。

矫轻警惰。

“仁之难成久矣！人人失其所好。”盖人人有利欲之心，与学正相背驰，故学者要寡欲。

君子不必避他人之言，以为太柔太弱。至于瞻视亦有节，视有上下，视高则气高，视下则心柔。故视国君者，不离绅带之中。学者先须去其客气。其为人刚行，终不肯进，“堂堂乎张也，难与并为仁矣”。盖目者人之所常用，且心常托之，视之上下，且试之，己之敬傲，必见于视。所以欲下其视者，欲柔其心也。柔其心，则听言敬且信。人之有朋友，不为燕安，所以辅佐其仁。今之朋友，择其善柔以相与，拍肩执袂以为气合，一言不合，怒气相加。朋友之际，欲其相下不倦，故于朋友之间主其敬者，日相亲与，得效最速。仲尼尝曰：“吾见其居于位也，与先生并行也，非求益者，欲速成者。”则学者先须温柔，温柔则可以进学。诗曰：“温温恭人，惟德之基。”盖其所益之多。

世学不讲，男女从幼便骄惰坏了，到长益凶狠。只为未尝为子弟之事，则于其亲，已有物我，不肯屈下。病根常在，又随所居而长，至死只依旧。为子弟，则不能安洒扫应对；在朋友，则不能下朋友；有官长，则不能下官长；为宰相，不能下天下之贤。甚则至于徇私意，义理都丧，也只为病根不去，随所居所接而长。人须一事事消了病，则义理常胜。

# 近思录卷之六　凡二十二条



## 家道篇

伊川先生曰：弟子之职，力有馀则学文。不修其职而学，非为己之学也。

孟子曰"事亲若曾子可也"，未尝以曾子之孝为有馀也。盖子之身所能为者，皆所当为也。

"干母之蛊，不可贞。"子之于母，当以柔巽辅导之，使得于义。不顺而致败蛊，则子之罪也。从容将顺，岂无道乎？若伸己刚阳之道，遽然矫拂则伤恩，所害大矣，亦安能入乎？在乎屈己下意，巽顺将承，使之身正事治而已。刚阳之臣事柔弱之君，义亦相近。



蛊之九三，以阳处刚而不中，刚之过也，故小有悔。然在巽体，不为无顺。顺，事亲之本也。又居得正，故无大咎。然有小悔，已非善事亲也。

正伦理，笃恩义，家人之道也。

人之处家，在骨肉父子之间，大率以情胜礼，以恩夺义。惟刚立之人，则能不以私爱失其正理，故家人卦大要以刚为善。

家人上九爻辞，谓治家当有威严，而夫子又复戒云，当先严其身也。威严不先行于己，则人怨而不服。

归妹九二，守其幽贞，未失夫妇常正之道。世人以媟狎为常，故以贞静为变常，不知乃常久之道也。

世人多慎于择婿，而忽于择妇。其实婿易见，妇难知。所系甚重，岂可忽哉？

人无父母，生日当倍悲痛，更安忍置酒张乐以为乐？若具庆者可矣。

问：行状云："尽性至命，必本于孝弟。"不识孝弟何以能尽性至命也？曰：后人便将性命别作一般说了。性命、孝弟，只是一统底事，就孝弟中便可尽性至命。如洒扫应对与尽性至命，亦是一统底事，无有本末，无有精粗，却被后来人言性命者别作一般高远说。故举孝弟，是于人切近者言之。然今时非无孝弟之人，而不能尽性至命者，由之而不知也。

问：第五伦视其子之疾与兄子之疾不同，自谓之私，如何？曰：不待安寝与不安寝，只不起与十起，便是私也。父子之爱本是公，才著些心做，便是私也。又问：视己子与兄子有间否？曰：圣人立法曰"兄弟之子犹子也"，是欲视之犹子也。又问：天性自有轻重，疑若有间然？曰：只为今人以私心看了。孔子曰："父子之道，天性也。"此只就孝上说，故言父子天性。若君臣、兄弟、宾主、朋友之类，亦岂不是天性？只为今人小看却，不推其本所由来故尔。己之子与兄之子，所争几何？是同出于父者也。只为兄弟异形，故以兄弟为手足。人多以异形故，亲己之子异于兄弟之子，甚不是也。又问：孔子以公冶长不及南容，故以兄之子妻南容，以己之子妻公冶长。何也？曰：此亦以己之私心看圣人也。凡人避嫌者，皆内不足也。圣人至公，何更避嫌？凡嫁女，各量其才而求配。或兄之子不甚美，必择其相称者为之配；己之子美，必择其才美者为之配。岂更避嫌邪？若孔子事，或是年不相若，或时有先后，皆不可知。以孔子为避嫌，则大不是。如避嫌事，贤者且不为，况圣人乎？

问：孀妇于理似不可取，如何？曰：然。凡取，以配身也。若取失节者以配身，是己失节也。又问：或有孤孀贫穷无托者，可再嫁否？曰：只是后世怕寒饿死，故有是说。然饿死事极小，失节事极大。

病卧于床，委之庸医，比之不慈不孝。事亲者亦不可不知医。

程子葬父，使周恭叔主客。客欲酒，恭叔以告。先生曰：勿陷人于恶。

买乳婢，多不得已。或不能自乳，必使人。然食己子而杀人之子，非道。必不得已，用二子乳食三子，足备他虞。或乳母病且死，则不为害，又不为己子杀人之子，但有所费。若不幸致误其子，害孰大焉？

先公太中讳珦，字伯温，前后五得任子，以均诸父子孙。嫁遣孤女，必尽其力，所得俸钱，分赡亲戚之贫者。伯母刘氏寡居，公奉养甚至。其女之夫死，公迎从女兄以归，教养其子，均于子侄。既而女兄之女又寡，公惧女兄之悲思，又取甥女以归嫁之。时小官禄薄，克己为义，人以为难。公慈恕而刚断，平居与幼贱处，惟恐有伤其意，至于犯义理，则不假也。左右使令之人，无日不察其饥饱寒燠。娶侯氏。侯夫人事舅姑以孝谨称，与先公相待如宾客。先公赖其内助，礼敬尤至。而夫人谦顺自牧，虽小事未尝专，必禀而后行。仁恕宽厚，抚爱诸庶，不异己出。从叔幼姑，夫人存视，常均己子。治家有法，不严而整。不喜笞扑奴婢，视小臧获如儿女。诸子或加呵责，必戒之曰："贵贱虽殊，人则一也。汝如是大时，能为此事否？"先公凡有所怒，必为之宽解，唯诸儿有过，则不掩也。常曰："子之所以不肖者，由母蔽其过，而父不知也。"夫人男子六人，所存唯二，其爱慈可谓至矣，然于教之之道，不少假也。才数岁，行而或踣，家人走前扶抱，恐其惊啼。夫人未尝不呵责曰："汝若安徐，宁至踣乎！"饮食常置之坐侧。尝食，絮羹，既叱止之，曰："幼求称欲，长当何如？"虽使令辈，不得以恶言骂之。故颐兄弟平生于饮食衣服无所择，不能恶言骂人，非性然也，教之使然也。与人争忿，虽直不右，曰："患其不能屈，不患其不能伸。"及稍长，常使从善师友游，虽居贫，或欲延客，则喜而为之具。夫人七八岁时，诵古诗曰："女子不夜出，夜出秉明烛。"自是日暮则不复出房阁。既长，好文而不为辞章，见世之妇女以文章笔札传于人者，则深以为非。

横渠先生尝曰：事亲奉祭，岂可使人为之？

舜之事亲有不悦者，为父顽母嚚，不近人情。若中人之性，其爱恶略无害理，姑必顺之。亲之故旧所喜者，当极力招致，以悦其亲。凡于父母宾客之奉，必极力营办，亦不计家之有无。然为养又须使不知其勉强劳苦，苟使见其为而不易，则亦不安矣。

斯干诗言："兄及弟矣，式相好矣，无相犹矣。"言兄弟宜相好，不要厮学。犹，似也。人情大抵患在施之不见报则辍，故恩不能终。不要相学，己施之而已。

"人不为周南、召南，其犹正墙面而立。"常深思此言，诚是，不从此行，甚隔著事，向前推不去。盖至亲至近，莫甚于此，故须从此始。

婢仆始至，本怀勉勉敬心，若到所提掇更谨，则加谨，慢则弃其本心，便习以成性。故仕者入治朝则德日进，入乱朝则德日退，只观在上者有可学无可学耳。

# 近思录卷之七　凡三十九条



## 出处篇

伊川先生曰：贤者在下，岂可自进以求于君？苟自求之，必无能信用之理。古之人所以必待人君致敬尽礼而后往者，非欲自为尊大，盖其尊德乐道之心不如是，不足与有为也。

君子之需时也，安静自守，志虽有须，而恬然若将终身焉，乃能用常也。虽不进而志动者，不能安其常也。

比："吉，原筮，元永贞，无咎。"传曰：人相亲比，必有其道；苟非其道，则有悔咎。故必推原占决其可比者而比之，所比得元永贞，则无咎。元，谓有君长之道；永，谓可以常久；贞，谓得正道。上之比下，必有此三者，下之从上，必求此三者，则"无咎"也。

履之初九曰："素履，往无咎。"传曰：夫人不能自安于贫贱之素，则其进也，乃贪躁而动，求去乎贫贱耳，非欲有为也。既得其进，骄溢必矣，故往则有咎。贤者则安履其素，其处也乐，其进也将有为也，故得其进，则有为而无不善。若欲贵之心与行道之心交战于中，岂能安履其素乎？

大人于否之时，守其正节，不杂乱于小人之群类，身虽否而道之亨也。故曰："大人否亨。"不以道而身亨，乃道否也。

人之所随，得正则远邪，从非则失是，无两从之理。随之六二，苟系初则失五矣，故象曰"弗兼与也"，所以戒人从正当专一也。



君子所贵，世俗所羞；世俗所贵，君子所贱。故曰："贲其趾，舍车而徒。"

蛊之上九曰："不事王侯，高尚其事。"象曰："不事王侯，志可则也。"传曰：士之自高尚，亦非一道。有怀抱道德，不偶于时而高洁自守者；有知止足之道，退而自保者；有量能度分，安于不求知者；有清介自守，不屑天下之事，独洁其身者。所处虽有得失小大之殊，皆自"高尚其事"者也。象所谓"志可则"者，进退合道者也。

遁者，阴之始长，君子知微，固当深戒。而圣人之意，未便遽已也，故有"与时行"、"小利贞"之教。圣贤之于天下，虽知道之将废，岂肯坐视其乱而不救？必区区致力于未极之间，强此之衰，艰彼之进，图其暂安。苟得为之，孔孟之所屑为也，王允、谢安之于汉、晋是也。



明夷初九，事未显而处甚艰，非见几之明不能也。如是则世俗孰不疑怪？然君子不以世俗之见怪，而迟疑其行也。若俟众人尽识，则伤已及而不能去矣。

晋之初六，在下而始进，岂遽能深见信于上？苟上未见信，则当安中自守，雍容宽裕，无急于求上之信也。苟欲信之心切，非汲汲以失其守，则悻悻以伤于义矣，故曰："晋如摧如，贞吉，罔孚，裕，无咎。"然圣人又恐后之人不达宽裕之义，居位者废职失守以为裕，故特云"初六裕则无咎"者，始进未受命当职任故也。若有官守，不信于上而失其职，一日不可居也。然事非一概，久速唯时，亦容有为之兆者。

不正而合，未有久而不离者也。合以正道，自无终睽之理。故贤者顺理而安行，智者知几而固守。

君子当困穷之时，既尽其防虑之道而不得免，则命也。当推致其命，以遂其志。知命之当然也，则穷塞祸患不以动其心，行吾义而已。苟不知命，则恐惧于险难，陨获于穷厄，所守亡矣，安能遂其为善之志乎？

寒士之妻，弱国之臣，各安其正而已。苟择势而从，则恶之大者，不容于世矣。

井之九三，渫治而不见食，乃人有才智而不见用，以不得行为忧恻也。盖刚而不中，故切于施为，异乎"用之则行，舍之则藏"者矣。

革之六二，中正则无偏蔽，文明则尽事理，应上则得权势，体顺则无违悖。时可矣，位得矣，才足矣，处革之至善者也。必待上下之信，故"巳日乃革之"也。如二之才德，当进行其道，则吉而无咎也。不进则失可为之时，为有咎也。

鼎之“有实”，乃人之有才业也。当慎所趋向，不慎所往，则亦陷于非义。故曰：“鼎有实，慎所之也。”

士之处高位，则有拯而无随。在下位，则有当拯，有当随，有拯之不得而后随。

“君子思不出其位。”位者，所处之分也。万事各有其所，得其所则止而安。若当行而止，当速而久，或过或不及，皆出其位也，况逾分非据乎？

人之止，难于久终，故节或移于晚，守或失于终，事或废于久，人之所同患也。艮之上九，敦厚于终，止道之至善也。故曰：“敦艮吉。”

中孚之初九曰：“虞吉。”象曰：“志未变也。”传曰：当信之始，志未有所从，而虞度所信，则得其正，是以吉也。志有所从，则是变动，虞之不得其正矣。

贤者惟知义而已，命在其中。中人以下，乃以命处义。如言“求之有道，得之有命，是求无益于得”。知命之不可求，故自处以不求。若贤者则求之以道，得之以义，不必言命。

人之于患难，只有一个处置，尽人谋之后，却须泰然处之。有人遇一事，则心心念念不肯舍，毕竟何益？若不会处置了放下，便“是无义无命也”。

门人有居太学而欲归应乡举者，问其故，曰：蔡人鲜习戴记，决科之利也。先生曰：汝之是心，已不可入于尧舜之道矣。夫子贡之高识，曷尝规规于货利哉？特于丰约之间不能无留情耳，且贫富有命，彼乃留情于其间，多见其不信道也。故圣人谓之“不受命”。有志于道者,要当去此心而后可语也。

人苟有“朝闻道,夕死可矣”之志,则不肯一日安于所不安也。何止一日,须臾不能,如曾子易箦,须要如此乃安。人不能若此者,只为不见实理。实理者,实见得是,实见得非。凡实理得之于心自别,若耳闻口道者,心实不见,若见得,必不肯安于所不安。人之一身,尽有所不肯为,及至他事又不然。若士者,虽杀之使为穿窬,必不为,其他事未必然。至如执卷者,莫不知说礼义,又如王公大人,皆能言轩冕外物,及其临利害,则不知就义理,却就富贵。如此者只是说得,不实见,及其蹈水火,则人皆避之,是实见得,须是有“见不善如探汤”之心,则自然别。昔曾经伤于虎者,他人语虎,则虽三尺童子,皆知虎之可畏,终不似曾经伤者神色慑惧,至诚畏之,是实见得也。得之于心,是谓有德,不待勉强。然学者则须勉强。古人有捐躯陨命者,若不实见得,则乌能如此?须是实见得生不重于义、生不安于死也。故有“杀身成仁”,只是成就一个是而已。

孟子辨舜、跖之分,只在义利之间。言“间”者,谓相去不甚远,所争毫末尔。义与利,只是个公与私也。才出义,便以利言也。只那计较,便是为有利害,若无利害,何用计较?利害者,天下之常情也。人皆知趋利而避害,圣人则更不论利害,惟看义当为不当为,便是命在其中也。

大凡儒者,未敢望深造于道,且只得所存正,分别善恶,识廉耻。如此等人多,亦须渐好。

赵景平问:"子罕言利",所谓利者,何利?曰:不独财利之利,凡有利心便不可。如作一事,须寻自家稳便处,皆利心也。圣人以义为利,义安处便为利。如释氏之学,皆本于利,故便不是。

问:邢恕久从先生,想都无知识,后来极狼狈。先生曰:谓之全无知则不可,只是义理不能胜利欲之心,便至如此。

谢湜自蜀之京师,过洛而见程子。子曰:尔将何之?曰:将试教官。子弗答。湜曰:何如?子曰:吾尝买婢,欲试之,其母怒而弗许,曰:"吾女非可试者也。"今尔求为人师而试之,必为此媪笑也。湜遂不行。

先生在讲筵,不曾请俸。诸公遂牒户部,问不支俸钱。户部案前任历子,先生云:"某起自草莱,无前任历子。"遂令户部自为出券历。又不为妻求封。范纯甫问其故,先生曰:"某当时起自草莱,三辞然后受命,岂有今日乃为妻求封之理?"问:"今人陈乞恩例,义当然否?人皆以为本分,不为害。"先生曰:"只为而今士大夫道得个'乞'字惯,却动不动又是乞也。"问:"陈乞封父祖,如何?"曰:"此事体又别。"再三请益,但云:"其说甚长,待别时说。"

汉策贤良,犹是人举之。如公孙弘者,犹强起之乃就对。至如后世贤良,乃自求举尔。若果有曰"我心只望廷对,欲直言天下事",则亦可尚已。若志在富贵,则得志便骄纵,失志则便放旷与悲愁而已。

伊川先生曰:人多说某不教人习举业,某何尝不教人习举业也。人若不习举业而望及第,却是责天理而不修人事。但举业既可以及第即已,若更去上面尽力求必得之道,是惑也。

问:家贫亲老,应举求仕,不免有得失之累,何修可以免此?伊川先生曰:此只是志不胜气,若志胜,自无此累。家贫亲老须用禄仕,然“得之不得为有命”。曰:在己固可,为亲奈何?曰:为己为亲,也只是一事。若不得,其如命何?孔子曰:“不知命,无以为君子。”人苟不知命,见患难必避,遇得丧必动,见利必趋,其何以为君子?

或谓科举事业夺人之功,是不然。且一月之中,十日为举业,馀日足可为学。然人不志于此,必志于彼。故科举之事,不患妨功,惟患夺志。

横渠先生曰:世禄之荣,王者所以录有功,尊有德,爱之厚之,示恩遇之不穷也。为人后者,所宜乐职劝功,以服勤事任,长廉远利,以述世风。而近代公卿子孙,方且下比布衣,工声病,售有司。不知求仕非义,而反羞循理为无能;不知荫袭为荣,而反以虚名为善继。诚何心哉!

不资其力而利其有,则能忘人之势。

人多言安于贫贱,其实只是计穷、力屈、才短不能营画耳。若稍动得,恐未肯安之。须是诚知义理之乐,于利欲也乃能。

天下事大患只是畏人非笑。不养车马,食粗衣恶,居贫贱,皆恐人非笑。不知当生则生,当死则死,今日万钟明日弃之、今日富贵明日饥饿亦不恤,惟义所在。

# 近思录卷之八　凡二十五条



## 治体篇

濂溪先生曰:治天下有本,身之谓也;治天下有则,家之谓也。本必端,端本,诚心而已矣。则必善,善则,和亲而已矣。家难而天下易,家亲而天下疏也。家人离,必起于妇人,故睽次家人,以“二女同居”而“志不同行”也。尧所以厘降二女于妫汭,舜可禅乎,吾兹试矣。是治天下观于家,治家观身而已矣。身端,心诚之谓也。诚心,复其不善之动而已矣。不善之动,妄也。妄复则无妄矣,无妄则诚焉。故无妄次复,而曰“先王以茂对时,育万物”,深哉!

明道先生言于神宗曰:得天理之正,极人伦之至者,尧舜之道也。用其私心,依仁义之偏者,霸者之事也。王道如砥,本乎人情,出乎礼义,若履大路而行,无复回曲。霸者崎岖反侧于曲径之中,而卒不可与入尧舜之道。故诚心而王,则王矣;假之而伯,则伯矣。二者其道不同,在审其初而已。易所谓“差若毫厘,缪以千里”者,其初不可不审也。惟陛下稽先圣之言，察人事之理，知尧舜之道备于己，反身而诚之，推之以及四海，则万世幸甚。

伊川先生曰：当世之务，所尤先者有三：一曰立志，二曰责任，三曰求贤。今虽纳嘉谋，陈善算，非君志先立，其能听而用之乎？君欲用之，非责任宰辅，其孰承而行之乎？君相恊心，非贤者任职，其能施于天下乎？此三者，本也；制于事者，用也。三者之中，复以立志为本。所谓立志者，至诚一心，以道自任，以圣人之训为可必信，先王之治为可必行，不狃滞于近规，不迁惑于众口，必期致天下如三代之世也。

比之九五曰："显比，王用三驱，失前禽。"传曰：人君比天下之道，当显明其比道而已。如诚意以待物，恕己以及人，发政施仁，使天下蒙其惠泽，是人君亲比天下之道也。如是，天下孰不亲比于上？若乃暴其小仁，违道干誉，欲以求下之比，其道亦已狭矣，其能得天下之比乎？王者显明其比道，天下自然来比。来者抚之，固不煦煦然求比于物。若田之"三驱"，禽之去者从而不追，来者则取之也。此王道之大，所以其民皞皞而莫知为之者也。非唯人君比天下之道如此，大率人之相比莫不然。以臣于君言之，竭其忠诚，致其才力，乃显其比君之道也。用之与否，在君而已，不可阿谀逢迎，求其比己也。在朋友亦然，修身诚意以待之，亲己与否，在人而已，不可巧言令色，曲从苟合，以求人之比己也。于乡党亲戚，于众人，莫不皆然，"三驱，失前禽"之义也。

古之时，公卿大夫而下，位各称其德，终身居之，得其分也。位未称德，则君举而进之。士修其学，学至而君求之，皆非有预于己也。农工商贾勤其事而所享有限。故皆有定志，而天下之心可一。后世自庶士至于公卿，日志于尊荣；农工商贾，日志于富侈。亿兆之心，交骛于利，天下纷然，如之何其可一也？欲其不乱难矣！

泰之九二曰："包荒，用冯河。"传曰：人情安肆，则政舒缓，而法度废弛，庶事无节。治之之道，必有包含荒秽之量，则其施为，宽裕详密，弊革事理，而人安之。若无含弘之度，有忿疾之心，则无深远之虑，有暴扰之患。深弊未去，而近患已生矣，故在"包荒"也。自古泰治之世，必渐至于衰替，盖由狃习安逸，因循而然。自非刚断之君、英烈之辅，不能挺特奋发以革其弊也，故曰"用冯河"。或疑上云"包荒"，则是包含宽容，此云"用冯河"，则是奋发改革，似相反也。不知以含容之量，施刚果之用，乃圣贤之为也。

观："盥而不荐，有孚颙若。"传曰：君子居上，为天下之表仪，必极其庄敬，如始盥之初，勿使诚意少散，如既荐之后，则天下莫不尽其孚诚，颙然瞻仰之矣。

凡天下至于一国一家，至于万事，所以不和合者，皆由有间也，无间则合矣。以至天地之生，万物之成，皆合而后能遂，凡未合者，皆为间也。若君臣、父子、亲戚、朋友之间，有离贰怨隙者，盖谗邪间于其间也。去其间隔而合之，则无不和且治矣。噬嗑者，治天下之大用也。

大畜之六五曰："豮豕之牙，吉。"传曰：物有总摄，事有机会。圣人操得其要，则视亿兆之心犹一心。道之斯行，止之则戢，故不劳而治，其用若“豮豕之牙”也。豕，刚躁之物。若强制其牙，则用力劳而不能止；若豮去其势，则牙虽存而刚躁自止。君子法“豮豕”之义，知天下之恶不可以力制也。则察其机，持其要，塞绝其本原，故不假刑法严峻，而恶自止也。且如止盗，民有欲心，见利则动，苟不知教，而迫于饥寒，虽刑杀日施，其能胜亿兆利欲之心乎？圣人则知所以止之之道，不尚威刑而修政教，使之有农桑之业，知廉耻之道，“虽赏之不窃”矣。

解：“利西南，无所往，其来复吉，有攸往，夙吉。”传曰：西南坤方，坤之体广大平易。当天下之难方解，人始离艰苦，不可复以烦苛严急治之，要济以宽大简易，乃其宜也。既解其难而安平无事矣，是“无所往”也。则当修复治道，正纪纲，明法度，进复先代明王之治，是“来复”也，谓反正理也。自古圣王救难定乱，其始未暇遽为也；既安定，则为可久可继之治。自汉以下，乱既除，则不复有为，姑随时维持而已，故不能成善治，盖不知“来复”之义也。“有攸往，夙吉”，谓尚有当解之事，则早为之乃吉也。当解而未尽者，不早去，则将复盛；事之复生者，不早为，则将渐大。故夙则吉也。

夫“有物必有则”，父止于慈，子止于孝，君止于仁，臣止于敬，万物庶事，莫不各有其所。得其所则安，失其所则悖。圣人所以能使天下顺治，非能为物作则也，惟止之各于其所而已。

兑说而能贞，是以上顺天理，下应人心，说道之至正至善者也。若夫“违道以干百姓之誉”者，苟说之道，违道不顺天，干誉非应人，苟取一时之说耳，非君子之正道。君子之道，其说于民，如天地之施，感之于心而说服无斁。

天下之事，不进则退，无一定之理。济之终不进而止矣，无常止也。衰乱至矣，盖其道已穷极也。圣人至此奈何？曰：唯圣人为能通其变于未穷，不使至于极，尧舜是也，故有终而无乱。



为民立君，所以养之也。养民之道，在爱其力。民力足则生养遂，生养遂则教化行而风俗美，故为政以民力为重也。春秋凡用民力必书，其所兴作不时害义，固为罪也，虽时且义必书，见劳民为重事也。然有用民力之大而不书者，为教之意深矣。僖公修泮宫、复閟宫，非不用民力也，然而不书。二者，复古兴废之大事，为国之先务，如是而用民，乃所当用也。人君知此义，知为政之先后轻重矣。

治身齐家以至平天下者，治之道也；建立治纲，分正百职，顺天时以制事，至于创立制度，尽天下之事者，治之法也。圣人治天下之道，唯此二端而已。

明道先生曰：先王之世以道治天下，后世只是以法把持天下。



为政须要有纲纪文章，先有司、乡官读法、平价、谨权量，皆不可阙也。人各亲其亲，然后能不独亲其亲。仲弓曰：“焉知贤才而举之？”子曰：“举尔所知。尔所不知，人其舍诸？”便见仲弓与圣人用心之大小。推此义，则一心可以丧邦，一心可以兴邦，只在公私之间尔。

治道亦有从本而言，亦有从事而言。从本而言，惟从“格君心之非”，“正心以正朝廷，正朝廷以正百官”。若从事而言，不救则已，若须救之，则须变，大变则大益，小变则小益。

唐有天下，虽号治平，然亦有夷狄之风。三纲不正，无君臣、父子、夫妇，其原始于太宗也。故其后世子弟皆不可使，君不君，臣不臣。故藩镇不宾，权臣拔扈，陵夷有五代之乱。汉之治过于唐。汉大纲正，唐万目举，本朝大纲正，万目亦未尽举。

教人者，养其善心而恶自消；治民者，导之敬让而争自息。

明道先生曰：必有关雎、麟趾之意，然后可行周官之法度。

“君仁莫不仁，君义莫不义。”天下之治乱，系乎人君仁不仁耳。离是而非，则“生于其心”，必“害其政”，岂待乎作之于外哉？昔者孟子三见齐王而不言事，门人疑之，孟子曰：“我先攻其邪心。”心既正，然后天下之事可从而理也。夫政事之失，用人之非，智者能更之，直者能谏之。然非心存焉，则一事之失，救而正之，后之失者，将不胜救矣。“格其非心”，使无不正，非大人其孰能之？

横渠先生曰：“道千乘之国”，不及礼乐刑政，而云“节用而爱人，使民以时”，言能如是则法行，不能如是则法徒行。礼乐刑政，亦制数而已耳。

法立而能守，则德可久，业可大。郑声、佞人，能使为邦者丧其所守，故放远之。

横渠先生答范巽之书曰：朝廷以道学、政术为二事，此正自古之可忧者。巽之谓孔孟可作，将推其所得而施诸天下邪？将以其所不为而强施之于天下欤？大都君相以父母天下为王道，不能推父母之心于百姓，谓之王道可乎？所谓父母之心，非徒见于言，必须视四海之民如己之子。设使四海之内皆为己之子，则讲治之术，必不为秦汉之少恩，必不为五伯之假名。巽之为朝廷言，"人不足与适，政不足与间"，能使吾君爱天下之人如赤子，则治德必日新，人之进者必良士，帝王之道不必改途而成，学与政不殊心而得矣。

# 近思录卷之九　凡二十七条



## 治法篇

濂溪先生曰：古圣王制礼法，修教化，三纲正，九畴叙，百姓大和，万物咸若。乃作乐以宣八风之气，以平天下之情。故乐声淡而不伤，和而不淫，入其耳，感其心，莫不淡且和焉。淡则欲心平，和则躁心释。优柔平中，德之盛也；天下化中，治之至也。是谓道配天地，古之极也。后世礼法不修，政刑苛紊，纵欲败度，下民困苦。谓古乐不足听也，代变新声，妖淫愁怨，导欲增悲，不能自止。故有贼君弃父，轻生败伦，不可禁者矣。呜呼！乐者古以平心，今以助欲；古以宣化，今以长怨。不复古礼，不变今乐，而欲至治者，远哉！



明道先生言于朝曰：治天下以正风俗、得贤才为本。宜先礼命近侍贤儒及百执事，悉心推访有德业充备、足为师表者，其次有笃志好学、材良行修者，延聘敦遣，萃于京师，俾朝夕相与讲明正学。其道必本于人伦，明乎物理。

其教自小学洒扫应对以往，修其孝悌忠信，周旋礼乐。其所以诱掖激厉、渐摩成就之道，皆有节序，其要在于择善修身，至于化成天下，自乡人而可至于圣人之道。其学行皆中于是者为成德，取材识明达可进于善者，使日受其业。择其学明德尊者，为太学之师，次以分教天下之学。择士入学，升之州，州宾兴于太学，聚而教之，岁论其贤者能者于朝。凡选士之法，皆以性行端洁，居家孝悌，有廉耻礼逊、通明学业、晓达治道者。

明道先生论十事：一曰师傅，二曰六官，三曰经界，四曰乡党，五曰贡士，六曰兵役，七曰民食，八曰四民，九曰山泽，十曰分数。其言曰：无古今，无治乱，如生民之理有穷，则圣王之法可改。后世能尽其道则大治，或用其偏则小康，此历代彰灼著明之效也。苟或徒知泥古而不能施之于今，姑欲徇名而遂废其实，此则陋儒之见，何足以论治道哉！然偿谓今人之情皆已异于古，先王之迹不可复于今，趣便目前，不务高远，则亦恐非大有为之论，而未足以济当今之极弊也。

伊川先生上疏曰：三代之时，人君必有师、傅、保之官，“师，道之教训；傅，傅之德义；保，保其身体”。后世作事无本，知求治而不知正君，知规过而不知养德。傅德义之道，固已疏矣；保身体之法，复无闻焉。臣以为傅德义者，在乎防见闻之非，节嗜好之过；保身体者，在乎适起居之宜，存畏慎之心。今既不设保傅之官，则此责皆在经筵。欲乞皇帝在宫中，言动服食，皆使经筵官知之。有剪桐之戏，则随事箴规;违持养之方,则应时谏止。

伊川先生看详三学条制云:旧制公私试补,盖无虚月。学校礼义相先之地,而月使之争,殊非教养之道。请改试为课,有所未至,则学官召而教之,更不考定高下。制尊贤堂以延天下道德之士,及置待宾吏师斋,立检察士人行检等法。又云:自元丰后设利诱之法,增国学解额至五百人,来者奔凑,舍父母之养,忘骨肉之爱,往来道路,旅寓他土,人心日偷,士风日薄。今欲量留一百人,馀四百人分在州郡解额窄处。自然士人各安乡土,养其孝爱之心,息其奔趋流浪之志,风俗亦当稍厚。又云:三舍升补之法,皆案文责迹,有司之事,非庠序育材论秀之道。盖朝廷授法必达乎下,长官守法而不得有为,是以事成于下,而下得以制其上,此后世所以不治也。或曰长贰得人则善矣,或非其人,不若防闲详密,可循守也。殊不知先王制法,待人而行,未闻立不得人之法也。苟长贰非人,不知教育之道,徒守虚文密法,果足以成人材乎?

明道先生行状云:先生为泽州晋城令,民以事至邑者,必告之以孝悌忠信,入所以事父兄,出所以事长上。度乡村远近为伍保,使之力役相助,患难相恤,而奸伪无所容。凡孤茕残废者,责之亲戚乡党,使无失所。行旅出于其途者,疾病皆有所养。诸乡皆有校,暇时亲至,召父老与之语;儿童所读书,亲为正句读;教者不善,则为易置;择子弟之秀者,聚而教之。乡民为社会,为立科条,旌别善恶,使有劝有耻。

萃："王假有庙。"传曰：群生至众也，而可一其归仰；人心莫知其乡也，而能致其诚敬；鬼神之不可度也，而能致其来格。天下萃合人心、总摄众志之道非一，其至大莫过宗庙，故王者萃天下之道至于有庙，则萃道之至也。祭祀之报，本于人心，圣人制礼以成其德耳。故豺獭能祭，其性然也。

古者戍役，再期而还。今年春暮行，明年夏代者至，复留备秋，至过十一月而归。又明年中春遣次戍者。每秋与冬初，两番戍者皆在疆圉，乃今之防秋也。



圣人无一事不顺天时，故至日闭关。

韩信多多益办，只是分数明。

伊川先生曰：管辖人亦须有法，徒严不济事。今帅千人，能使千人依时及节得饭吃，只如此者亦能有几人？尝谓军中夜惊，亚夫坚卧不起。不起善矣，然犹夜惊何也？亦是未尽善。

管摄天下人心，收宗族，厚风俗，使人不忘本，须是明谱系，收世族，立宗子法。又曰：一年有一年工夫。

宗子法坏，则人不自知来处，以至流转四方，往往亲未绝，不相识。今且试以一二巨公之家行之，其术要得拘守得，须是且如唐时立庙院，仍不得分割了祖业，使一人主之。



凡人家法，须月为一会以合族，古人有花树韦家宗会法，可取也。每有族人远来，亦一为之。吉凶嫁娶之类，更须相与为礼，使骨肉之意常相通。骨肉日疏者，只为不相见，情不相通尔。

冠婚丧祭，礼之大者，今人都不理会。豺獭皆知报本，今士大夫家多忽此，厚于奉养而薄于先祖，甚不可也。某尝修六礼，大略家必有庙，庙必有主，月朔必荐新，时祭用仲月，冬至祭始祖，立春祭先祖，季秋祭祢，忌日迁主，祭于正寝。凡事死之礼，当厚于奉生者。人家能存得此等事数件，虽幼者可使渐知礼义。

卜其宅兆，卜其地之美恶也。地美则其神灵安，其子孙盛。然则曷谓地之美者？土色之光润，草木之茂盛，乃其验也。而拘忌者惑以择地之方位，决日之吉凶，甚者不以奉先为计，而专以利后为虑，尤非孝子安措之用心也。惟五患者，不得不慎：须使异日不为道路，不为城郭，不为沟池，不为贵势所夺，不为耕犁所及。

正叔云：某家治丧，不用浮图。在洛亦有一二人家化之。

今无宗子，故朝廷无世臣。若立宗子法，则人知尊祖重本。人既重本，则朝廷之势自尊。古者子弟从父兄，今父兄从子弟，由不知本也。且如汉高祖欲下沛时，只是以帛书与沛父老，其父兄便能率子弟从之。又如相如使蜀，亦移书责父老，然后子弟皆听其命而从之。只有一个尊卑上下之分，然后顺从而不乱也。若无法以联属之，安可？且立宗子法，亦是天理。譬如木，必有从根直上一干，亦必有旁枝；又如水，虽远必有正源，亦必有分派处，自然之势也。然而又有旁枝达而为干者，故曰“古者天子建国，诸侯夺宗"云。

邢和叔叙明道先生事云：尧、舜、三代帝王之治，所以博大悠远，上下与天地同流者，先生固已默而识之。至于兴造礼乐、制度文为，下至行师用兵战阵之法，无所不讲，皆造其极。外之夷狄情状，山川道路之险易，边鄙防戍城寨斥候控带之要，靡不究知。其吏事操决文法簿书，又皆精密详练。若先生可谓通儒全才矣。

介甫言律是八分书，是他见得。

横渠先生曰：兵谋师律，圣人不得已而用之。其术见三王方策、历代简书。惟志士仁人为能识其远者大者，素求预备而不敢忽忘。

肉辟于今世死刑中取之，亦足宽民之死，过此，当念其散之之久。

吕与叔撰横渠先生行状云：先生慨然有意三代之治，论治人先务，未始不以经界为急。尝曰："仁政必自经界始。贫富不均，教养无法，虽欲言治，皆苟而已。世之病难行者，未始不以亟夺富人之田为辞。然兹法之行，悦之者众。苟处之有术，期以数年，不刑一人而可复。所病者特上之人未行耳。"乃言曰："纵不能行之天下，犹可验之一乡。"方与学者议古之法，共买田一方，画为数井，上不失公家之赋役，退以其私正经界，分宅里，立敛法，广储蓄，兴学校，成礼俗，救灾恤患，敦本抑末，足以推先王之遗法，明当今之可行。此皆有志未就。

横渠先生为云岩令，政事大抵以敦本善俗为先。每以月吉具酒食，召乡人高年会县庭，亲为劝酬，使人知养老事长之义。因问民疾苦，及告所以训戒子弟之意。

横渠先生曰：古者“有东宫，有西宫，有南宫，有北宫，异宫而同财”，此礼亦可行。古人虑远，目下虽似相疏，其实如此乃能久相亲。盖数十百口之家，自是饮食衣服难为得一。又异宫乃容子得伸其私，所以“避子之私也，子不私其父，则不成为子”。古之人曲尽人情，必也同宫，有叔父、伯父，则为子者何以独厚于其父？为父者亦乌得而当之？父子异宫，为命士以上，愈贵则愈严。故异宫犹今世有逐位，非如异居也。

治天下不由井地，终无由得平。周道止是均平。

井田卒归于封建乃定。

# 近思录卷之十　凡六十四条



## 政事篇

伊川先生上疏曰：夫钟怒而击之则武，悲而击之则哀，诚意之感而入也。告于人亦如是，古人所以斋戒而告君也。臣前后两得进讲，未尝敢不宿斋预戒，潜思存诚，觊感动于上心。若使营营于职事，纷纷其思虑，待至上前，然后善其辞说，徒以颊舌感人，不亦浅乎？

伊川答人示奏藁书云：观公之意，专以畏乱为主。颐欲公以爱民为先，力言百姓饥且死，丐朝廷哀怜。因惧将为寇乱，可也。不惟告君之体当如是，事势亦宜尔。公方求财以活人，祈之以仁爱，则当轻财而重民；惧之以利害，则将恃财以自保。古之时，得丘民则得天下。后世以兵制民，以财聚众，聚财者能守，保民者为迂。惟当以诚意感动，觊其有不忍之心而已。

明道为邑，及民之事，多众人所谓法所拘者，然为之未尝大戾于法，众亦不甚骇。谓之得伸其志则不可，求小补，则过今之为政者远矣。人虽异之，不至指为狂也。至谓之狂，则大骇矣。尽诚为之，不容而后去，又何嫌乎？

明道先生曰：一命之士，苟存心于爱物，于人必有所济。

伊川先生曰：君子观天水违行之象，知人情有争讼之道。故凡所作事，必谋其始，绝讼端于事之始，则讼无由生矣。谋始之义广矣，若慎交结、明契券之类是也。

师之九二，为师之主，恃专则失为下之道，不专则无成功之理，故得中为吉。凡师之道，威和并至则吉也。

世儒有论鲁祀周公以天子礼乐，以为周公能为人臣不能为之功，则可用人臣不得用之礼乐。是不知人臣之道也。夫居周公之位，则为周公之事，由其位而能为者，皆所当为也。周公乃尽其职耳。

大有之九三曰："公用亨于天子，小人弗克。"传曰：三当大有之时，居诸侯之位，有其富盛，必用亨通于天子，谓以其有为天子之有也，乃人臣之常义也。若小人处之，则专其富有以为私，不知公己奉上之道，故曰"小人弗克"也。

人心所从，多所亲爱者也。常人之情，爱之则见其是，恶之则见其非。故妻孥之言，虽失而多从；所憎之言，虽善为恶也。苟以亲爱而随之，则是私情所与，岂合正理？故随之初九，出门而交，则"有功"也。

随九五之象曰："孚于嘉吉，位中正也。"传曰：随以得中为善，随之所防者过也。盖心所悦随，则不知其过矣。

坎之六四曰："樽酒簋贰用缶，纳约自牖，终无咎。"传曰：此言人臣以忠信善道结于君心，必自其所明处乃能入也。人心有所蔽，有所通，通者明处也，当就其明处而告之，求信则易也，故云“纳约自牖”。能如是，则虽艰险之时，终得无咎也。且如君心蔽于荒乐，唯其蔽也故尔，虽力诋其荒乐之非，如其不省何？必于所不蔽之事，推而及之，则能悟其心矣。自古能谏其君者，未有不因其所明者也。故讦直强劲者，率多取忤；而温厚明辨者，其说多行。非惟告于君者如此，为教者亦然。夫教必就人之所长，所长者，心之所明也。从其心之所明而入，然后推及其馀，孟子所谓“成德”、“达财”是也。



恒之初六曰：“浚恒，贞凶。”象曰：“浚恒之凶，始求深也。”传曰：初六居下，而四为正应。四以刚居高，又为二三所隔，应初之志，异乎常矣。而初乃求望之深，是知常而不知变也。世之责望故素而至悔咎者，皆“浚恒”者也。

遁之九三曰：“系遁，有疾厉，畜臣妾吉。”传曰：系恋之私恩，怀小人女子之道也。故以畜养臣妾则吉。然君子之待小人，亦不如是也。



睽之象曰：“君子以同而异。”传曰：圣贤之处世，在天理之常，莫不大同，于世俗所同者，则有时而独异。不能大同者，乱常拂理之人也；不能独异者，随俗习非之人也。要在同而能异耳。

睽之初九，当睽之时，虽同德者相与，然小人乖异者至众，若弃绝之，不几尽天下以仇君子乎？如此则失含弘之义，致凶咎之道也，又安能化不善而使之合乎？故必“见恶人”，则无咎也。古之圣王，所以能化奸凶为善良，革仇敌为臣民者，由弗绝也。

睽之九二，当睽之时，君心未合，贤臣在下，竭力尽诚，期使之信合而已。至诚以感动之，尽力以扶持之，明义理以致其知，杜蔽惑以诚其意，如是宛转以求其合也。“遇”非枉道逢迎也，“巷”非邪僻由径也，故象曰：“遇主于巷，未失道也。”

损之九二曰：“弗损，益之。”传曰：不自损其刚贞，则能益其上，乃益之也。若失其刚贞而用柔说，适足以损之而已。世之愚者，有虽无邪心而惟知竭力顺上为忠者，盖不知“弗损益之”之义也。

益之初九曰：“利用为大作，元吉，无咎。”象曰：“元吉，无咎，下不厚事也。”传曰：在下者本不当处厚事。厚事，重大之事也。以为在上所任，所以当大事，必能济大事而致元吉，乃为无咎。能致元吉，则在上者任之为知人，己当之为胜任，不然则上下皆有咎也。

革而无甚益，犹可悔也，况反害乎？古人所以重作也。

渐之九三曰：“利御寇。”传曰：君子之与小人比也，自守以正。岂唯君子自完其己而已乎？亦使小人得不陷于非义。是以顺道相保，御止其恶也。

旅之初六曰：“旅琐琐，斯其所取灾。”传曰：志卑之人，既处旅困，鄙猥琐细，无所不至，乃其所以致悔辱，取灾咎也。

在旅而过刚自高，致困灾之道也。

兑之上六曰："引兑。"象曰："未光也。"传曰：说既极矣，又引而长之，虽说之之心不已，而事理已过，实无所说。事之盛则有光辉，既极而强引之长，其无意味甚矣，岂有光也！

中孚之象曰："君子以议狱缓死。"传曰：君子之于议狱，尽其忠而已；于决死，极于恻而已。天下之事，无所不尽其忠，而议狱缓死，最其大者也。

事有时而当过，所以从宜，然岂可甚过也？如过恭、过哀、过俭，大过则不可，所以小过为顺乎宜也。能顺乎宜，所以大吉。

防小人之道，正己为先。

周公至公不私，进退以道，无利欲之蔽。其处己也，夔夔然存恭畏之心；其存诚也，荡荡然无顾虑之意。所以虽在危疑之地，而不失其圣也。诗曰："公孙硕肤，赤舄几几。"

采察求访，使臣之大务。

明道先生与吴师礼谈介甫之学错处，谓师礼曰：为我尽达诸介甫，我亦未敢自以为是。如有说，愿往复。此天下公理，无彼我，果能明辨，不有益于介甫，则必有益于我。

天祺在司竹，常爱用一卒长，及将代，自见其人盗笋皮，遂治之无少贷。罪已正，待之复如初，略不介意。其德量如此。

因论"口将言而嗫嚅"云：若合开口时，要他头也须开口。须是"听其言也厉"。

须是就事上学。蛊"振民育德",然有所知后,方能如此。"何必读书,然后为学?"

先生见一学者忙迫,问其故。曰:"欲了几处人事。"曰:"某非不欲周旋人事者,曷常似贤急迫?"

安定之门人往往知稽古爱民矣,则于为政也何有?

门人有曰:吾与人居,视其有过而不告,则于心有所不安,告之而人不受,则奈何?曰:与之处而不告其过,非忠也。要使诚意之交通,在于未言之前,则言出而人信矣。又曰:责善之道,要使诚有馀而言不足,则于人有益,而在我者无自辱矣。

职事不可以巧免。

"居是邦,不非其大夫",此理最好。

"克勤小物"最难。

欲当大任,须是笃实。

凡为人言者,理胜则事明,气忿则招拂。

居今之时,不安今之法令,非义也。若论为治,不为则已,如复为之,须于今之法度内处得其当,方为合义。若须更改而后为,则何义之有?

今之监司,多不与州县一体。监司专欲伺察州县,州县专欲掩蔽。不若推诚心与之共治,有所不逮,可教者教之,可督者督之。至于不听,择其甚者去一二,使足以警众可也。

伊川先生曰:人恶多事,或人悯之。世事虽多,尽是人事。人事不教人做，更责谁做？

感慨杀身者易，从容就义者难。

人或劝先生以加礼近贵，先生曰：何不见责以尽礼，而责之以加礼？礼尽则已，岂有加也？

或问：簿，佐令者也。簿所欲为，令或不从，奈何？曰：当以诚意动之。今令与簿不和，只是争私意。令是邑之长，若能以事父兄之道事之，过则归己，善则唯恐不归于令，积此诚意，岂有不动得人？

问：人于议论，多欲直己，无含容之气，是气不平否？曰：固是气不平，亦是量狭。人量随识长，亦有人识高而量不长者，是识实未至也。大凡别事，人都强得，惟识量不可强。今人有斗筲之量，有釜斛之量，有钟鼎之量，有江河之量。江河之量亦大矣，然有涯，有涯亦有时而满，惟天地之量则无满。故圣人者，天地之量也。圣人之量，道也；常人之有量者，天资也。天资有量须有限，大抵六尺之躯，力量只如此，虽欲不满，不可得也。如邓艾位三公，年七十，处得甚好，及因下蜀有功，便动了；谢安闻谢玄破苻坚，对客围棋，报至不喜，及归折屐齿，强终不得也。更如人大醉后益恭谨者，只益恭谨便是动了，虽与放肆者不同，其为酒所动一也。又如贵公子位益高益卑谦，只卑谦便是动了，虽与骄傲者不同，其为位所动一也。然惟知道者，量自然宏大，不勉强而成。今人有所见卑下者，无他，亦是识量不足也。

人才有意于为公，便是私心。昔有人典选，其子弟系磨勘，皆不为理，此乃是私心。人多言古时用直，不避嫌得。后世用此不得，自是无人，岂是无时？

君实常问先生云："欲除一人给事中，谁可为者？"先生曰："初若泛论人才，却可。今既如此，颐虽有其人，何可言？"君实曰："出于公口，入于光耳，又何害？"先生终不言。

先生云：韩持国服义最不可得。一日，颐与持国、范夷叟泛舟于颍昌西湖，须臾客将去，有一官员上书谒见大资。颐将为有甚急切公事，乃是求知己。颐云："大资居位，却不求人，乃使人倒来求己，是甚道理？"夷叟云："只为正叔太执。求荐章，常事也。"颐云："不然，只为曾有不求者不与，来求者与之，遂致人如此。"持国便服。

先生因言：今日供职，只第一件便做他底不得。吏人押申转运司状，颐不曾签。国子监自系台省，台省系朝廷官。外司有事，合行申状，岂有台省倒申外司之理？只为从前人只计较利害，不计较事体，直得恁地。须看圣人欲正名处，见得道名不正时，便至礼乐不兴，是自然住不得。

学者不可不通世务。天下事譬如一家，非我为则彼为，非甲为则乙为。

"人无远虑，必有近忧"，思虑当在事外。

圣人之责人也常缓，便见只欲事正，无显人过恶之意。

伊川先生云：今之守令，唯"制民之产"一事不得为，其他在法度中甚有可为者，患人不为耳。

明道先生作县，凡坐处皆书"视民如伤"四字，常曰：

"颢常愧此四字。"

伊川每见人论前辈之短,且曰:汝辈且取他长处。

刘安礼云:王荆公执政,议法改令,言者攻之甚力。明道先生尝被旨赴中堂议事,荆公方怒言者,厉色待之。先生徐曰:"天下之事,非一家私议,愿公平气以听。"荆公为之愧屈。

刘安礼问临民,明道先生曰:使民各得输其情。问御吏,曰:正己以格物。



横渠先生曰:凡人为上则易,为下则难。然不能为下,亦未能使下,不尽其情伪也。大抵使人,常在其前,己尝为之,则能使人。

坎"维心亨",故"行有尚"。外虽积险,苟处之心亨不疑,则虽难必济,而"往有功也"。今水临万仞之山,要下即下,无复凝滞之在前。惟知有义理而已,则复何回避?所以心通。

人所以不能行己者,于其所难者则惰,其异俗者虽易而羞缩。惟心弘,则不顾人之非笑,所趋义理耳,视天下莫能移其道。然为之,人亦未必怪。正以在己者义理不胜,惰与羞缩之病,消则有长,不消则病常在,意思龃龉,无由作事。在古气节之士,冒死以有为,于义未必中,然非有志概者莫能,况吾于义理已明,何为不为?



姤初六:"羸豕孚蹢躅。"豕方羸时,力未能动,然至诚在于蹢躅,得伸矣。如李德裕处置阉官,徒知其帖息威伏,而忽于志不忘逞,照察少不至,则失其几也。

人教小童，亦可取益。绊己不出入，一益也。授人数数，己亦了此文义，二益也。对之必正衣冠、尊瞻视，三益也。常以因己而坏人之才为忧，则不敢堕，四益也。

# 近思录卷之十一　凡二十一条



## 教人篇

濂溪先生曰：刚：善，为义，为直，为断，为严毅，为干固；恶，为猛，为隘，为强梁。柔：善，为慈，为顺，为巽；恶，为懦弱，为无断，为邪佞。惟中也者，和也，中节也，天下之达道也，圣人之事也。故圣人立教，俾人自易其恶，自至其中而止矣。

伊川先生曰：古人生子，能食、能言而教之。大学之法，以豫为先。人之幼也，知思未有所主，便当以格言至论日陈于前，虽未晓知，且当薰聒，使盈耳充腹，久自安习，若固有之，虽以他言惑之，不能入也。若为之不豫，及乎稍长，私意偏好生于内，众口辨言铄于外，欲其纯完不可得也。



观之上九曰："观其生，君子无咎。"象曰："观其生，志未平也。"传曰：君子虽不在位，然以人观其德，用为仪法，故当自慎省。观其所生，常不失于君子，则人不失所望而化之矣。不可以不在于位故,安然放意,无所事也。

圣人之道如天然,与众人之识甚殊邈也。门人弟子既亲炙,而后益知其高远。既若不可及,则趋望之心怠矣。故圣人之教,常俯而就之。事上临丧,不敢不勉,君子之常行。不困于酒,尤其近也。而以己处之者,不独使夫资之下者勉思企及,而才之高者亦不敢易乎近矣。

明道先生曰:忧子弟之轻俊者,只教以经学念书,不得令作文字。子弟凡百玩好皆夺志。至于书札,于儒者事最近,然一向好著,一自丧志。如王、虞、颜、柳辈,诚为好人则有之,曾见有善书者知道否?平生精力一用于此,非惟徒废时日,于道便有妨处,足知丧志也。

胡安定在湖州,置"治道斋",学者有欲明治道者,讲之于中,如治民、治兵、水利、算数之类。尝言刘彝善治水利,后累为政,皆兴水利有功。

凡立言,欲涵蓄意思,不使知德者厌,无德者惑。

教人未见意趣,必不乐学。欲且教之歌舞,如古诗三百篇,皆古人作之。如关雎之类,正家之始,故用之乡人,用之邦国,日使人闻之。此等诗,其言简奥,今人未易晓。欲别作诗,略言教童子洒扫、应对、事长之节,令朝夕歌之,似当有助。

子厚以礼教学者最善,使学者先有所据守。

语学者以所见未到之理,不惟所闻不深彻,反将理低看了。

舞射便见人诚。古之教人,莫非使之成己。自洒扫应对上，便可到圣人事。

自“幼子常视无诳”以上，便是教以圣人事。

“先传”、“后倦”，君子教人有序。先传以小者近者，而后教以大者远者，非是先传以近小，而后不教以远大也。

伊川先生曰：说书必非古意，转使人薄。学者须是潜心积虑，优游涵养，使之自得。今一日说尽，只是教得薄。至如汉时说“下帷讲诵”，犹未必说书。

古者八岁入小学，十五入大学，择其才可教者聚之，不肖者复之农亩。盖仕农不易业，既入学则不治农，然后士农判。在学之养，若士大夫之子，则不虑无养；虽庶人之子，既入学则亦必有养。古之士者，自十五入学，至四十方仕，中间自有二十五年学，又无利可趋，则所志可知，须去趋善，便自此成德。后之人，自童稚间已有汲汲趋利之意，何由得向善？故古人必使四十而仕，然后志定。只营衣食却无害，惟利禄之诱最害人。

天下有多少才，只为道不明于天下，故不得有所成就。且古者“兴于诗，立于礼，成于乐”，如今人怎生会得？古人于诗，如今人歌曲一般，虽闾巷童稚皆习闻其说而晓其义，故能兴起于诗。后世老师宿儒尚不能晓其义，怎生责得学者是不得“兴于诗”也。古礼既废，人伦不明，以至治家皆无法度，是不得“立于礼”也。古人有歌咏以养其性情，声音以养其耳目，舞蹈以养其血脉，今皆无之，是不得“成于乐”也。古之成材也易，今之成材也难。

孔子教人，“不愤不启，不悱不发”。盖不待愤悱而发，则知之不固；待愤悱而后发，则沛然矣。学者须是深思之，思之不得，然后为他说便好。初学者须是且为他说，不然，非独他不晓，亦止人好问之心也。

横渠先生曰："恭敬、撙节、退让以明礼"，仁之至也，爱道之极也。己不勉明，则人无从倡，道无从弘，教无从成矣。

学记曰："进而不顾其安，使人不由其诚，教人不尽其材。"人未安之，又进之，未喻之，又告之，徒使人生此节目。不尽材，不顾安，不由诚，皆是施之妄也。教人至难，必尽人材，乃不误人。观可及处，然后告之。圣人之教，直若庖丁之解牛，皆知其隙，刃投馀地，无全牛矣。人之才足以有为，但以其不由于诚，则不尽其才。若曰勉率而为之，则岂有由诚哉！

古之小儿便能敬事。长者与之提携，则两手奉长者之手，问之，掩口而对。盖稍不敬事，便不忠信。故教小儿且先安详恭敬。

孟子曰："人不足与适也，政不足与间也，唯大人为能格君心之非。"非惟君心，至于朋游学者之际，彼虽议论异同，未欲深较，惟整理其心，使归之正，岂小补哉！

# 近思录卷之十二　凡三十三条



## 警戒篇

濂溪先生曰：仲由喜闻过，令名无穷焉。今人有过，不喜人规，如护疾而忌医，宁灭其身而无悟也。噫！

伊川先生曰：德善日积，则福禄日臻。德逾于禄，则虽盛而非满。自古隆盛，未有不失道而丧败者也。

人之于豫乐，心说之，故迟迟，遂至于耽恋不能已也。豫之六二，以中正自守，其介如石，其去之速，不俟终日，故贞正而吉也。处豫不可安且久也，久则溺矣。如二可谓"见几而作"者也。盖中正，故其守坚，而能辨之早、去之速也。



人君致危亡之道非一，而以豫为多。

圣人为戒，必于方盛之时。方其盛而不知戒，故狃安富则骄侈生，乐舒肆则纪纲坏，忘祸乱则衅孽萌，是以浸淫不知乱之至也。

复之六三，以阴躁处动之极，复之频数而不能固者也。

复贵安固，频复频失，不安于复也。复善而屡失，危之道也。圣人开其迁善之道，与其复而危其屡失，故云“厉无咎”。不可以频失而戒其复也。频失则为危，屡复何咎？过在失而不在复也。刘质夫曰：频复不已，遂至迷复。

睽极则咈戾而难合，刚极则躁暴而不详，明极则过察而多疑。睽之上九，有六三之正应，实不孤，而其才性如此，自“睽孤”也。如人虽有亲党，而多自疑猜，妄生乖离，虽骨肉亲党之间而常孤独也。

解之六三曰：“负且乘，致寇至，贞吝。”传曰：小人而窃盛位，虽勉为正事，而气质卑下，本非在上之物，终可吝也。若能大正则如何？曰：大正，非阴柔所能也。若能之，则是化为君子矣。

益之上九曰：“莫益之，或击之。”传曰：理者，天下之至公；利者，众人所同欲。苟公其心，不失其正理，则与众同利，无侵于人，人亦欲与之。若切于好利，蔽于自私，求自益以损于人，则人亦与之力争。故莫肯益之，而有击夺之者矣。

艮之九三曰：“艮其限，列其夤，厉薰心。”传曰：夫止道贵乎得宜。行止不能以时，而定于一，其坚强如此，则处世乖戾，与物睽绝，其危甚矣。人之固止一隅，而举世莫与宜者，则艰蹇忿畏焚挠其心，岂有安裕之理？“厉薰心”，谓不安之势薰烁其中也。

大率以说而动，安有不失正者？

男女有尊卑之序，夫妇有倡随之理，此常理也。若徇情肆欲，唯说是动，男牵欲而失其刚，妇狃说而忘其顺，则凶而无所利矣。

虽舜之圣，且畏巧言令色，说之惑人易入而可惧也如此。

治水，天下之大任也，非其至公之心，能舍己从人，尽天下之议，则不能成其功，岂方命圮族者所能乎？鲧虽九年而功弗成，然其所治，固非他人所及也。惟其功有叙，故其自任益强，咈戾圮类益甚，公议隔而人心离矣，是其恶益显，而功卒不可成也。

"君子敬以直内。"微生高所枉虽小，害直为大。

人有欲则无刚，刚则不屈于欲。

人之过也，各于其类。君子常失于厚，小人常失于薄；君子过于爱，小人伤于忍。

明道先生曰：富贵骄人固不善，学问骄人害亦不细。

人以料事为明，便骎骎入逆诈、亿、不信去也。

人于外物奉身者事事要好，只有自家一个身与心，却不要好。苟得外物好时，却不知道自家身与心却已先不好了也。

人于天理昏者，是只为嗜欲乱著他。庄子言"其嗜欲深者，其天机浅"，此言却最是。

伊川先生曰：阅机事之久，机心必生。盖方其阅时，心必喜，既喜，则如种下种子。

疑病者，未有事至时，先有疑端在心。周罗事者，先有周事之端在心。皆病也。

较事大小，其弊为枉尺直寻之病。

小人、小丈夫，不合小了他，本不是恶。

虽公天下事，若用私意为之，便是私。

做官夺人志。

骄是气盈，吝是气歉。人若吝时，于财上亦不足，于事上亦不足，凡百事皆不足，必有歉歉之色也。

未知道者如醉人，方其醉时，无所不至，及其醒也，莫不愧耻。人之未知学者，自视以为无缺，及既知学，反思前日所为，则骇且惧矣。

邢恕云："一日三点检。"明道先生曰："可哀也哉！其馀时理会甚事？盖仿'三省'之说错了，可见不曾用功，又多逐人面上说一般话。"明道责之，邢曰："无可说。"明道曰："无可说，便不得不说。"

横渠先生曰：学者舍礼义，则饱食终日，无所猷为，与下民一致，所事不逾衣食之间、燕游之乐尔。

郑、卫之音悲哀，令人意思留连，又生怠惰之意，从而致骄淫之心，虽珍玩奇货，其始感人也亦不如是切，从而生无限嗜好。故孔子曰必放之，亦是圣人经历过，但圣人能不为物所移耳。

孟子言"反经"，特于"乡原"之后者，以乡原大者不先立，心中初无主，惟是左右看，顺人情，不欲违，一生如此。

# 近思录卷之十三　凡十四条



## 异端篇

明道先生曰：杨、墨之害，甚于申、韩；佛、老之害，甚于杨、墨。杨氏为我疑于义，墨氏兼爱疑于仁，申、韩则浅陋易见，故孟子只辟杨、墨，为其惑世之甚也。佛、老其言近理，又非杨、墨之比，此所以其害尤甚。杨、墨之害，亦经孟子辟之，所以廓如也。

伊川先生曰：儒者潜心正道，不容有差，其始甚微，其终则不可救。如"师也过，商也不及"，于圣人中道，师只是过于厚些，商只是不及些。然而厚则渐至于兼爱，不及则便至于为我。其"过"、"不及"同出于儒者，其末遂至杨、墨。杨、墨亦未至于无父无君，孟子推之便至于此，盖其差必至于是也。



明道先生曰：道之外无物，物之外无道，是天地之间无适而非道也。即父子而父子在所亲，即君臣而君臣在所严，以至为长幼，为夫妇，为朋友，无所为而非道，此道所以

"不可须臾离也"。然则毁人伦、去"四大"者，其戾于道也远矣。故"君子之于天下也，无适也，无莫也，义之与比"，若有适有莫，则于道为有间，非天地之全也。彼释氏之学，于"敬以直内"则有之矣，"义以方外"则未之有也。故滞固者入于枯槁，疏通者归于恣肆，此佛之教所以为隘也。吾道则不然，"率性"而已。斯理也，圣人于易备言之。又曰：佛有一个"觉"之理，可以"敬以直内"矣，然无"义以方外"。其直内者，要之其本亦不是。

释氏本怖死生为利，岂是公道？惟务上达而无下学，然则其上达处岂有是也？元不相连属，但有间断，非道也。孟子曰："尽其心者，知其性也。"彼所谓"识心见性"是也，若存心养性一段则无矣。彼固曰出家独善，便于道体自不足。或曰：释氏地狱之类，皆是为下根之人设此怖，令为善。先生曰：至诚贯天地，人尚有不化，岂有立伪教而人可化乎？

学者于释氏之说，直须如淫声美色以远之，不尔则骎骎然入于其中矣。颜渊问为邦，孔子既告之以二帝、三王之事，而复戒以"放郑声，远佞人"，曰："郑声淫，佞人殆。"彼佞人者，是他一边佞耳，然而于己则危，只是能使人移，故危也。至于禹之言曰："何畏乎巧言令色！"直消言畏，只是须著如此戒慎，犹恐不免。释氏之学，更不消言常戒，到自家自信后，便不能乱得。

所以谓万物一体者，皆有此理，只为从那里来。"生生之谓易"，则一时生，皆完此理。人则能推，物则气昏推不得，不可道他物不与有也。人只为自私，将自家躯壳上头起意，故看得道理小了他底。放这身来，都在万物中一例看，大小大快活。释氏以不知此，去他身上起意思，奈何那身不得，故却厌恶，要得去尽根尘，为心源不定，故要得如枯木死灰。然没此理，要有此理，除是死也。释氏其实是爱身，放不得，故说许多。譬如负版之虫，已载不起，犹自更取物在身。又如抱石投河，以其重愈沉，终不道放下石头，惟嫌重也。



又有语导气者，问先生曰：君亦有术乎？曰：吾尝"夏葛而冬裘，饥食而渴饮"，"节嗜欲，定心气"，如斯而已矣。

佛氏不识阴阳、昼夜、死生、古今，安得谓形而上者与圣人同乎？

释氏之说，若欲穷其说而去取之，则其说未能穷，固已化而为佛矣。只且于迹上考之，其设教如是，则其心果如何？固难为取其心不取其迹。有是心则有是迹，王通言"心迹之判"，便是乱说，故不若且于迹上断定不与圣人合。其言有合处，则吾道固已有；有不合者，固所不取。如是立定，却省易。



问：神仙之说有诸？曰：若说白日飞升之类则无，若言居山林间，保形炼气，以延年益寿，则有之。譬如一炉火，置之风中则易过，置之密室则难过，有此理也。又问：扬子言"圣人不师仙，厥术异也"，圣人能为此等事否？曰：此是天地间一贼，若非窃造化之机，安能延年？使圣人肯为，周、孔为之矣。

谢显道历举佛说与吾儒同处，问伊川先生。先生曰：恁地同处虽多，只是本领不是，一齐差却。

横渠先生曰：释氏妄意天性，而不知范围天用，反以"六根"之微，因缘天地，明不能尽，则诬天地日月为幻妄，蔽其用于一身之小，溺其志于虚空之大。此所以语大语小，流遁失中。其过于大也，尘芥六合；其蔽于小也，梦幻人世。谓之穷理可乎？不知穷理，而谓之尽性可乎？谓之无不知可乎？尘芥六合，谓天地为有穷也；梦幻人世，明不能究其所从也。

大易不言有无。言有无，诸子之陋也。

浮屠明鬼，谓有识之死受生循环，遂厌苦求免，可谓知鬼乎？以人生为妄见，可谓知人乎？天人一物，辄生取舍，可谓知天乎？孔孟所谓天，彼所谓道，惑者指"游魂为变"为轮回，未之思也。大学当先知天德，则知圣人、知鬼神。今浮图剧论要归，必谓死生流转非得道不免，谓之悟道可乎？自其说炽传中国，儒者未容窥圣学门墙，已为引取，沦胥其间，指为大道。乃其俗达之天下，致善恶知愚、男女臧获，人人著信。使英才间气，生则溺耳目恬习之事，长则师世儒崇尚之言，遂冥然被驱，因谓圣人可不修而至，大道可不学而知。故未识圣人心，已谓不必求其迹；未见君子志，已谓不必事其文。此人伦所以不察，庶物所以不明，治所以忽，德所以乱。异言入耳，上无礼以防其伪，下无学以稽其弊。自古诐、淫、邪、遁之辞，翕然并兴，一出于佛氏之门者已五百年。向非独立不惧，精一自信，有大过人之才，何以正立其间，与之较是非、计得失哉！

# 近思录卷之十四　凡二十六条

## 圣贤篇

明道先生曰：尧与舜更无优劣，及至汤武便别。孟子言“性之”、“反之”，自古无人如此说，只孟子分别出来，便知得尧舜是生而知之，汤武是学而能之。文王之德则似尧舜，禹之德则似汤武，要之皆是圣人。

仲尼，元气也；颜子，春生也；孟子，并秋杀尽见。仲尼无所不包。颜子示“不违如愚”之学于后世，有自然之和气，不言而化者也。孟子则露其材，盖亦时然而已。仲尼，天地也；颜子，和风庆云也；孟子，泰山岩岩之气象也。观其言，皆可见之矣。仲尼无迹，颜子微有迹，孟子其迹著。孔子尽是明快人，颜子尽岂弟，孟子尽雄辨。

曾子传圣人学，其德后来不可测，安知其不至圣人？如言“吾得正而毙”，且休理会文字，只看他气象极好，被他所见处大。后人虽有好言语，只被气象卑，终不类道。

传经为难。如圣人之后才百年，传之已差。圣人之学，若非子思、孟子，则几乎息矣。道何尝息，只是人不由之，“道非亡也，幽厉不由也”。

荀卿才高，其过多；扬雄才短，其过少。

荀子极偏驳，只一句“性恶”，大本已失。扬子虽少过，然已自不识性，更说甚道。

董仲舒曰：“正其义，不谋其利；明其道，不计其功。”此董子所以度越诸子。

汉儒如毛苌、董仲舒，最得圣贤之意，然见道不甚分明。下此即至扬雄，规模又窄狭矣。

林希谓扬雄为禄隐。扬雄，后人只为见他著书，便须要做他是。怎生做得是？

孔明有王佐之心，道则未尽。王者如天地之无私心焉，行一不义而得天下不为。孔明必求有成而取刘璋，圣人宁无成耳，此不可为也。若刘表子琮将为曹公所并，取而兴刘氏可也。

诸葛武侯有儒者气象。

孔明庶几礼乐。

文中子本是一隐君子，世人往往得其议论，附会成书，其间极有格言，荀、扬道不到处。

韩愈亦近世豪杰之士，如原道中言语虽有病，然自孟子而后，能将许大见识寻求者，才见此人。至如断曰：“孟氏醇乎醇。”又曰：“荀与扬择焉而不精，语焉而不详。”若不是他见得，岂千馀年后便能断得如此分明？

学本是修德，有德然后有言。退之却倒学了，因学文日求所未至，遂有所得。如曰："轲之死，不得其传。"似此言语，非是蹈袭前人，又非凿空撰得出，必有所见。若无所见，不知言所传者何事。

周茂叔胸中洒落，如光风霁月。其为政精密严恕，务尽道理。

伊川先生撰明道先生行状曰：先生资禀既异，而充养有道。纯粹如精金，温润如良玉。宽而有制，和而不流，忠诚贯于金石，孝悌通于神明。视其色，其接物也，如春阳之温；听其言，其入人也，如时雨之润。胸怀洞然，彻视无间。测其蕴，则浩乎若沧溟之无际；极其德，美言盖不足以形容。先生行己，内主于敬，而行之以恕，见善若出诸己，不欲勿施于人，居广居而行大道，言有物而行有常。先生为学，自十五六时，闻汝南周茂叔论道，遂厌科举之业，慨然有求道之志。未知其要，泛滥于诸家，出入于老、释亦几十年，返求诸六经而后得之。明于庶物，察于人伦。知尽性至命，必本于孝悌；穷神知化，由通于礼乐。辨异端似是之非，开百代未明之惑。秦汉而下，未有臻斯理也。谓孟子没而圣学不传，以兴起斯文为己任。其言曰："道之不明，异端害之也。昔之害近而易知，今之害深而难辨；昔之惑人也乘其迷暗，今之入人也因其高明。自谓之穷神知化，而不足以开物成务；言为无不周遍，实则外于伦理；穷深极微，而不可以入尧舜之道。天下之学，非浅陋固滞，则必入于此。自道之不明也，邪诞妖异之说竞起，涂生民之耳目，溺天下于污浊。虽高才明智，胶于见闻，醉生梦死，不自觉也。是皆正路之蓁芜、圣门之蔽塞，辟之而后可以入道。”先生进将觉斯人，退将明之书，不幸早世，皆未及也。其辨析精微，稍见于世者，学者之所传耳。先生之门，学者多矣。先生之言，平易易知，贤愚皆获其益，如群饮于河，各充其量。先生教人，自致知至于知止，诚意至于平天下，洒扫应对至于穷理尽性，循循有序。病世之学者，舍近而趋远，处下而窥高，所以轻自大而卒无得也。先生接物，辨而不间，感而能通。教人而人易从，怒人而人不怨，贤愚善恶，咸得其心。狡伪者献其诚，暴慢者致其恭，闻风者诚服，觌德者心醉。虽小人以趋向之异，顾于利害，时见排斥，退而省其私，未有不以先生为君子也。先生为政，治恶以宽，处烦而裕。当法令繁密之际，未尝从众为应文逃责之事。人皆病于拘碍，而先生处之绰然；众忧以为甚难，而先生为之沛然。虽当仓卒，不动声色。方监司竞为严急之时，其待先生率皆宽厚，设施之际，有所赖焉。先生所为纲条法度，人可效而为也；至其道之而从，动之而和，不求物而物应，未施信而民信，则人不可及也。

明道先生曰：周茂叔窗前草不除，问之，云：“与自家意思一般。”

张子厚闻生皇子，喜甚；见饿莩者，食便不美。

伯淳尝与子厚在兴国寺讲论终日，而曰：不知旧日曾有甚人于此处讲此事？

谢显道云：明道先生坐如泥塑人，接人则浑是一团和气。

侯师圣云：朱公掞见明道于汝，归谓人曰："光庭在春风中坐了一个月。"游、杨初见伊川，伊川瞑目而坐，二子侍立。既觉，顾谓曰："贤辈尚在此乎？日既晚，且休矣。"及出门，门外之雪深一尺。

刘安礼云：明道先生德性充完，粹和之气，盎于面背，乐易多恕，终日怡悦，立之从先生三十年，未尝见其忿厉之容。

吕与叔撰明道先生哀词云：先生负特立之才，知大学之要，博文强识，躬行力究，察伦明物，极其所止，涣然心释，洞见道体。其造于约也，虽事变之感不一，知应以是心而不穷；虽天下之理至众，知反之吾身而自足。其致于一也，异端并立而不能移，圣人复起而不与易。其养之成也，和气充浃，见于声容，然望之崇深，不可慢也；遇事优为，从容不迫，然诚心恳恻，弗之措也。其自任之重也，宁学圣人而未至，不欲以一善成名；宁以一物不被泽为己病，不欲以一时之利为己功。其自信之笃也，吾志可行，不苟洁其去就；吾义所安，虽小官有所不屑。

吕与叔撰横渠先生行状云：康定用兵之时，先生年十八，慨然以功名自许，上书谒范文正公。公知其远器，欲成就之，乃责之曰："儒者自有名教，何事于兵？"因劝读中庸。先生读其书，虽爱之，犹以为未足，于是又访诸释、老之书，累年尽究其说，知无所得，反而求之六经。嘉祐初，见程伯淳、正叔于京师，共语道学之要。先生涣然自信，曰："吾道自足，何事旁求！"于是尽弃异学，淳如也。晚自崇文移疾，西归横渠，终日危坐一室，左右简编，俯而读，仰而思，有得则识之，或中夜起坐，取烛以书。其志道精思，未始须臾息，亦未尝须臾忘也。学者有问，多告以知礼成性、变化气质之道，学必如圣人而后已，闻者莫不动心有进。尝谓门人曰："吾学既得于心，则修其辞；命辞无差，然后断事；断事无失，吾乃沛然。'精义入神'者，豫而已矣。"先生气质刚毅，德盛貌严，然与人居，久而日亲。其治家接物，大要正己以感人，人未之信，反躬自治，不以语人，虽有未谕，安行而无悔。故识与不识，闻风而畏，非其义也，不敢以一毫及之。

# 刻近思录成序后

有宋际文运之隆，濂溪周子、河南两程子、横渠张子继作，其立言，有太极图、通书、易传、外书、经说、文集、西铭、正蒙等书。是皆羽翼六经，而上接孟子以来千载不传之统，自后有考亭朱子又集大成者，以四子之书广浩无涯，初学未易指寻，乃与东莱吕氏共择其切要语，为近思录。

盖道之用，散在天下，而其本具之人心，初非高且远者。是故其思近则机发，机发则心虚，心虚则理得，而辟邪崇正，律己治人，推之天下无难也。圣贤之学，帝王之道，皆不外是矣。窃叹夫近时学者以文辞相尚，以声名利达相高，间有潜心体道者，则目为固陋、为愚腐，甚者群起而攻之，为怪异。噫！我国家右文远过宋氏，亦奚为有是哉？盖学者不近思、不立其本之故也。

予不幸蚤登科第，茫然自愧，无以立天地间，于是坚志于簿书纷错之际，强力于事务交变之馀，惴惴焉惟求不失其心足矣。顾才性愚拙，志气昏懦，尚未之能尔，谨书此于卷末以自警，且将以遗塾人也。若夫天下知学之士，则无事于言矣。嘉靖丁亥春正月壬午雁门贾世祥谨序。

# 附录二　历代刊钞近思录集解之序跋

## 重刊近思录序

〔明〕刘仕贤

道一而已矣。孰为近焉？孰为远焉？以言乎远则不御，以言乎迩则静而正，一以贯之尔矣。一者何也？心也。心之理谓之道，心之官谓之思，无思而无不通谓之圣。夫学所以希圣也，学而不思，何以作睿？思而不近，何以基远？故思者圣功之本也，近者推行之则也。书曰“若陟遐必自迩”，其此之由乎？世之学者，驰神于外，役志于物，而反之身心之间，每扞格焉，吾不知其可与入圣也。晦庵朱子暨东莱吕氏讨论圣学，纂修名言而为近思录，以范后世。予尝读而思之：学莫先于知方，故首之以求端；方不可以徒知，故次之以用力；力必为乎己，故次之以处己；成乎己即成乎物，故次之以治人；是数者皆所以黜邪而居正也，故次之以辩异端、观圣贤终焉。夫学而达于圣贤，亦既远且大矣，而其实不越乎心，其思不出乎位。何远非近？何近非远？斯道也，其一致矣乎。予嘉先儒之垂教，而病学者之遗近也，因重梓以示焉。嘉靖戊戌春三月之吉，赐进士出身钦差巡按浙江等处监察御史南昌仰峰刘仕贤书。（录自明嘉靖十七年刘仕贤刻本分类经进近思录集解）

## 近思录集解序

〔明〕陆云龙



尝读宣尼之约人思也，曰“再思”，子思子曰“慎思”，皆近之旨也。然则仅局之一身一室已乎？善乎易之言曰“思不出其位”，位在则穷千古、彻天下，非远也。不然，“志伊尹之所志”者，非学颜子者所学引为切己事欤？所惜者秦汉以来，开治悉以马上，矜拳勇而尚阴谋，其馀守文之主，或崇黄老，或祖申韩，即有一二修饰礼乐、表章理道者，又不获真儒，获真儒而不能用，遂令诠句字者浪云入室，局步履者辄侈及门，甚则贪墨侈肆之夫，反仄不端之士，亦依托焉，口尧行蹠，而儒效大裂。即昌黎，予犹怪其进之亟亟，此则病在弗思，病在误思。诚思则思。夫乾父坤母，生我不小；胞民与物，倚我正殷。形生知发，作何持循；知化穷神，从何证入。富贵福泽，厚我之生，不容役思以妄营；贫贱忧戚，玉我于成，不得劳思以规脱。处作真儒，出为名世。维思之绩，乃废而不讲者久。无学术遂无事功，拈道体示人，几作爰居钟鼓。经学不明，谁启知行之路？心性未粹，乌睹齐治之规？存发皆衍，进退何据，其不得希圣希贤也，固其所也。迨周、程、张四先生出，首揭道体，源本六经，以学开知，以知策行，先存养以完未发，继克治以清悔吝，自治治人，诎邪崇正，功固有序。而晦庵、东莱两先生复循其叙，实以所言，名为近思录。从此著思，吾固知高谈天地而非渺，深言物理而非奥，昏可得惺，睿乃作圣，揖子渊，驾保衡，尧舜君民，于是在矣。第世不观理而观效，曰："有宋理学大明而国日削，若是乎贤者无益于国，其绪言亦无劳吾思。"嗟乎！党禁方开，伪学旋逐，何日是诸贤行志之日？是欲以宣尼之不能治春秋，孟氏之不能治战国，横以课之诸贤也，不亦冤乎！试观明典，太祖高皇帝观心有铭，清教有录；成祖文皇帝则辑性理诸书，嗣后圣圣相承，递为表章。理学既明，真儒辈出。如我浙章文懿以恬退著，陈恭愍以直节著，至王文成早以谏言，晚以耆定，岂云儒迂无当哉！理学亦何负于国也！则夫崇正学，礼真儒，以收实效，圣天子之事；典教化，一士趋，以成人材，良有司之责。去嗟卑叹老之俗肠，浣镂月雕冰之浮思，相与讲学以明道，切问近思，止则思为颜、孟，仕则思为伊、周，固亦草野所宜自矢者，兹录岂非津梁欤！录初分十四卷、十四类，后有晰为数十类者，道理自一，曷为多岐？厌其剖碎，因订正而复其故，且为之序云。崇祯乙亥重九，钱塘陆云龙雨侯甫题于翠娱阁中。（录自明崇祯八年陆云龙、丁允和刻本近思录集解）

## 近思录后跋

〔清〕邵仁泓

近思录坊本甚多，或有依明贤本增入紫阳者，或有分门别类体制乖错者，或有遵原本而全删叶注者，或有存叶注而妄加去取者，凡此俱非善本。泓于汲古后人师郑五兄架上得宋刻朱子原本，并叶氏原注，请归读之。因叹原本之美备，实足以该四子之精微，而叶注之详明，又足以阐近思之实理。今世有志之士，于举业一途，莫不遵守宋儒，而于是书，尤人所家弦而户诵者，奈何纷更原本，丹黄叶注为也。泓因亟刊之，以公同志，读是书者，以是书为举业之精粹可也，以是书为圣道之渊源亦可也。吴郡后学邵仁泓沧来谨跋。（录自明康熙间邵仁泓刻本近思录集解）

## 近思录原本集解序

〔清〕朱之弼

昔文公尝曰："四子，五经之阶梯；近思录，四子之阶梯。"夫周、程、张四先生全书，非不厘然备也，然而闳博无涯。文公与吕成公虑后学不知所从入，因节取其全书为近思录，择其精粹切实有关于身心日用者六百二十二条，分为十四卷，而全体大用无不备焉。暨淳祐间建安叶采本文公旧注、诸儒辩论，辑为注解，而后四先生精蕴昭然日星矣。迨周氏公恕就十四卷中分为二百馀类，未免文义挂漏，前后割裂，海内所传者皆此本，较之原本纷更多矣。故后人只知原本之善，不知叶注之精，又以为分类始于叶氏，不知叶氏止就原本集解，分类之繁盖始于周氏公恕也。近今间有原本，及求叶注原本，概未之见。甲寅春夏，予与同学庾子大也、刘子伯贤，取叶注依次分载于原本十四卷中。但割裂既久，遗忘颇多，诸所缺略，悉从四先生全书、朱子全集、性理大全诸书，逐一增入，庶几此书复称美备。盖四先生之精蕴萃于近思录，近思录之精蕴详于叶注。遵原本则条例该括，存叶注则义理详明。后之学者其亦从事于此，而无事旁求矣。时康熙十三年岁在甲寅长至日，北平朱之弼识。（录自清康熙十三年刻本近思录原本集解）

## 重订近思录集解朱子节要合刻序

〔清〕孙濩孙

濂、洛、关、闽之学，至今日表章称极盛矣。圣祖仁皇帝钦定性理精义、朱子全书颁示学宫，风励天下，一时卿士大夫奉为拱璧。顾其书卷帙浩繁，穷乡晚进之士罕寓目焉。吾家合河先生督学江南，令生童诵朱子近思录，坊本寥寥，颇未易觏。及先生以国子祭酒督学京畿，爰取星溪汪子合编之五子近思录，择其言尤精要者，名曰辑略，刊授乡国学生，咸感发兴起，思以圣贤自淬励，则是书之为功大矣哉！我皇上崇道右文，欲举薄海内外而甄陶之，特诏直省拔乡学士贡成均，复举有积学笃行者，分列六堂课业。而合河先生既晋秩工部侍郎，仍掌祭酒事。于是天下之士，裹囊负笈，喁喁然而来。辑略一书流传日多，将弗给于用。去年冬，余见有鬻版于市者，拂尘网视之，则近思录集解与朱子节要二书合刻。因急购归，与友人山阳吴方岳、徐州周汝峰细加考订其缺略讹舛，付良梓人刓补完好，期以公之天下。考是版乃先进北平朱大司空所刻，未审何故不流布，似今日辑略之多，且浸淫剥落于风雨鼠蠹间，岂书有幸有不幸欤？抑所谓事与时会，必待表章极盛之日而始一出，以为佽助功也。是二书者，为五子近思录所自出，学者得而潜玩之，既窥原本之全，愈见合河先生决择之精，由是以读性理精义、朱子全书诸本，而身体力行，必有真儒辈出，以仰副两朝崇实黜浮之至意。合河先生育材报国，不愧名臣。而余备员司经，校雠乃其职守，亦可借是以稍塞旷瘝之咎云。时雍正辛亥春日，高邮后学孙濩孙谨序。（录自清雍正九年天心阁刻本近思录原本集解）

## 近思录原本集解跋

〔清〕周毓仑

居尝喜读宋五子书，及来京师，窥合河先生五子近思录辑略，叹其择焉而精，裨学道人大也。嗣于都市见近思录集解并朱子节要合刻版，盖北平朱公家藏，岁久啮残，多亥豕讹矣。因趣执友孙沛村先生购获之，相与校雠核订，复成完书。考朱公讳之弼，字右君，官大司空，嗜儒先著论，捐俸付梓者最夥，二帙其片羽也。今圣天子崇尚实学，合河先生视祭酒事，既修明五子书，又本白鹿洞之教以造士，海内翕然向风。沛村与合河同派，敦属前修，而北平旧锓适沦市肆间，借沛村以流布于当世，为合河赞助功，洵所称“事与时会，待表章极盛之日而始出”欤。校订毕，用志所缘起。至书之为义泊编纂氏姓，读者自能辨之，故不缀。雍正辛亥春，后学吴泰周毓仑谨识。（录自清雍正九年天心阁刻本近思录原本集解）

## 重刊近思录集解序

〔清〕陈弘谋

子朱子与东莱先生读周子、程子、张子之书，择其关于大体切于日用者，编为近思录，凡格致诚正之方，修己治人之要，节目详明，体用兼备。朱子曰：“四子者，六经之阶梯；近思录者，四子之阶梯。”又以穷乡晚进有志于学无良师友之助者，得此亦足以得其门而入。朱子诱掖后学之苦心，尤在于此。平岩叶氏用力于此书最专且久，所著集解原本朱子旧注，参之诸儒辩论，而附以己说，明且备矣。弘谋服膺此编，携之箧衍。近见滇中罕所流布，因出以重付梓人，将散之列郡，俾义塾家塾，人置一编也。夫滇士之有志于学者多矣，得此编而沉潜玩索，切己体认，依类贯通，由是以求濂、洛、关、闽之全书，以穷六经之奥旨，当必有深造自得而不能自已者，此余所切望于滇人士也。刊既竣，敬书于简端以竢。乾隆元年正月既望，桂林陈弘谋谨序。（录自清乾隆元年陈氏培远堂刊本近思录集解）

## 近思录集解跋

〔清〕王守恭

光绪甲申冬，津河广仁堂重刊叶解近思录，守恭谬任校字之役。适友人送近思录本至，展视之，则同门友猗氏孙应文所刊吕本，经先师朝邑先生点定，即守恭二十年来所读本也。喜甚，爰商之堂中诸同志，加先生句读于叶本。会手民写样已讫，虑字上下无空，乃定字旁圈者为句，点者为读，斯亦可矣。守恭昔从芮城、朝邑、三原三先生游，授读是书，惟朝邑先生于儒先书尤深入，为二先生所推重。自应文本出，而秦、雍、豫、晋之读是书者，往往据兹句读以为析疑地。今又移刊叶本以广于世，其裨益后学，岂浅鲜哉！先生所辑纲领十七条，今亦冠于卷端。守恭录考异若干条，附于其末云。十月之望，华阴王守恭谨跋。（录自清光绪十年津河广仁堂刻本近思录集解）